KB078079

마케팅 세계에서 살아남기 위한 현장 지침서

비전공자
마케터로
살아남기

최민선(취뽀도리몬) 지음

길벗

비전공자 마케터로 살아남기

Survivng as Maketer for non-major

초판 발행 · 2024년 5월 20일
초판 2쇄 발행 · 2024년 9월 30일

지은이 · 최민선(취뽀도리몬)
발행인 · 이종원
발행처 · (주)도서출판 길벗
출판사 등록일 · 1990년 12월 24일
주소 · 서울시 마포구 월드컵로 10길 56(서교동)
대표 전화 · 02)332-0931 | **팩스** · 02)323-0586
홈페이지 · www.gilbut.co.kr | **이메일** · gilbut@gilbut.co.kr

기획 및 책임편집 · 최근혜(kookoo1223@gilbut.co.kr) | **표지 및 본문 디자인** · 최주연 | **제작** · 이준호, 손일순, 이진혁
영업마케팅 · 전선하, 차명환, 박민영 | **유통혁신** · 한준희 | **영업관리** · 김명자 | **독자지원** · 윤정아

전산편집 · 신세진 | **CTP 출력 및 인쇄** · 교보피앤비 | **제본** · 신정문화사

ISBN 979-11-407-0936-6 03000
(길벗도서번호 007179)

정가 21,000원

독자의 1초를 아껴주는 정성 길벗출판사

길벗 | IT교육서, IT단행본, 경제경영서, 어학&실용서, 인문교양서, 자녀교육서 ▶ www.gilbut.co.kr
길벗스쿨 | 국어학습, 수학학습, 어린이교양, 주니어 어학학습, 학습단행본 ▶ www.gilbutschool.co.kr

페이스북 · www.facebook.com/gilbutzigy
네이버 포스트 · http://post.naver.com/gilbutzigy

야생에서 살아남기 위해 고군분투하는
비전공자를 위한 마케팅 실무 지침서

저는 경영학부에서 경영정보학을 전공했습니다. 하지만 제가 '비전공자 마케터'라는 주제로 책을 쓸 수 있었던 것은 졸업 후 마케팅 현장에서 겪은 일들 때문이에요. 처음 취업했을 때 경영정보학이라는 학과가 인기도 없고 생소하여 외면받았던 기억이 있습니다. 또 IT에서 F&B 산업으로 옮겨갈 때도 경험이 없다고 무시당한 적이 많았었죠. 이 경험을 통해 많은 비전공자를 컨설팅하며 비전공자가 현장에서 어떤 대우를 받는지 이야기를 들었고, 그들이 얼마나 불안하고 외로웠을지를 이해할 수 있었습니다. 그래서 어떻게 하면 비전공자 마케터들이 현장에서 불안해하지 않고, 외롭지 않게 일을 할 수 있을까를 고민하게 되었습니다.

사실 저는 지난 10년간 다양한 마케팅 경험을 하면서 마케팅 분야에서 빛날 수 있는 열정과 재능이 전공과는 상관없다는 것을 깨달았습니다. 제가 일했던 회사에서도 비전공자가 팀장이 되거나, 일 잘하는 '에이스'로 인정받는 경우가 많았고, 100명이 넘는 주니어 마케터를 컨설팅하면서 전공자보다 더 많은 가능성을 만들어가는 그들의 모습에서 많은 것을 배웠습니다. 이처럼 제가 현장에서 만난 비전공자 마케터들은 누구보다 더 많은 열정을 보이고 성과를 내고 있습니다. 자신의 열정을 실력으로 바꾸기 위해 끊임없이 노력했기 때문이죠. 다시 말해 전공의 유무보다 도전과 노력이 성공의 열쇠라는 것입니다.

이 책을 통해 비전공자 마케터는 물론이고 신입 및 주니어 마케터를 포함하여 마케팅 분야에서 성공을 위해 고군분투하는 모든 이들에게 실질적인 조언과 전략을 알려주고 싶었습니다. 그래서 10년간 현장에서 직접 부딪혀가며 알게 된, 과장도 허풍도 없는 리얼 현실 이야기를 담으려고 노력했습니다. 이 책을 읽으며 여러분의 열정을 다시 한 번 불태울 수 있는 계기가 되기를 바랍니다.

비전공자가 알아두어야 할
필수 마케팅 용어

1	**CPC** Cost Per Click	클릭 1회당 과금 되는 비용, CPC가 낮으면 낮을 수록 광고 효율이 높다는 것을 뜻함.
2	**CPA** Cost Per Action	원하는 액션 1회에 대해 과금 되는 비용, 고객이 특정 행동을 취할 때 마다 광고비를 지급하는 형식으로 링크클릭, 홈페이지 접속, 앱 다운로드 등이 있음.
3	**CPI** Cost Per Install	앱 다운로드 1회에 대해 과금 되는 비용, 광고를 통해 앱 사용자를 늘리기 위한 마케팅 기법으로, CPA 광고의 일종으로 분류됨.
4	**CPM** Cost Per Mille	1,000번 노출 시 광고비가 과금되는 정액제 형태의 광고 비용
5	**CTR** Click Through Rate	노출 대비 클릭 수. 고객에게 노출된 광고의 전체 노출 수 대비 고객이 몇 번 클릭하였는지에 대한 비율을 뜻함.
6	**ROAS** Return On Ad Spend	광고비 대비 매출액. ROAS가 높을 수록 광고 효율이 좋다는 것을 뜻하며, 통상적으로 ROAS 150% 이상일 경우 효율 채널로 분류
7	**ROI** Return On Investment	투자 수익율
8	**DB** Data Base	마케팅 보고서나 분석 시 필요한 수치적 자료를 모으거나 결합한 자료
9	**Third Party**	마케팅/IT/개발 측면에서의 서드파티는 프로그래밍을 도와주는 외부 생산자를 뜻하며, 서드파티 트래커의 주요 서비스로는 앱스플라이어, 애드브릭스, 싱귤러 등이 있음.
10	**First Party**	서드파티와 반대되는 의미로 직접 소프트웨어를 개발하거나 자체적으로 데이터를 관리/활용하는 것을 뜻하며, 홈페이지 관리자나 어드민 등이 여기에 속함.

11	**DA** Display Ad	jpg, gif 등 이미지 요소를 활용한 광고로, 인터넷 뉴스를 클릭하면 페이지에 노출되는 배너 이미지, 티스토리 블로그에 따라다니는 이미지 배너 모두 DA라고 생각하면 이해하기 쉬움.
12	**SA** Search Ad	검색 광고를 뜻하는 단어로, 네이버 SA는 파워링크, 구글 SA는 구글 검색 광고라고 볼 수 있음.
13	**SEO** Search Engine Optimization	검색 엔진 최적화를 뜻하며 특히 마케터 중에서도 퍼포먼스 마케터, 콘텐츠 마케터는 SEO에 대한 민감도가 높아야 함.
14	**Organic**	Organic 또는 Organic Traffic은 SNS나 광고, 체험단 콘텐츠 등 사이트로 유도되는 트래픽을 제외한 고객이 직접 유입한 순수 고객을 뜻함.
15	**Owned Media**	브랜드가 소유하고 있는 자체 채널을 뜻함. 온드 미디어 종류로는 공식 홈페이지, 자사몰, 공식 SNS, 뉴스레터 등이 있음.
16	**Paid Media**	온드 미디어와 반대로 비용을 지급하여 미디어를 구매하는 것으로, 흔히 알고 있는 SA, DA를 포함한 유튜브 광고, SNS 광고, 지하철/버스 광고 등과 같은 옥외광고 등을 뜻함.
17	**Earned Media**	브랜드가 발행한 콘텐츠에 대해 좋아요, 공감, 댓글 등 Viral(바이럴)이 발생하는 것으로, 반응을 직접 만들어낸 것이 아니라 반응을 '받은' 것에 대해 Earned(언드)라는 의미로 사용됨.
18	**MAU** Monthly Active Users	특정 30일 동안 앱 또는 웹사이트에서 활동하는 순 유저 수를 식별하는 데 사용하는 측정 지표
19	**DAU** Daily Active Users	24시간 동안 앱을 사용하는 순 유저 수를 식별하는데 사용하는 측정 지표
20	**LTV** Life TimeValue	고객 생애 가치라는 뜻으로써 유저 1명이 앱 삭제, 홈페이지 탈퇴 등 이탈하기 전까지 제품/서비스에 지급하는 금액을 뜻함. 다시 말해, 앱/홈페이지를 사용하는 동안 사용자 당 기대되는 기대수익을 의미함.

비전공자가 알아두면 편한
마케터가 자주 쓰는 실무 용어

1	**Default**	디폴트 또는 디폴트 값으로 불리며 사용자가 어떤 조치를 취하지 않더라도 고정 값으로 설정된 고유의 상태를 말함.
2	**QA** Quality Assurance	일정 수준의 품질을 가질 수 있도록 제품 출시 이전에 각종 테스트 및 검수 작업을 하는 업무
3	**Inventory**	광고 집행 시, 진행 가능한 광고 지면(영역)을 뜻하며 네이버 메인 화면에서의 인벤토리는 메인 배너, 서브 배너, 네이버 쇼핑이 될 수 있음.
4	**구좌**	인벤토리가 광고 가능한 영역이라고 한다면, 구좌는 인벤토리 안에 집행되는 개별적인 광고의 개수를 뜻함. 예를 들어, 네이버 쇼핑 1페이지에 노출될 수 있는 광고 개수는 10개라고 한다면 광고 구좌는 10개로 볼 수 있음.
5	**Landing Page**	링크 버튼을 눌렀을 때 연결되는 페이지 즉, 최종적으로 떨어지는 페이지
6	**VOC** Voice Of Customer	CS에 접수되는 고객의 불만 사항에 대해 접수-처리-사후관리 등을 시스템화하고 지표화하여 고객 만족도를 상향 시키는 고객 관리 시스템
7	**Onboarding**	영어로 '배에 탄다'는 뜻으로 신규 입사한 직원이 조직에 적응할 수 있도록 업무에 필요한 지식이나 기술 등을 안내·교육하는 과정을 뜻함.
8	**Kick Off 미팅**	대규모 프로젝트를 시작하기 전, 프로젝트에 참여하는 인원이 처음 가지는 모임으로써, 일반적으로 프로젝트 계획 입안에 필요한 기본요소들을 확정함.

9	**OKR** Objective Key Results	목표와 핵심 결과
10	**Cold Call**	물건을 팔기 위해 고객에게 방문/전화한다는 뜻으로, 불특정 다수에게 컨택을 시도하는 것을 뜻함.
11	**코호트 분석** Cohort Analysis	마케팅팀에서 종종 사용하는 시장세분화 방법의 하나로, 일정한 기준으로 고객을 그룹화 하여 분석하는 것.
12	**UI** User Interface	사용자 인페이스의 약자
13	**UX** User Experience	사용자 경험의 약자
14	**UX 라이팅**	애플리케이션 사용자가 어려움 없이 효율적으로 사용할 수 있도록 앱 내 문구를 작성하는 과정.
15	**Wire Frame**	웹이나 앱의 외곽, 레이어아웃을 간단한 선과 면으로 표현하는 것.
16	**Layout**	문자, 이미지 등 구성 요소를 보기 쉽게 배치한 작업물로써, 디자인 최종물이 완성되기 전 확인할 수 있는 러프한 자료로 볼 수 있음.
17	**러프하게**	디테일, 타이트 단어와 반대 되는 뜻으로, 대략적으로 윤곽만 잡은 상태.
18	**Involve**	프로젝트에 참여하여 업무를 진행하거나, 해당 업무에 연관이 되어있다는 의미.
19	**Dead Line**	해당 프로젝트의 마감 일
20	**Flow Chart**	업무의 프로세스를 설명하는 다이어그램의 한 종류

이 책 미리보기

마케팅 정글에서 살아남기 위해 이 책을 펼쳤지만, 아직도 겁나고 막막한가요? 걱정하지 마세요!! 이 책을 펼친 것만으로도 여러분은 마케터로 살아남기 위해 떠나야 할 여정 중 반은 성공한 것입니다. 남은 반의 여정은 좀 더 편안히 떠날 수 있게 이 책이 여러분을 안내할 것입니다.

PART 1
마케터 취업&
성공의 길을 위한 여정

이 여정을 통해 본격적인 마케터가 되기 전에 마케팅 세계의 현실을 이해하고 대응할 실전 팁을 얻을 수 있습니다.

PART 2
일 잘하는
마케터의 길을 위한 여정

이 여정을 통해 마케팅 세계의 험난함을 슬기롭게 헤쳐나갈 수 있는 생존 팁을 얻을 수 있습니다.

PART 3
마케터로 더 큰 꿈을
펼치기 위한 여정

이 여정을 통해 제자리에 머무르지 않고 앞으로 나아가는 마케터가 되기 위한 치트키를 얻을 수 있습니다.

도리몬's TIP

앞만 보고 달리는 것도 좋지만, 잠시 쉬는 시간에 주변을 둘러보세요. 그냥 지나치기 아쉬운 아이템이 많습니다. 알면 힘이 되는 [도리몬's TIP]을 통해 나만의 실전 아이템을 장착해 보세요.

PART

1

마케팅은 잘 모르지만,
마케터로 취업하고 싶어요

* **마케터가 되고 싶은데 어디서부터 준비해야 할지 모르겠어요** ⋯ 014
  마케터가 되기 위한 4E 활용법

* **경력직만 채용하는데 저는 신입입니다** ⋯ 021
  신입 마케터의 현실적인 취업 방법

* **비전공자인데 괜찮을까요?** ⋯ 030
  비전공자 마케터의 현실적인 취업 방법

* **마케터인지 디자이너인지 헷갈려요** ⋯ 036
  모호한 업무 속에서 나를 지키는 방법

* **제게 맞는 회사를 찾고 싶습니다** ⋯ 050
  인하우스 vs 대행사

* **회사는 어떤 마케터를 선호할까요?** ⋯ 068
  회사가 기대하는 마케터의 역량 TOP3

* **마케터 포트폴리오 준비, 막막해요** ⋯ 076
  합격률을 높여주는 포트폴리오 만드는 방법

* **자격증, 꼭 필요한가요?** ⋯ 089
  마케터 실무에 도움 되는 자격증 4가지

* **알고 있으면 이력에 도움이 되는 마케팅 툴** ⋯ 094
  실무에서 자주 사용하는 마케팅 툴 4가지

* **대답하면 합격하는 마케터 면접 단골 질문** ⋯ 099
  인사담당자가 반드시 물어보는 것

PART
2

마케팅 업무는 처음이지만,
일 잘하는 마케터가 되고 싶어요

✴ **입사 첫날, 해야 할 일이 무엇일까요?** ⋯ 114
떨리는 첫 출근, 똑똑하게 준비하는 법

✴ **바이럴 마케터에 대하여** ⋯ 122
마케팅의 본질, 바이럴 마케팅

✴ **콘텐츠 마케터에 대하여** ⋯ 135
기획과 제작의 조화, 콘텐츠 마케팅

✴ **퍼포먼스 마케터에 대하여** ⋯ 147
마케팅팀의 영업 사원, 퍼포먼스 마케팅

✴ **브랜드 마케터에 대하여** ⋯ 162
브랜드의 살림꾼, 브랜드 마케팅

✴ **팀장님이 갑자기 기획안을 써오라고 합니다** ⋯ 176
한 번에 통과되는 기획안 쓰는 방법

✴ **마케팅 예산은 어떻게 짜야 하는 걸까요?** ⋯ 184
마케터의 고유 권한, 마케팅 예산

✴ **실수하고 싶지 않아요** ⋯ 193
실수했을 때 상사에게 보고하는 요령

✴ **후회 없는 연봉 협상을 위한 치트키** ⋯ 200
첫 연봉 협상부터 연봉 15% 올린 노하우

✴ **경력은 있는데 물경력이라 불안해요** ⋯ 217
물경력에서 불경력으로 만드는 현실적 방법

PART 3

제 적성에 딱이에요,
마케터로 성공하고 싶어요

✳ **마케팅(만) 하지 마세요** ··· 230
마케터가 아닌 PM이 되어야 하는 이유

✳ **저는 다시 태어나도 스타트업(Start-up) 마케터입니다** ··· 250
스타트업 마케터가 일하는 방법

✳ **함께 일하고 싶은 마케터에게만 있는 C의 유전자** ··· 258
Communication의 중요성

✳ **일의 해상도를 높이는 방법** ··· 271
마케팅 실력을 빠르게 키울 수 있는 3가지

✳ **영감이 떠오르는 순간** ··· 284
마케터가 아이디어를 발견하는 방법

✳ **뾰족한 경험이 없는 올라운더 마케터, 이대로 괜찮을까요?** ··· 289
올라운더 마케터의 현실적인 커리어 관리 방법

✳ **마케터가 당하는 가스라이팅 극복하기** ··· 297
가스라이팅이 넘치는 마케팅 세상, 건강하게 이겨내는 방법

✳ **마케터의 이직은 달라야 합니다** ··· 306
더욱 행복한 곳에서 나답게 일할 수 있도록

✳ **뉴스레터 몇 개나 구독하고 있나요?** ··· 311
트렌드의 덫에서 벗어나기

✳ **책에서도 안 알려주는 진짜 브랜딩** ··· 319
비전공자/신입/주니어 마케터를 위한 브랜딩 속성 과외

마케팅은
잘 모르지만,
마케터로
취업하고 싶어요

#비전공자 #마케터취업 #포트폴리오

이번 파트는 마케터가 되기 위해 준비하고 시작하는 내용을 다룹니다. 서류 전형부터 면접, 포트폴리오 등 마케터 취업에 필요한 내용과 경력이 전혀 없거나 비전공자인 예비 마케터가 어떻게 마케터로 성장할 수 있는지에 대한 방향을 제시합니다.

저는 다양한 회사에서 경험을 쌓았습니다. 저의 경험과 인사이트를 바탕으로 현실적이고 실천 가능한 내용에 초점을 맞추었습니다. 또한, 마케터로 성공적인 경력을 쌓기 위한 필수 내용과 마케팅 방법을 몰라 막막한 분들에게 내비게이션 역할을 할 수 있는 가이드를 제공합니다.

마케터가 되고 싶은데 어디서부터 준비해야 할지 모르겠어요

마케터가 되기 위한 4E 활용법

마케터가 되기 위해서는 관련 학과를 전공하거나, 마케팅 관련 자격증을 취득하거나, 관련된 교육 프로그램에 참여하는 방법이 있습니다. 또한, 창업 경험이나 스마트 스토어를 통해 상품을 판매해 본 경험이 있다면 마케팅 업무에서 유용한 노하우를 제공할 수 있습니다. 이 외에도 마케팅 관련 공모전이나 대회에서 수상한 경험, 마케팅 관련 커뮤니티를 운영하거나 마케팅 채널 관리, 인플루언서 경험들은 마케터로서의 실무 능력을 강조하는 데 도움이 될 수 있습니다. 마지막으로 지속적인 업계 동향 파악과 자기계발을 위해 관련 서적이나 블로그, 온라인 강의 등을 활용하는 것도 좋은 방법입니다.

이처럼 마케터가 되는 방법은 다양하지만, 이 책에서는 Education(교육), Effort(노력), Experience(경험), Evidence(증거) 4가지를 중점으로 설명합니다. 이 4가지 중 본인의 상황에 맞는 것을 선택하여 이력서, 자기소개서, 포트폴리오에 활용한다면 조금 더 수월하게 취업 준비를 할 수 있을 것입니다.

Education(교육)

여기서 말하는 교육이란 전공, 부전공 등을 통해 쌓은 전공 지식을 활용하는 것을 뜻합니다. 마케팅 직무와 연관된 교육 활동은 마케터로서 기본적인 이론과 전략을 이해하고 활용하는 데 도움이 됩니다. 예를 들어, 경영 학과를 졸업한 경우 비전공자보다 활용할 수 있는 자료가 풍부할 것이며, 국어국문학과나 크리에이티브 관련 학과의 경우 콘텐츠 제작과도 연관이 높습니다. 심리학과를 졸업했다면 심리학을 기반으로 소비자를 공략할 수 있는 내용으로 마케팅 전략을 구성할 수 있습니다. 또한, 데이터 분석과 관련한 교육을 받은 경우 퍼포먼스 마케터나 데이터 마케터로 접근하기 용이합니다.

Effort(노력)

마케터가 되기 위해 노력한 경험이 있다면 이는 마케터를 시작하기에 좋은 기반이 될 수 있습니다. 개인의 노력, 집단의 노력, 단기적인 노력, 장기적인 노력 등 모두 해당합니다. 예를 들어, 동영상 제작과 편집 기술을 습득하기 위해 노력한 경험이 있다면 콘텐츠 마케터 지원에 용이할 수 있고, 마케팅 관련 자격증을 취득하기 위해 노력한 경험이 있다면 이 역시 좋은 소스가 될 수 있습니다. 이처럼 마케터가 되기 위해 노력한 흔적이 있다면 이를 적극 활용해 보세요. 중요한 것은 노력 그 자체의 행위에서 그치면 안 됩니다. 반드시 그 노력을 통해 '내가 왜 마케터에 적합한지', '이 노력의 경험을 어떻게 활용하여 어떤 이점을 제공할 수 있는지'를 설명할 수 있어야 합니다. 회사는 이익을 추구하는 곳으로 업무를 통해 성과를 내고 이익을 창출할 수 있는 사람들을 선호한다는 것을 기억하길 바랍니다.

Experience(경험)

마케팅 또는 지원하고자 하는 회사와 관련한 경험이 있다면 적극적으로 활용해 보세요. 이러한 경험은 크게 외부 고객 관점, 내부 고객 관점, 그리고 마케팅과의 연관성 관점으로 나눌 수 있습니다.

◆ 외부 고객 관점

고객으로서 긍정적인 경험이 있다면 이를 활용해 보세요. 예를 들어, 구매한 제품에 문제가 있어 AS를 신청했는데 상담 직원의 친절한 서비스로 감동했다거나 AS 처리 과정에서 만족스러웠던 경험을 활용할 수 있습니다. 이때는 해당 회사의 고객으로서 감동한 점, 충성도를 갖게 된 계기 등을 설명하면 좋습니다.

◆ 내부 고객 관점

회사의 내부 고객, 즉 직원 관점에서도 경험을 활용할 수 있습니다. 지원하려는 회사에서 근무한 경험이 있다면 적극적으로 활용해 보세요. 정규직뿐만 아니라 인턴, 단기 아르바이트, 하청 업체 근무 등 어떠한 경험도 좋습니다. 해당 회사에 다녀야만 알 수 있는 내부정보나 조직 문화, 경영자의 철학이나 리더십, 업무 시스템 등을 언급하여 설명하면 신뢰도가 높아질 수 있습니다. 예를 들어, 마케팅 에이전시에서 인턴으로 활동했을 때 체계적인 업무 관리와 합리적인 의사결정 과정에 감동한 경험이 있다면 내부 고객으로서 충분히 좋은 경험을 쌓은 것입니다. 이를 취업 활동에 활용한다면 합격 가능성을 높일 수 있을 것입니다.

◆ 직무와의 연관성

마케팅과 관련한 경험이 있다면 적극적으로 활용해야 합니다. 외부 고객이나 내부 고객으로서의 경험 이상으로 강력한 설득력을 가지고 있기 때문입니다. 마케팅 관련 경험은 다양합니다. 스마트 스토어 운영을 통해 상품 셀렉션과 상세 페이지 기획 관련 경험은 기획 마케팅이나 콘텐츠 마케팅에 적합합니다. 또한, SNS 채널을 운영한 경험은 트렌드 파악 방법이나 바이럴 마케팅을 구현하는 방법을 습득할 수 있고, 크라우드 펀딩을 진행한 경험은 상품 기획, 상세 페이지 기획, 상품 발송 등의 일련의 과정을 통해 마케팅 실무를 간접적으로 경험한 것을 내세울 수 있습니다. 직무 관련 경험은 마케터로서 가장 강력한 무기입니다. 추상적인 접근보다는 성공 경험이나 유사 경험을 활용하여 마케터로서의 가능성과 실무에 대한 경험을 강조하는 것이 좋습니다.

Evidence(증거)

증거는 본인의 경험, 경력, 실력 등을 증명할 수 있는 자료를 말합니다. 이는 수료증, 수상 경력, 인턴 경험, 교수 및 실무자의 추천서 등을 포함합니다. 특히 경력이나 실력을 뒷받침할 수 있는 자료라면 더욱 가치 있는 증거가 될 수 있습니다. 저 역시 이러한 증거를 잘 활용하여 스펙 대비 취업을 무난하게 성공한 사례입니다. 경영정보학과를 졸업하여 전공을 활용하기도 했지만, 학교나 학점, 토익 등 기본 스펙이 부족했기 때문에 이를 보완할 것이 필요했습니다. 그러던 중 한국대학생포럼에서 주최하고 전국경제인연합회에서 후원한 '마케팅 스피치 대회'에 참가하게 되었고, 대상을 받게 되었습니다. 이 수상 사실은 저를 설명할 수 있는 유일한 무기이자 증거라고 확신하며 모든 이력서와 자기소개서에 수상 사실을 강조했습니다. 특히 단순한 스피치 대회가 아닌 '마케팅 스피치 대회'였기 때문에 마케터로서의 자질과 역량을 충분히 설명할 수 있는 증거로 생각했습니다. 이 결과, 부족한 스펙임에도 불구하고 원하는 회사에 입사할 수 있었고, 마케터로서의 경력을 쌓을 수 있는 토대가 되었습니다.

수상 경력 이외에도 다양한 증거를 활용하여 아래와 같이 커리어를 시작할 수 있습니다.

- 크라우드 펀딩 성공 ▶ 제품 기획자, 상품 마케터
- 창업 경진 대회 우수상 수상 ▶ 창업 마케터, 프랜차이즈 마케터, 영업 마케터
- 마케팅 인턴 활동 중 우수 활동자 선정 ▶ 마케팅 에이전시 및 마케팅 회사 입사
- 마케팅 리더십 프로그램 활동 수료증 ▶ 마케팅 기업 입사 지원

이처럼 입사 지원 사유를 뒷받침할 증거를 잘 활용하면 합격 확률을 높일 수 있습니다. 따라서 자신의 경험 중에서 증거를 찾아보거나 증거를 확보할 수 있는 다양한 시도를 해보기를 권장합니다.

 마케팅 관련 학과 종류

● **마케팅학과**
마케팅 전략, 소비자 행동, 광고 및 프로모션, 마케팅 분석 등 마케팅 전반에 대한 이론과 실무를 다루는 학과입니다. 학생들은 기본적인 마케팅 개념과 전략을 배우고 실제 캠페인 및 조사 분석을 수행하는 기회를 얻게 됩니다.

● **광고학/광고 마케팅학과**
광고 및 마케팅 커뮤니케이션에 초점을 맞춘 학과입니다. 학생들은 광고 전략, 미디어 계획, 창의적인 광고 캠페인 개발 등을 배우게 됩니다. 또한, 브랜딩, 마케팅 커뮤니케

이션, 디지털 마케팅 등의 관련 주제도 다루게 됩니다.

• 경영학/경영학부

일반적으로 경영학 부전공 혹은 전공으로 마케팅을 선택할 수 있습니다. 경영학은 기업의 전반적인 운영과 전략에 관한 학문이며, 마케팅은 그중 하나의 전략적인 영역입니다. 경영학과에서는 마케팅 전략, 마케팅 조사, 광고 및 판매 관리 등에 대해 배울 수 있습니다.

• 심리학과

소비자의 행동, 마케팅 전략, 심리 등을 연구하는 학문입니다. 마케팅에서 중요한 고객 이해와 소비자 행동 분석을 학습하고 실전적인 마케팅 전략을 개발하는 데 도움이 됩니다.

• 미디어 및 커뮤니케이션학과

미디어의 역할과 영향, 커뮤니케이션 이론 및 전략 등에 대해 다루는 학과입니다. 미디어와 커뮤니케이션 측면에서의 마케팅 전략과 광고에 대한 이해를 갖게 됩니다.

• 경영정보학과

경영정보학은 경영과 정보 기술의 융합 분야입니다. 데이터 분석과 정보 시스템을 활용하여 마케팅 데이터를 분석하고 의사결정을 지원하는 능력을 갖출 수 있습니다. 마케팅 분석과 데이터 기반 마케팅에 관심이 있다면 유용한 학과입니다.

• 디자인학과

디자인은 마케팅에서 중요한 역할을 합니다. 디자인 학과에서는 시각적인 요소와 디자인 원칙, 사용자 경험 등을 배우게 됩니다. 마케팅 캠페인의 디자인 개발과 브랜드 아이덴티티 형성에 도움이 됩니다.

• 국제 비즈니스/글로벌 마케팅학과

국제적인 비즈니스 환경에서의 마케팅 전략과 동향에 초점을 맞춘 학과입니다. 학생들은 국제 시장에서의 경쟁 전략, 글로벌 마케팅 캠페인, 국제 소비자 행동 등을 배우게 됩니다.

● 국어국문학과

국어국문학과에서는 문학작품의 분석과 해석, 글쓰기, 언어의 사용과 효과 등에 대해 깊이 있게 학습할 수 있습니다. 이는 마케팅에서 필요한 콘텐츠 제작, 광고 및 마케팅 커뮤니케이션에 도움이 됩니다.

경력직만
채용하는데
저는 신입입니다

신입 마케터의 현실적인 취업 방법

요즘은 신입을 채용하고자 하는 기업이 줄고 있습니다. 간혹 공고라도 나면 신입은 물론, 중고 신입, 3년 이상의 경력직도 지원할 정도입니다. 또한, 경력직을 채용하는 회사에 아무런 경력이 없는 신입이 지원하기에는 큰 용기가 필요합니다. 하지만 신입이라면 기회를 잡아야겠죠. 회사가 사람을 뽑는 목적을 이해하고 지원한다면 합격 확률을 높일 수 있습니다.

신입의 매력을 어필하세요

기업은 보통 목적에 맞는 사람을 채용하기 마련이죠. 목적을 이해하기 위해서는 채용 페이지를 통해 자격요건, 업무 내용 등을 면밀하게 살펴야 합니다. 간혹 업무적인 조건은 맞지만, 기업에서 요구하는 연차에 못미치더라도 과감하게 지원해 볼 필요가 있습니다. 예를 들어, 새로운 서비스를 론칭하는 곳이라면 빠른 실행력, 도전 정신, 번뜩이는 아이디어를 내는 사람이 필요합니다. 이때 신입만의 통통

튀는 매력과 에너지를 어필한다면 좋은 결과가 있을 수 있습니다. 또, 2~30대를 대상으로 서비스를 운영하는 회사라면 본인이 주요 고객층임을 강조하는 것도 하나의 방법입니다. 이처럼 내가 비록 신입이지만, 회사에 이바지할 수 있는 나만의 강점을 적극적으로 발견하고 활용할 수 있도록 준비하는 자세가 필요합니다.

기업이 신입보다 경력직을 채용하는 이유는 전문성, 성공 사례, 인적 인프라를 중심으로 최대한 빠르게 성과를 내는 것을 기대하기 때문입니다. 만약, 내가 경력이 없는 신입이라면 전문성보다 회사에 얼마만큼 헌신할 수 있는지, 제품이나 서비스에 얼마나 많은 관심이 있는지, 신입만의 에너지를 어떻게 활용할 수 있는지를 바탕으로 설득해야 합니다.

목표를 '어떻게' 달성했는지보다, '무엇'을 달성했는지를 드러내세요

회사는 지원자의 성취보다 성과에 반응합니다. 성취와 성과는 비슷한 의미로 사용되지만, 차이점이 있습니다. 성취는 목표를 달성하는 과정에 중점을 두고 있다면, 성과는 목표를 달성한 결과물에 중점을 둔 것입니다. 즉, 성취는 '어떻게' 목표를 달성했는지를 나타내고, 성과는 '무엇'을 달성했는지를 나타냅니다. 그러므로 서류를 준비할 때 성취와 성과를 구분하여 활용하는 것이 중요합니다. 예를 들어, 마케팅 직무 관련 자격증을 취득했다면 취득한 과정을 구구절절 설명할 것이 아니라 무엇을 달성했는지, 이를 어떻게 활용하여 어떤 점을 이바지할 것인지 설명할 수 있어야 합니다.

또한, 면접관이나 인사담당자의 처지를 이해해야 합니다. 규모가 큰 기업의 경우 몇천, 몇만 명의 지원서류를 검토해야 해서 지원자의 개인적인 성취 스토리를 끝까지 읽을 여유가 없습니다. 그들은 '어떻게'보다 '무엇'을 가졌는지 궁금해 합니다. 내가 이 회사에 입사해야 하는 이유에 대해 결과물을 바탕으로 설명하는 습관을 들여보세요.

성과 자료가 잘 드러나는 포트폴리오를 준비하세요

밤새며 열심히 준비한 자기소개서는 1~2줄 읽히다 다음 차례로 넘어가는 것이 현실입니다. 자기소개서도 중요하지만, 이력서, 경력 기술서, 포트폴리오의 중요도가 훨씬 높습니다. 경력이 없는 신입이라면 이력서 작성에 힘을 들이고 가시적으로 보여줄 수 있는 성과 자료를 모아 포트폴리오를 구성하는 것이 좋습니다.

저는 유명한 대학교를 졸업한 이력 및 유학이나 인턴 경험이 없어 포트폴리오를 남들보다 더 신경 쓸 수밖에 없었습니다. 그래서 대학 생활 중 제가 달성한 모든 경험을 담아 눈으로 확인할 수 있도록 했습니다. 당시 노션이라는 프로그램도 없었고, PPT 프로그램을 잘 다루지 못해 워드 프로그램으로 만들었습니다. 또한, 기획력도 없었기 때문에 포트폴리오에는 대외활동, 수상 경험, 교내학생회 활동에 대한 자료를 사진으로 구성했던 것이 전부였습니다. 지금 생각하면 포트폴리오라고 부르기 민망한 수준이지만, 이 포트폴리오 덕분에 야놀자 그룹에 입사할 수 있었습니다. 이처럼 단순히 이력서와 자기소개서로 사실 나열만 하는 것이 아니라, 눈으로 확인할 수 있도록 하여 면접관들의 시선을 사로잡는 것이 중요합니다. 성취에 대한 과정이나 감정이 아닌 결과물로서 성과를 확보하고 나만의 무기로 활용하기 바랍니다. 어떠한 형태라도 상관없습니다. 본인이 활동한 분야에 대한 성과를 증거물로써 보여줄 수 있는 것이 중요합니다.

그 회사만을 위한 특별한 제안서를 제출하세요

면접에 지원한 회사에 반드시 합격하고 싶다면 그 회사만을 위한 특별한 제안서를 만들어 보여주는 것도 좋은 방법입니다.

제가 생활용품 제조회사에 근무할 당시, IT 산업으로 이직하고 싶다는 생각이 간절했었습니다. 여러 채용공고 중 소개팅 앱 회사를 발견하게 되었고 이 회사에 꼭 합격하고 싶었습니다. 하지만 채용공고에 기재된 자격요건에는 그로스 마케팅 경력 4년 이상, 퍼포먼스 마케팅 경력 5년 이상 또는 이에 상응하는 경험이 나열되어 있었습니다. 저는 그로스 마케팅의 의미는 알았지만 경험이 없었고, 퍼포먼스 마케팅 경험은 있었지만 엄청난 기술과 실력을 보유하고 있지는 않았습니다. 객관적으로 지원할 수 있는 자격요건에 해당하는 것이 없었습니다. 하지만 그냥 포기하기에는 아쉬운 마음이 컸고, 이력이 화려하지는 않지만 '나만이 할 수 있는 일을 어필해 보자.'라는 마음으로 그 회사를 위한 제안서를 만들었습니다.

처음에는 회사의 장단점을 분석했습니다. 장단점을 면밀하게 분석해보니 자연스럽게 경쟁사 분석, 시장 환경 요인에 대한 자료가 필요했습니다. 그래서 수많은 서비스 중에 왜 이 서비스를 이용해야 하는지를 서술했습니다. 또한, 경쟁사의 공격적인 마케팅에 대비하기 위한 전략을 추가하였고, 더 나아가 소개팅 앱이 가지고 있는 외부 환경 즉, 개인정보 활용 범위나 도용 및 사칭의 위험, 성 이슈 등을 언급하여 여러 위험 요소에 대한 대처 방안을 추가했습니다. 그렇게 제안서를 만들어 제출하였고 며칠 뒤 인사담당자의 연락을 받았습니다. 보통은 팀장 면접 이후 대표 면접이 순서이지만, 대표님 요청으로 바로 면접을 볼 수 있었습니다. 그때 대표님께서는 저의 경력이나 조건은 부족하지만, 이런 제안서를 제출할 정도의 열정이라면 어떤 일이든 맡길 수 있겠다는 생각이 들었다고 합니다. 아쉽게도 실무 능력이 부족하여 최종적으로는 탈락하게 되었지만, 이 경험으로 간절함을 전달하면 통한다는 것을 알게 되었습니다. 제안서를 제출하지 않았다면 면접의 기회는 물론, 스스로 기회를 만드는 방법도 몰랐을 것입니다. 만약 여러분도 반드시 합격하고 싶은 회사가 있다면 통상적인 제안이 아닌 그 회사만을 위한 특별한 제안서를 만들어 보세요. 본인의 열정과 가능성을 보여줄 수 있는 제안서는 합격의 문을 열어줄 큰 자산이 될 것입니다.

SNS를 활용하여 퍼스널 브랜딩을 하세요

퍼스널 브랜딩이 대두되는 요즘, 마케터에게 SNS는 선택이 아닌 필수입니다. 또한, SNS는 포트폴리오로 활용될 정도로 중요성이 커지고 있습니다. 이때 본인의 얼굴, 패션, 음식과 같은 콘텐츠가 아니라 카드 뉴스처럼 기획이 동반되는 콘텐츠로 구성해야 합니다. 인플루언서 수준의 파급력을 갖췄다면 본인을 스스로 세일즈하는 것이 중요하지만, 마케터로서의 역량을 보여주기 위해서는 SNS를 통해 기획력을 보여주는 것이 중요합니다.

SNS는 마케터의 모든 역량을 확인할 수 있는 채널입니다. 고객을 후킹하기 위한 카피라이팅, 썸네일 제작에 필요한 디자인 감각과 툴 활용 능력, 본문 작성을 위한 글쓰기, 팔로워들과 소통하는 커뮤니케이션 등 콘텐츠 마케터로서 자질을 확인할 수 있고, 인스타그램 인사이트를 활용한 데이터 분석, 메타 광고를 통한 퍼포먼스 마케팅 역량도 키울 수 있습니다. 콘텐츠의 내용이 좋거나 팔로워 수가 많다면 아주 막강한 무기가 될 수 있으니 반드시 SNS 채널을 운영하기를 바랍니다.

도리몬's Tip 퍼스널 브랜딩 콘텐츠 제작하는 방법

- **피드 내용 구성**

퍼스널 브랜딩 채널로써 인스타그램이 가장 활용도가 높습니다. 인스타그램은 유튜브보다 제작에 대한 부담이 적고, 페이스북이나 트위터보다 더 많은 고객과 소통할 수 있는 플랫폼입니다. 따라서, 다음과 같이 인스타그램 콘텐츠를 제작한다면 도움이 될 것입니다.

- **섬네일 제작**

섬네일은 계정의 특징과 해당 콘텐츠의 내용을 예상할 수 있는 미리보기 역할을 합니다. 유저가 섬네일만으로도 클릭하고 머물 수 있도록 후킹할 수 있는 카피라이팅이 필요합니다. 저도 얼마 전에 잘 만든 섬네일 하나로 조회수 69만 회를 달성할 수 있었습니다. 그렇다면 어떻게 후킹할 수 있는 섬네일을 만들 수 있을까요?

첫째, 인스타그램, 유튜브, 블로그 등에서 조회수가 높은 콘텐츠의 섬네일을 수집합니다. 이미 영향력 있는 인플루언서나 유명 계정이라면 어떤 콘텐츠를 올려도 반응이 있을 것입니다. 그러나 후발주자나 개인의 영향력이 부족한 경우에는 어느 정도 반응이 보장된 콘텐츠를 참고하여 일정 수준의 인사이트를 만들어야 합니다. 물론 시간적 여유가 있거나 도전 정신이 강하다면 일일이 시도하여 정답을 찾을 수도 있지만, 이미 검증된 콘텐츠를 활용하면 더욱 신속하게 성장할 수 있을 것입니다. 특히 팔로워 수 대비 릴스 조회수, 좋아요, 공유하기, 댓글 수가 높은 콘텐츠를 발견하는 것이 좋습니다. 팔로워 수보다 유저 반응이 좋다는 것은 그만큼 좋은 콘텐츠로 평가받았다는 것을 의미합니다. 이러한 콘텐츠를 벤치마킹할수록 채널의 파급력을 더욱 쉽게 높일 수 있을 것입니다.

둘째, 내가 만들고자 하는 주제와 내용에 맞춰 벤치마킹합니다. 주의해야 할 점은 수집한 레퍼런스를 그대로 베끼는 것이 아니라, 나만의 이야기로 변형시켜야 합니다. 모

방은 창작의 시작이 될 수 있지만, 그대로 사용하는 것은 표절에 해당하므로 주의해야 합니다. 벤치마킹하는 방법은 간단합니다. 다른 계정에서 〈마케터가 레퍼런스를 찾는 방법〉이라는 콘텐츠에서 고객 반응이 활발하다면 해당 레퍼런스를 수집하여 활용할 수 있습니다. 이를 바탕으로 〈마케터가 인사이트를 얻는 과정〉이나 〈마케터가 아이디어를 얻는 방법〉 등 나와 관련 있는 내용으로 발전시킬 수 있습니다. 또한, 같은 종류의 계정을 벤치마킹하는 것도 좋지만, 분야가 다른 계정을 활용하는 것도 방법이 될 수 있습니다. 마케팅 관련 계정이 아닌 디자이너, 1인 사업가, 지식 창업 등의 계정을 활용하는 것입니다.

셋째, 섬네일의 톤 앤 매너를 최대한 통일시켜 주세요. 유저가 내 채널에 방문했을 때 호감을 느낄 수 있도록 하는 것이 중요합니다. 이때 섬네일의 디자인은 호감도에 큰 영향을 미칠 수 있으므로 최대한 같은 폰트나 컬러를 사용하는 것이 좋습니다. 또한, 본인을 대표할 수 있는 캐릭터나 심볼이 있다면 적극적으로 활용해 보세요. 개성 없는 섬네일보다는 '이 컬러는 ○○○ 것이구나, 이 폰트는 ○○○ 것이구나'라고 떠올릴 수 있는 나만의 스타일을 구축하는 것이 중요합니다.

• 본문 제작

인스타그램에서는 피드 기준으로 최대 10장까지 사진을 업로드할 수 있습니다. 이 중 섬네일 1장을 제외하면 본문은 1~9장으로 구성할 수 있습니다. 이때, 본문은 섬네일과 이어지는 내용으로 구성하는 것이 좋습니다. 예를 들어, 〈마케터가 인사이트를 얻는 방법〉이라는 섬네일로 고객의 관심을 끌었다면 본문에는 해당 주제와 관련된 내용을 제공하는 것이 중요합니다. 고객이 섬네일과 본문이 일치하지 않는다면 실망하여 이탈할 가능성이 높기 때문입니다. 동시에 고객의 반응을 유도하기 위해 좋아요, 댓글, 공유하기, 저장하기 등의 기능을 활용하는 것도 좋습니다.

제가 약 2년간 퍼스널 브랜딩을 운영하면서 가장 반응이 좋았던 콘텐츠 유형은 다음과 같습니다.

[경험형] 기존에 있는 마케팅 정보에 나만의 인사이트 추가
- 아직도 핀터레스트만 쓰고 있다고?
- 마케터가 본 스레드
- 브루노마스 공연으로 본 마케팅 디테일

[실무형] 마케팅 실무에 도움이 되는 내용
- 콘텐츠 마케터 스토리보드 작성법
- 마케터의 시작 SMART 목표 설정법
- 있어 보이는 마케팅 필드 영어단어 10

[공감형] 마케터라면 공감할 내용
- 마케터가 당하는 가스라이팅
- 마케팅팀은 돈만 쓰고, 하는 일이 없대요
- 디자이너 없는 회사에서 디자인하는 4가지 방법

- **퍼스널 브랜딩을 위해 반드시 알아야 할 사이트 3가지**

공백닷컴(https://instablank.com): 인스타그램은 일부 디바이스에 따라 줄바꿈을 지원하지 않는 경우가 있습니다. 이럴 때 쉽고 빠르게 인스타그램 줄바꾸기 텍스트를 변환해주는 사이트입니다. 특히 모바일로 캡션을 작성할 때, 일일이 공백 문자나 '.' 을 활용하여 줄바꾸기를 하는 경우가 있는데요. 공백닷컴을 활용하면 1초만에 변환할 수 있습니다. 이 외에도 맞춤법 교정, 폰트, 해시태그 생성 등 다양한 기능을 활용하여 유익한 콘텐츠를 만들어 보세요.

눈누(https://noonnu.cc): 무료로 폰트를 다운로드 할 수 있는 사이트입니다. 인스타그램 섬네일을 제작할 때 카피라이팅도 중요하지만 폰트 또한 매우 중요한 역할을 합니다. 기본 폰트 외에도 디자인 폰트를 적절히 사용하여 유저의 눈을 사로잡아 보세요. 단, 무료폰트라도 폰트 종류에 따라 활용 범위가 다를 수 있으니 면밀히 살펴 보고 목적에 맞게 사용하기 바랍니다.

뤼튼(https://www.wrtn.ai): 해외에 chat GPT가 있다면 국내에는 뤼튼이 있습니다. 국내에서 제작된 인공지능 서비스인 만큼 22억개가 넘는 한국어 데이터로 최적의 결과물을 받아볼 수 있습니다. 블로그 글, 인스타그램 캡션, 제목 카피라이팅 등 글쓰기 목적과 종류에 따라 다양한 결과물을 받아볼 수 있으며 이미지 제작도 쉽고 빠르게 할 수 있습니다. 또한, 뤼튼에서 제공하는 프롬프트 허브를 잘 활용하면 몇 초만에 원하는 결과를 얻을 수 있으니 적극적으로 활용해 보세요.

유튜브 채널 운영 경험으로 신입의 강력한 무기를 만드세요

SNS 중에서도 유튜브 채널은 반드시 운영해 보세요. 기업에서 가장 힘들어하는 부분이 유튜브 채널이거든요. 보통 사람들이 유튜브에서 개인 크리에이터나 연예인 콘텐츠는 찾아보지만, 기업 영상을 검색하여 찾아보는 일은 드물기 때문입니다. 기업은 수익 창출이 가장 큰 목적인데 큰돈을 들이고 결과가 좋지 않다면 투자하고 싶지 않을 것입니다. 그래서 많은 기업에서 유튜브에 투자하는 것을 꺼립니다(물론 유튜브를 잘 활용하는 기업들도 많습니다). 이 부분을 역으로 이용하여 유튜브 채널에 대한 경험 및 활동을 어필한다면 큰 차별성을 갖게 될 것입니다.

반드시 구독자 수가 많을 필요는 없습니다. 유튜브 관리자 페이지를 활용하거나 짧은 영상을 직접 촬영하고 편집할 수 있으면 됩니다. 취업 후 직접 제작에 참여하지 않고 외주 업체를 활용한다고 해도 본인이 유튜브 채널을 운영한 경험이 있어야만 디렉팅할 수 있으니 직접 운영해 보는 것이 큰 도움이 될 것입니다.

비전공자인데
괜찮을까요?

비전공자 마케터의 현실적인 취업 방법

커리어 상담을 하다 보면 "비전공자인데 마케터에 도전할 수 있을까요?"라는 질문을 간혹 받습니다. 사실 마케터를 떠나 모든 직군을 막론하고 전공자라면 유리한 것은 맞습니다. 어느 정도의 기본기가 있기 때문입니다. 특히 경영학을 전공한 사람이라면 기업의 전략과 경영에 대한 이해가 깊고, 재무, 회계, 운영 등의 기업 경영에 대한 전반적인 전문 지식을 보유하고 있습니다. 이러한 지식과 역량은 마케팅 전략 수립과 마케팅 활동의 실행과 분석에 있어 매우 유용하게 활용할 수 있습니다.

다만, 마케터는 다양한 분야에서도 인재를 채용하기 때문에 마케터로서의 자질과 실력을 더 많이 요구합니다. 비전공자여도 마케팅 직무를 수행하기 위해서는 마케팅 전문 지식을 습득하고, 창의성과 커뮤니케이션 역량을 갖춘다면 충분한 경쟁력을 가질 수 있습니다. 실제 제 주변에도 비전공자 출신 마케터들이 많이 있고, 전공자보다 더 좋은 퍼포먼스를 내고 있습니다. 중요한 것은 전공과 비전공 등 출신이 아닌, 꺾이지 않는 마케팅 실력이라 생각합니다. 저는 여기에서 더 나아가 비전공자가 마케터가 되면 유리한 점에 대해 짚어보려 합니다.

비전공자 마케터가 오히려 유리하다?

전공자라고 하면 대개 경영학, 신문방송학, 광고학 등을 이수한 사람을 말합니다. 이들은 2~4년 동안 SWOT 분석, STP, 3C, 4P 등 마케팅과 관련해 다양한 이론을 배우며 학문을 익힙니다. 이런 교육을 통해 실제 취업이나 취업 후 실무에 투입될 때 도움을 받는 것은 사실입니다. 저도 경영학부로 입학하여 경영정보학을 수료한 전공자로서 전공 지식을 바탕으로 면접을 보기도 했습니다. 그러나 이러한 것들이 마케터가 되기 위한 필수 조건은 아닙니다. 오히려 주입식 교육으로 인해 뻔한 답을 내릴 때도 많고, 전문 지식에 갇혀 마케터 특유의 창의성을 발휘하지 못 할 때도 있습니다.

반면에 비전공자 마케터는 전공 지식에 갇혀 있지 않아 새로운 관점으로 문제를 바라볼 수 있어 참신한 아이디어를 제안할 수 있습니다. 예를 들어, 심리학을 전공한 경우 소비자의 인식 패턴과 심리학을 활용하여 이벤트를 기획할 수 있고, 예술 분야를 전공한 경우 예술적 감각과 비주얼 자료를 적절히 사용하여 이전과는 다른 창의적인 아이디어를 제안할 수 있겠지요.

저와 함께 일했던 마케터 중 한 명은 예술대학에 입학하여 공연 기획을 전공하였고, 이를 활용하여 본인만의 입지를 다진 사례도 있습니다. 대학 시절 무대 연출이나 의상, 오퍼레이팅에 대한 경험을 적극적으로 활용하여 새로운 제품을 출시할 때마다 컨셉 기획, 소품, 모델 섭외 등에 적용하였으며, 일반 마케터는 알 수 없는 새로운 촬영 장소와 촬영 기법 등을 활용하며 매번 새로운 결과물을 만들어 냈습니다. 그 이후 본인의 강점을 살려 브랜드 매니저로 상향 이직하였고, VMD* 로서의 역량도 충분히 발휘하고 있습니다.

마케팅 분야에서는 전공자와 비전공자 각각의 장점과 한계가 있습니다. 전공자는 마케팅 이론과 전문적인 지식을 통해 전략적인 분석과 계획을 수립할 수 있지만, 새로운 관점과 창의적인 아이디어를 제시하는 능력이 부족할 수 있습니다. 반면에 비전공자는 다양한 배경과 관점을 가지고 있어 창의적인 아이디어를 제안할 수 있지만, 전문적인 이론과 지식이 부족할 수 있습니다. 따라서, 마케팅 팀에서는 전공자와 비전공자를 조화롭게 협업하여 서로의 강점을 살리고 보완하는 것이 중요합니다. 이처럼 비전공자는 본인의 전공 지식을 마케팅에 접목한다면 전혀 다른 결과물을 만들어 낼 수 있고, 틀에 갇히지 않은 새로운 시각으로 바라볼 수 있어 참신한 아이디어를 제안할 수 있습니다. 또한, 전공자는 전공에 대한 학문과 지식의 깊이가 있을지 몰라도 플러스알파는 없습니다. 그렇기 때문에 마케팅 외의 분야에 대한 새로운 접근을 기대하기 어렵습니다. 반면에 비전공자는 플러스알파를 갖고 있습니다. 앞에서 예로 들었던 지인도 무대 연출에 대한 능력을 마케팅에 접목할 수 있었고, 마케팅과 VMD에 대한 역량을 MIX하여 본인만의 차별성을 만들어 낼 수 있었습니다. 본인의 전공을 적극적으로 활용하여 마케팅에 접목할 수 있는 비전공자 마케터라면 누구나 MIX 전략을 통해 나만의 경쟁력과 차별성을 충분히 갖출 수 있습니다.

★ VMD: Visual Merchandising and Display, 상품 판매를 촉진하기 위해 매장과 상품을 심미적으로 가꾸고 관리하는 일.

하지만, 비전공자 마케터에게 가장 중요한 것은 바로 마케팅 실력입니다. 아무리 나의 전공 지식을 마케팅에 접목할 수 있다고 해도 충분한 경험을 하기 전까지는 마케팅 전문 지식과 실무 능력이 부족할 수밖에 없습니다. 이를 보완하기 위해서는 마케팅 이론을 학습하는 것은 물론이고, 실무 경험을 쌓아가는 노력이 필요합니다. 본인의 전공을 MIX하는 것은 마케팅에 대한 기본 지식과 실력이 어느 정도 누적된 후에 가능합니다. 그전까지는 기본에 충실히 하는 것이 좋습니다. 요즘에는 온/오프라인 강의 플랫폼이 워낙 잘 구축되어 있어 본인에게 맞는 커리큘럼과 강사진을 선택하면 충분한 학습 효과를 기대할 수 있습니다. 또한, 전문가의 1:1 컨설팅이나 커뮤니티를 통해서도 정보를 얻을 수 있으므로 본인에게 맞는 방법을 찾아 마케팅 지식을 쌓는 것이 필요합니다. 그 외에도 회사의 리소스를 활용하여 실무 실력을 쌓는 것도 좋은 방법이 될 수 있습니다. 주변 상사나 선배, 동료에게 조언을 구하거나, 회사에서 주고받는 모든 메일, 보고서, 기획안 등을 살펴보며 나의 것으로 만들어 보는 것도 좋습니다.

도리몬's Tip 비전공자 마케터가 취뽀(취업 뽀개기)하는 방법

현실적으로 아무런 경험이 없는 비전공자가 마케터로 지원하면 면접 전형에서 여러 가지 어려움을 겪을 수 있습니다. 회사는 이익을 우선시하는 비즈니스 영역이므로 전문성이 없는 신입에 대해 우려를 할 수 있고, 이를 이유로 연봉 협상 등에서 불리한 조건을 제시할 가능성도 있습니다. 또한, 마케팅 분야는 경쟁이 치열하고 전문적인 지식과 경험을 요구하는 분야이므로 면접관은 다양한 질문을 통해 비전공자로서 경쟁력과 역량을 평가하고자 할 것입니다. 비전공자로서 마케팅 분야에 진입한다면 적응력

과 학습 능력에 대한 평가도 필요할 수 있습니다. 이와 같은 이유로 공격적인 질문을 통해 면접관은 비전공자가 얼마나 빠르게 새로운 지식을 습득하고 업무에 적용시킬 수 있을지 확인하고자 할 것입니다.

1. 마케팅 전공자와 비교했을 때, 비전공자로서 어떤 장점을 갖고 있다고 생각하나요?

답변 예시: 비전공자로서 저는 다양한 배경과 관점을 가지고 있습니다. 이는 새로운 아이디어와 창의적인 접근을 가능하게 합니다. 또한, 제 전공과는 다른 분야에서 경험을 통해 상상력과 문제 해결 능력을 갖추고 있습니다. 이러한 다양성은 마케팅 전략 수립과 타깃 고객에 대한 이해에 도움이 될 것으로 생각합니다.

2. 마케팅 분야에서 경험이 없는 비전공자로서, 어떻게 자신의 실력을 입증할 수 있을까요?

답변 예시: 비록 마케팅 분야에서 경험이 없을지라도, 제가 가진 분석력과 학습 능력을 활용하여 빠르게 적응하고 성장할 자신이 있습니다. 예를 들어, 온라인 강의와 서적을 통해 마케팅 기본 지식을 습득하고, 실전적인 프로젝트를 진행하여 실무 경험을 쌓아왔습니다. 이를 통해 마케팅 업무에 대한 이해와 실무 능력을 향상했으며, 이러한 노력을 통해 자신의 실력을 입증할 수 있다고 자부합니다.

3. 마케팅 업무를 수행하는 과정에서 비전공자로서 어떤 어려움을 겪었는지 이야기해주세요.

답변 예시: 비전공자로서 마케팅 업무를 수행하는 과정에서 가장 큰 어려움은 전문 용어와 개념에 익숙해지는 것이었습니다. 하지만 이를 극복하기 위해 자발적으로 전공 관련 서적을 공부하고, 업계에서 사용되는 용어를 숙지하는 노력을 기울였습니다. 또한, 경험 있는 팀원들과의 협업을 통해 지속적인 학습과 지식 공유를 통해 이 어려움을 극복해 왔습니다.

4. 비전공자로서 마케팅 역량을 향상하기 위해 어떠한 노력을 했나요?

답변 예시: 마케팅 역량을 향상하기 위해 저는 다양한 온라인 강의와 세미나에 참여하

고, 새로운 마케팅 트렌드와 동향을 파악하기 위해 산업 리서치를 진행하였습니다. 또한, 실무 경험을 쌓기 위해 자발적으로 프로젝트를 수행하고 분석 역량을 향상하기 위해 데이터 분석 도구를 학습했습니다. 이러한 노력을 통해 지속적인 성장과 역량 향상을 추구하고 있습니다.

5. 마케팅 분야에서 경력을 쌓기 위해 어떤 계획을 가지고 있나요?

답변 예시: 마케팅 분야에서 경력을 쌓기 위해 저는 다양한 프로젝트에 참여하고 실무 경험을 쌓을 계획입니다. 또한, 전문적인 마케팅 자격증을 취득하고, 산업 동향을 파악하기 위해 관련 커뮤니티와 네트워킹에 참여하여 경험의 폭을 넓힐 것입니다.

마케터인지
디자이너인지
헷갈려요

모호한 업무 속에서 나를 지키는 방법

이 제목을 보고 "혹시 내 이야기 아니야?"라고 하면서 공감하는 분들이 많이 없었으면 좋겠습니다. 그만큼 마케터 중에서 '내가 이 회사에 디자인하려고 입사한 걸까?'라는 생각이 들 만큼 디자인과의 업무 경계가 명확하지 않은 곳이 많습니다. 특히 스타트업이나 규모가 작은 기업의 경우라면 더욱 공감할 것으로 생각합니다. 저는 이 주제로 글을 쓰기 전에 '마케터가 디자인도 할 줄 알아야 한다는 인식이 어디서부터 시작되었을까?'라는 고민을 진지하게 해보았습니다. 여러분은 마케터라고 하면 다들 어떤 이미지가 떠오르나요? 톡톡 튀는 아이디어를 내는 사람, 트렌디한 사람, 진취적으로 일을 해내는 사람이라는 이미지가 떠오를 것입니다. 그래서 마케터가 디자인도 할 줄 알아야 한다는 오해가 생기는 것 같습니다. 또한, 기업 입장에서는 비용을 절감할 수 있으니, 디자인도 할 줄 아는 마케터를 선호하는 것이 사실입니다. 물론, 마케터가 마케팅만 하는 곳은 얼마 없을 뿐더러 마케팅만 해서는 결코 성장할 수 없습니다. 하지만 마케터가 포토샵, 일러스트레이터, 피그마 등 디자인 전문 툴을 사용하면서까지 디자인 작업물을 직접 만드는 것이 옳은지는 의문입니다. 마케팅과 디자인 사이에서 혼란스러워하고 있다면 이 짧은 글이 조금이나마 도움이 될 것입니다.

디자이너 없이 마케팅 해야 한다면?

겨우 회사에 합격해서 마케팅에 대해 알아가는 단계인데, 디자이너 없이 마케팅까지 해야 한다니 막막합니다. 하지만 이것이 신입 또는 주니어 마케터의 현실입니다. 이런 상황을 받아들이고 어떻게 업무를 해나갈지 고민해 보는 것이 중요합니다. 저 또한 얼마 전까지 디자이너 없는 회사에서 인스타그램은 물론이고 홈페이지, 신메뉴 촬영 및 포스터, 간판, 쿠폰, MD 상품까지 모두 제작해야 했습니다. 당연히 소속 디자이너가 없어 많은 어려움이 있었지만, 이러한 경험을 통해 나름의 체계와 기준을 발견할 수 있었습니다. 만약, 디자이너 없이 마케팅을 해야 하는 상황이 생긴다면 마케터 본인의 의사가 가장 중요합니다. 디자인 스킬이 있거나 업무 범위를 넓히고 싶다면 디자인 작업을 병행할 수 있고, 마케팅에만 집중하고 싶다면 이직이나 퇴사를 고려해야 할 수도 있습니다. 그러나 대부분 마케터가 디자인 업무를 병행해야 하는 상황일 것입니다. 이럴 때는 다음과 같은 절차를 통해 체계적으로 관리할 필요가 있습니다. 면담을 통한 요구사항 정리, 업체와의 컨택, 테스트 시안 제작, 최종 작업 의뢰 등의 단계를 따라가며 업무를 진행해야 합니다.

◆ 면담하기

디자이너 없이 마케팅을 해야 하는 상황이라면 대표님을 포함한 의사 결정권자와의 면담을 통해 본인의 디자인 실력과 한계를 솔직하게 공유하고, 책임질 수 있는 업무 범위에 대해 조율해야 합니다. 저 같은 경우에는 디자인 툴을 다룰 수는 있었지만, 최종 결과물을 만들 수 있는 수준의 실력은 아니었기 때문에 이러한 부분을 솔직하게 설명했습니다. 디자인 툴을 다룰 줄 아는 것과 실제로 디자인을 전문적으로 수행하는 것은 엄연히 다른 영역이기 때문입니다. 물론, 의사 결정권자들은 디자인에 대한 이해도가 낮고 중요성을 제대로 인지하지 못하는 경우가 많아 "우선 그냥 해봐."라는 반응을 보일 수도 있습니다. 하지만 부실한 디자인으로는 고객의 마음을 사로잡을 수 없을 뿐만 아니라, 기존 고객마저 이탈할 위험도 있습니다. 특히 최근에는 고객들이 심미적 가치를 중요시하기 때문에 퀄리티 부분을 간과해서는 안 된다고 설명할 필요가 있습니다. 이와 더불어 프리랜서 디자이너나 외주 디자이너 등 디자이너 채용이 아닌 프로젝트 단위로 디자인을 맡길 방법을 제안해 보세요. 대부분의 의사 결정권자들은 정규직 채용만 고려하고 있을 가능성이 높습니다. 디자이너 채용을 꺼리는 이유는 아마 인건비에 대한 부담일 것입니다. 따라서 외주 업체를 활용하여 비용을 낮출 수 있다는 것을 알려주면 의외로 디자인 업무에 대한 부담을 쉽게 덜어낼 수 있을 것입니다. 이를 위해 면담 시 디자인에 투자할 수 있는 대략적인 예산도 받아두는 것이 좋습니다. 프로젝트나 회사 규모에 따라 다를 수 있지만, 홈페이지 제작이나 애플리케이션 출시와 같은 큰 프로젝트를 제외한 포스터, SNS 콘텐츠, 광고 배너 등의 업무는 월 100만 원정도의 예산으로 대부분의 디자인 작업을 충분히 진행할 수 있을 것입니다. 이때 작업비 할인이나 디자인 서비스 등의 혜택이 있을 수 있으니 이를 잘 활용하는 것도 필요합니다.

◆ 업체 컨택하기

의사 결정권자와 어느 정도 협의가 끝났다면 실제 디자인 작업을 진행할 디자이너 또는 업체를 찾아야 합니다. 저는 주로 아래 6가지 방법을 통해 디자이너를 검색하고 작업을 의뢰했습니다. 채널별 특징을 활용하여 본인의 상황에 맞는 디자이너를 찾아보기 바랍니다.

크몽

프리랜서 대표 플랫폼으로써 거의 모든 유형의 디자인을 의뢰할 수 있다는 것이 특징입니다. 작업에 따라 다르지만, 만 원대부터 진행할 수 있는 정도로 비교적 저렴한 가격으로 작업을 의뢰할 수 있습니다. 또한, 채팅 기능을 통해 실시간으로 의견을 주고받을 수 있고, 모든 작업이 완료된 후에 결제가 이루어지므로 안전하게 거래할 수 있는 장점이 있습니다.

숨고

숨고는 임의로 작업자를 선택할 수 있는 것이 아니라 견적서를 받은 뒤 선택할 수 있는 시스템입니다. 그래서 먼저 내가 원하는 작업 형태를 의뢰해야 하고, 작업 가능한 전문가의 프로필을 받은 후에 선택할 수 있습니다. 쉽게 설명하자면 경매 또는 낙찰 시스템으로 이해하면 됩니다. 크몽보다는 단가가 높은 편이며, 전달받은 프로필 내에서만 선택할 수 있어 선택의 폭이 좁습니다. 때에 따라서는 매칭이 안 되거나 포기해야 할 때도 있지만, 한 번 작업 호흡을 잘 맞추면 꾸준히 작업하는 경우가 많을 정도로 디자인 퀄리티가 높은 편입니다.

노트폴리오

디자이너의 포트폴리오를 확인할 수 있는 사이트입니다. 그래픽, 제품, 패키지, 일러스트레이션 등 각 분야 전문가의 작업물을 확인할 수 있으며, 디자이너의 프로필을 통해 작업 의뢰를 요청할 수 있습니다. 이곳은 전문 디자이너들이 모여 활동하는 곳이기 때문에 쉽고 빠르게 다양한 포트폴리오를 확인할 수 있으며, 작업 스타일, 톤 앤 매너 등을 대략 예상할 수 있습니다. 최근에는 제안하기 기능이 생겨 프로젝트나 프리랜서 제안하기도 가능하므로 해당 기능을 적극적으로 활용하여 원하는 디자이너를 찾아보기 바랍니다.

라우드소싱

라우드소싱은 디자인이 필요한 의뢰자와 다수의 디자이너를 연결해주는 클라우드소싱 플랫폼입니다. 간단히 말해 디자인 공모전으로 이해하면 됩니다. 잡코리아의 캐릭터도 라우드소싱을 통해 진행되었고, 다른 크고 작은 기업에서도 자주 활용하는 만큼 합리적인 가격으로 여러 디자인을 받아볼 수 있는 장점이 있습니다. 그러나 작업물이 마음에 들지 않더라도 진행 프로젝트에 대한 수수료를 지불해야 하며, 이에 대한 보상 체계는 없습니다. 또한, 디자이너 입장에서는 퀄리티 대비 낮은 작업 비용, 최종 선택 시 저작권은 의뢰자에게 모두 넘겨야 하는 등의 문제로 인해 부정적인 리뷰도 많은 곳이므로 신중하게 판단하여 활용하기 바랍니다.

산그림

산그림은 일러스트레이터 작가 위주로 운영되는 플랫폼입니다. 일러스트 요소의 디자인 작업이 필요하다면 산그림을 통해 작가에게 컨택하는 것이 가장 빠릅니다. 일러스트레이터는 로고 및 브랜딩 디자인, 광고 콘텐츠 제작, 포스터 제작, 굿즈 및 MD 등 상품 디자인, 인포그래픽 디자인 등에 활용됩니다. 일러스트레이터 작가를 섭외할 때 가장 중요한 것은 브랜드 톤 앤 매너와의 일치 여부와 디자인 퀄리티입니다. 아무리 예쁜 그림도 브랜딩을 방해하거나 퀄리티를 훼손시킨다면 진행이 어렵기 때문입니다. 일러스트레이터의 디자인도 중요하지만, 얼마나 브랜드와 협업 했는지와 같은 상업 활동에 대해서도 면밀히 파악하는 것이 좋습니다.

1:1 개별 컨택

제가 가장 많이 활용하는 방법 중 하나입니다. 인스타그램, 블로그, 유튜브 등 어떤 채널이든 작업하고 싶은 디자이너를 발견하면 이메일, DM, 댓글, 쪽지 등을 통해 작업 가능 여부를 물어봅니다. 대부분 디자이너는 프리랜서로 활동하거나 사이드잡을 병행하기 때문에 작업 유형만 잘 맞는다면 쉽고 빠르게 진행될 수 있습니다. 또한, 의뢰자가 기본적으로 긍정적으로 판단하여 먼저 요청을 한 것이기 때문에 작업물도 만족스러울 확률이 높습니다. 다만, 세금계산서 발행이나 카드 결제가 불가한 경우가 많으므로 지출을 증빙하기 어려울 때도 있습니다. 원천징수를 제외하고 입금하는 등 여러 방법이 있으니 해당 부분은 회계팀과 논의하면 좋습니다.

이 외에도 디자이너 커뮤니티, 추천 및 소개, 디자인 에이전시 등을 활용할 수 있으며 요구사항 등을 고려하여 적합한 디자이너를 선택해 의뢰하면 됩니다.

▼ [디자이너 컨택 플랫폼의 장단점]

	장점	단점
크몽	• 모든 종류의 디자인 작업이 가능함 • 빠르게 작업할 수 있음 • 매우 저렴하게 작업할 수 있음 • 안전하게 거래할 수 있음	• 포트폴리오와 최종 결과물이 상이할 수 있음 • 작업물의 퀄리티가 떨어짐 • AS 등 추가 보상 기준이 모호함
숨고	• 고 퀄리티의 작업물을 받아볼 수 있음 • 요구사항과 예산에 맞게, 맞춤형 디자인 작업을 맡길 수 있음 • 채팅 및 파일 업로드 시스템을 통해 효율적인 작업이 가능함	• 의뢰인의 요구사항과 디자이너의 이해도 차이로 인해 진행에 어려움을 겪을 수 있음 • 견적서를 보낸 디자이너의 프로필만 확인할 수 있으므로 선택의 폭이 좁음
노트폴리오	• 로고, CIBI, 브랜딩, UXUI 등 각 분야 전문 디자이너의 포트폴리오를 확인할 수 있음	• 거래 전용 플랫폼이 아니므로 실시간 소통이 어려움 • 결제, 작업 기한, AS 등 행정 업무를 관리하기 어려움
라우드소싱	• 저렴한 금액으로 많은 양의 시안을 받아볼 수 있음 • 공모전 형식으로 디자인을 의뢰하는 방식으로 진행 자체만으로도 마케팅 효과를 누릴 수 있음	• 마음에 드는 작업물이 없더라도 수수료를 지불해야 함 • 디자이너에게 부정적으로 인식되는 플랫폼으로 디자이너의 활동이 저조할 수 있음
산그림	• 일러스트레이터 작가의 포트폴리오를 확인할 수 있음	• 디자이너의 컨택 포인트를 확인하기 어려울 수 있음
1:1 직접 컨택	• 작업물에 대해 만족할 확률이 높음 • 디자이너의 응답 속도에 따라 빠르게 작업할 수 있음	• 세금계산서 및 현금영수증 발행, 카드 결제가 불가한 경우가 많음 • 계약서 작성이 불가한 경우가 많음 • 디자이너의 응답이 없을 경우 진행 자체가 불가함

◆ 테스트 시안 작업하기

위와 같은 다양한 방법을 통해 함께 작업할 디자이너 혹은 업체가 선정되었다면 무조건 최종 작업물을 의뢰하기 전에 테스트 시안 작업을 추천합니다. 이들은 회사에 소속된 디자이너가 아니므로 처음부터 만족스러운 작업물을 만들기 어려울 수 있고, 첫 작업부터 프로젝트 일정에 맞춰 의뢰할 경우 수정 기간에 대한 리스크가 있을 수 있기 때문입니다. 이러한 사항을 미리 방지하기 위해 회사가 추구하는 디자인 방향성, 톤 앤 매너, 기존 작업물 등을 공유하는 사전 미팅을 하는 것이 좋으며, 호흡을 맞추기 위해 테스트 시안을 제작해 보는 것이 좋습니다. 테스트 시안은 말 그대로 최종 작업 의뢰 전에 테스트를 위한 작업을 말합니다. 기존에 진행했던 프로젝트 내용을 바탕으로 테스트하거나 실제 의뢰를 맡길 프로젝트에 대해 디자인을 요청하는 것이 좋습니다. 중요한 점은 테스트 시안을 통해 디자이너와의 커뮤니케이션, 작업 속도, 기획 의도를 어느 정도 이해했는지 등을 파악하는 것입니다. 테스트 시안은 디자인 실력이나 예술적인 감각을 확인하기 위한 것이 아니라, 얼마나 우리 회사와 조화로운지를 확인하는 데에 중점을 둬야 합니다. 간혹 개인 작업물은 매력적으로 느껴지지만, 실제 작업물은 실망스러울 수도 있습니다. 이럴 경우에는 테스트 시안에 대한 비용만 지불하고 최대한 이른 시일 내에 다른 디자이너와 작업을 진행하기 위해 준비해야 합니다.

◆ 최종 작업 의뢰하기

테스트 시안 작업까지 진행했다면 실제 마케팅에 필요한 디자인을 의뢰해야 합니다. 저는 디자이너에게 작업을 의뢰할 때 〈디자인 제작 요청서〉를 제작하여 전달합니다. 이 파일에는 기획 의도, 이미지 사이즈, 파일 유형, 제출 기한 등을 포함하여 디자이너가 원활하게 작업할 수 있도록 해야 합니다. 또한, 마케터가 원하는 방향성을 잘 설명하기 위한 레퍼런스도 함께 전달해야 하는데, 레퍼런스의 양보다는 질이 중요합니다. 너무 다양한 레퍼런스를 전달할 경우 어떤 톤 앤 매너로 작업해야 하는지 의문이 들 수 있고, 디자이너의 개인적인 취향에 따라 작업 방향성이 달라질 수 있습니다. 따라서 비슷한 무드의 레퍼런스를 최대 5장을 넘기지 않는 것이 좋습니다. 또한, 브랜드에서 꼭 사용해야 하는 폰트나 컬러 코드가 있다면 반드시 전달해야 합니다. 내부 직원과 소통할 때 폰트, 컬러까지 지정하는 것은 무례해 보일 수 있지만, 외주 업체와 진행할 때는 명확하게 지시하는 것이 좋습니다.

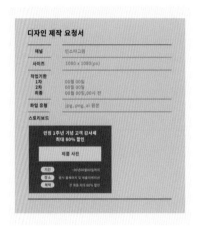
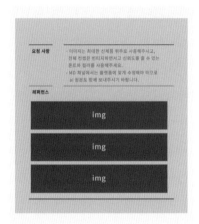

마케터는 디자이너가 아니다

사실 위와 같은 방법을 활용하여 디자이너 없이 마케팅할 방법을 찾는 것도 중요하지만, 진정한 마케터가 되기 위해서는 나의 정체성을 잃지 않도록 주의해야 합니다. 계속해서 디자인 업무를 하다 보면 디자이너에게 빙의하여 자간, 행렬, 폰트를 유심하게 확인하고 있는 나의 모습을 심심치 않게 발견하게 됩니다. 그러면 마케팅 업의 본질을 잃어버리게 됩니다. '나는 마케터이지, 디자이너가 아니다.'라고 스스로 인지하고, 커리어 방향성이 어긋나지 않도록 주의하기 바랍니다.

저 같은 경우 전임자가 마케터가 아닌 디자이너였던 곳에 입사한 적이 있습니다. 물론, 면접 때는 디자이너를 따로 채용할 것이라고 했지만, 퇴사할 때까지 디자이너는 채용하지 않았습니다. 다양한 방법으로 디자인 업무까지 수행하며 모든 프로젝트를 문제없이 완결지었지만, 사실 그때만큼 저의 커리어가 걱정되던 때도 없었습니다. 마케팅 리더로서 브랜드 전략을 통해 큰 그림을 그리고, 목표 달성을 위한 액션 플랜을 기획해야 하는데 정작 저는 디자인 레퍼런스를 수집하고 있고 출력소를 드나들며 컬러와 인쇄 재질을 맞추기에 급급했기 때문입니다. 업무의 비중을 100으로 둔다면 마케팅 업무에 20, 디자인 업무에 80을 할애하다 보니 결국 번아웃에 봉착하게 되었고 퇴사를 결정하게 되었습니다. 이러한 경험 덕분에 디자인 업무의 전반적인 프로세스를 한층 더 깊게 이해할 수 있었고, 디자이너의 고충을 바탕으로 커뮤니케이션 능력도 향상할 수 있었습니다. 하지만 그 기간 마케터로서 어떤 성과를 냈는지, 어떤 문제를 해결하고, 어떤 기회를 창출했는지에 대해 아직도 명확한 답을 하지 못합니다. 이런 문제를 잘 해결하기 위해서 2가지 방법을 제안합니다. 첫 번째는 디자인 업무에 대한 경계를 명확하게 하는 것이고, 두 번째는 퇴사 기준을 정하는 것입니다.

◆ 업무 범위 정하기

현실적으로 마케터가 마케팅만 할 수는 없습니다. 규모가 큰 회사이거나 R&R*이 명확한 경우가 아니라면 마케터는 어느 정도의 디자인 업무도 병행해야 하는 것은 사실입니다. 하지만 디자인 업무를 어디까지 관여할 것인지에 대해서는 명확하게 정해야 합니다. 업무 범위를 명확히 하지 않는다면 책임의 소재가 불명확해져 서로 책임을 전가하는 일이 생기기도 하며, 업무가 원활하게 진행되지 않아 성과도 저조하게 될 것입니다.

★   R&R: Role and Responsibilities, 역할과 책임이라는 뜻으로 주로 업무분장을 할 때 사용되는 언어.

◆ 외주 디자인 업체를 통해 진행할 경우

이 경우 마케터는 기획안을 작성하고 디자인 제작에 필요한 레퍼런스를 전달해야 합니다. 또한, 기한 내에 디자인 제작물이 완성될 수 있도록 일정을 체크하고, 피드백을 통해 완성물을 만들어 나가면 됩니다. 더불어 디자인 업체의 보수가 정확히 처리될 수 있도록 업무 기안서, 지출결의서 작성 등 행정 업무도 지원해야 합니다. 이때 마케터가 진행해야 할 업무는 기획과 피드백입니다.

◆ 마케터가 최종 작업물까지 디자인해야 하는 경우

마케터 본인이 기획, 제작, 피드백 등 디자이너와 같은 수준까지 책임을 져야 합니다. 디자인과 관련한 크고 작은 문제에 대해 책임을 져야 하고, 이와 동시에 해결 방안을 제시할 수 있어야 합니다. 그러므로 사전에 본인의 디자인 실력을 솔직하게 공유하고, 할 수 있는 업무에 대해서만 진행하는 것이 좋습니다. 이때 디자인 업무 범위를 애매하게 정한다면 생각보다 많은 업무를 맡게 될 수 있으니 본인의 실력과 수용할 수 있는 업무 범위를 강하게 어필하기 바랍니다.

업무 범위를 정하는 기준은 다양합니다. 인스타그램 카드뉴스 한정, 홈페이지 배너 한정 등 작업물을 기준으로 결정하는 방법이 될 수도 있고, 기존 완성물을 베리에이션*하는 정도로 정할 수도 있습니다. 혹은 포토샵의 기본적인 기능을 시현하는 정도와 같이 툴 활용 능력을 기준으로 결정할 수도 있습니다. 마케터가 해결할 수 있는 업무를 고민해 본 뒤, 해결할 수 있는 범위 내에서 도전해 보는 것이 좋습니다. 여기서 가장 중요한 것은, 디자인 업무까지 하기로 마음을 먹었다면 최선을 다하는 자세를 가져야 합니다. 그렇지 않으면 좋은 마음으로 디자인 업무에

★　베리에이션: 하나의 기본적인 형태나 색채를 변화시키는 작업이나 변화된 상태

도전했음에도 불구하고 부정적인 평가를 받을 수 있습니다. 신입 마케터로서 마케팅 경험도 부족한 상황에서 디자인 업무까지 맡게 되면 혼란스러울 수 있습니다. 그러나 요즘은 디자인과 마케팅이 서로 긴밀히 연결되어 있을뿐더러, 전문적인 수준보다 교차 역량을 요구할 때가 많기 때문에 이 기회에 디자인 업무에 대한 경험을 쌓는 것도 좋은 기회가 될 수 있습니다. 그러므로 디자인 업무를 맡게 되면 마케터로서도 디자이너로서도 열심히 노력하여 디자인 역량을 향상하는 것이 좋습니다. 이를 통해 근무하는 회사에서는 교차 역량을 보유한 인재로 인식할 수 있고 본인의 경력에도 큰 도움이 될 것입니다.

◆ 나만의 퇴사 기준 정하기

회사의 요구로 마케팅과 디자인을 병행해야 할 때 마케터는 반드시 기억해야 할 것이 있습니다. 디자인에 투자할 여력이 없을 정도로 회사 사정이 어려운 것인지, 아니면 단순히 비용 절감을 위해 마케터를 활용하는 것인지를 파악해야 합니다. 만약 전자라면 퇴사 전까지 어느 정도의 유예 기간을 두는 것이 좋고, 후자인 경우 퇴사까지 고려해야 할 수도 있습니다. 이러한 상황을 더욱 자세히 알기 위해서는 팀장 혹은 상사와의 면담을 통해 힌트를 얻어야 합니다. 아무리 내가 이 업무에 대해 잘 알고 있는 담당자라 하더라도 인사 결정에 대한 권한이 없으므로 상사와의 면담을 통해서 디자인 업무 방향성에 대한 정보를 얻어내야 합니다. 면담 내용에 따라 디자인 업무를 병행할 것인지, 퇴사를 준비할 것인지 결정한 뒤 체계적으로 움직일 수 있도록 합니다.

상사와의 면담을 통해 당분간 디자인 업무를 병행하기로 했다면 회사의 비전, 업무 확장 가능성, 나의 책임과 역할 등을 면밀히 고려한 뒤 유예 기간이 너무 길어지지 않도록 해야 합니다. 개인적으로 최대 3개월을 넘기지 않는 것을 추천합니다. 그 이상을 넘기게 되면 경력이 애매해질 수 있습니다. '1년이라도 채우자.'는 아쉬운 마음에 퇴사나 이직을 결정하기 어려워질 수 있기 때문입니다. 또한, 3개월 동안 마케터가 디자인 업무를 병행하면서 큰 문제가 없다면 마케터가 디자이너 역할을 충분히 수행하고 있다고 인식될 수 있습니다. 따라서 추가 인건비를 들여서 디자이너를 채용할 이유가 없어질 수 있습니다. 이 상태로 경력이 쌓이면 전체 경력은 늘어나지만, 마케터로서의 업무와 역할에 대한 평가가 좋지 않을 수 있음을 명심하기 바랍니다.

반면, 디자인에 투자할 확률이 없어 보인다면 퇴사를 결심해야 할 수도 있습니다. 아무리 오랜 시간 설득하더라도 디자인의 중요성을 모르는 회사이거나 마케터의 역할을 제대로 이해하지 못한 곳일 수 있기 때문입니다. 이런 곳에서 시간을 보내면 디자이너도 아니고, 마케터도 아니게 될 확률이 높습니다. 그 어떤 분야에서도 전문성을 쌓을 수 없으니 냉정하게 결정하기 바랍니다.

이처럼 마케터로서 커리어 패스를 체계적으로 관리하기 위해서는 자신만의 퇴사 기준을 정해야 합니다. 그렇지 않으면 디자인 업무가 계속해서 증가하여 마케터보다 디자이너의 역할이 더욱 강조되는 상황이 발생할 수 있습니다. 이로 인해 전체 경력 대비 마케터의 전문성이 결여되고, 마케터로서의 역량이 퇴색될 가능성이 높습니다. 물론, 디자인 능력과 마케팅 능력을 겸비한 마케터라면 많은 회사에서 긍정적으로 평가받을 수 있습니다. 그러나 마케터는 마케팅 전략과 실행 역량이 우선이며, 마케팅 업무의 비중이 더욱 높아야 한다는 사실을 잊어서는 안 됩니다. 따라서 디자인 업무를 적절하게 관리하고, 필요한 경우 외부 리소스나 전문가의 지원을 활용하여 디자인 업무의 효율성을 높이도록 합니다.

마케터로서의 전문성을 유지하면서 디자인 업무를 효과적으로 수행하기 위해서는 상사나 팀장과의 소통을 통해 업무 방향성을 정확히 이해하고, 필요한 리소스와 지원을 얻을 수 있도록 노력해야 합니다. 또한, 자신의 업무 범위를 명확히 설정하고, 디자인 업무에 대한 적절한 유예 기간과 대안을 마련하여 효율적인 업무 진행을 도모하는 것이 중요합니다. 마케터로서의 전문성을 유지하면서 디자인 업무를 적절히 관리하는 것은 마케터로서의 성장과 발전을 위한 필수 요소입니다. 이를 통해 마케팅 역량을 강화하고, 전문성을 향상하며, 더 나은 결과를 창출할 수 있을 것입니다.

제게 맞는
회사를
찾고 싶습니다

인하우스 vs 대행사

마케터라면 인하우스와 대행사 두 가지 선택 사이에서 고민해 본 적이 있을 것입니다. 저 역시 이런 고민을 해보았던 사람으로, 어느 곳이 저에게 더 잘 맞는지 알아보기 위해 대행사와 인하우스 두 곳 모두 경험해 보았습니다. 결과적으로 어디가 더 좋은지, 어디서 일해야 하는지에 대한 명확한 답은 찾지 못했습니다. 그러나 분명한 것은 개인의 성향과 업무 스타일에 따라 더 잘 맞는 회사 유형이 있다는 것입니다. 이 글을 통해 인하우스와 대행사의 업무 환경을 비교하며 본인의 특성을 더욱 잘 드러낼 수 있는 곳이 어디인지 찾아보길 바랍니다.

브랜드를 대표하는 인하우스 마케팅

인하우스는 회사 내부에서 모든 작업을 수행하는 것을 의미합니다. 즉, 특정 브랜드에 소속된 마케터로서 자신이 담당하는 제품이나 서비스의 마케팅을 진행하는 내부 직원을 말합니다. 브랜드와 관련된 대부분의 업무를 회사 내에서 직접 처리하기 때문에 브랜드에 대한 깊은 이해가 필요하며, 단기적인 실행뿐만 아니라 중장기적인 전략을 세우는 능력이 요구됩니다. 어느 정도 규모가 있는 회사에서는 마케팅팀 내에서도 바이럴 마케팅팀, 콘텐츠 마케팅팀, 퍼포먼스 마케팅팀 등으로 세분되어 각각의 업무를 진행하게 되는데, 이런 경우 한 분야에 대한 전문성을 쌓아 스페셜리스트로 성장할 수 있습니다. 또한, TVC, 옥외 광고 등 큰 규모의 이벤트는 전문 광고 대행사와 협업하여 진행하기도 하며, 체험단 운영, 상위 노출, 인플루언서 마케팅 등 일부 업무는 바이럴 대행사나 실행사에 위탁하기도 합니다. 따라서 대행사와의 원활한 커뮤니케이션 능력과 성과 분석 및 개선 방안 제시 능력도 중요한 역량으로 간주합니다.

브랜드의 성장을 돕는 대행사

대행사는 광고주의 마케팅 업무를 대신 수행하는 곳으로, 에이전시라고도 부릅니다. 마케팅 업무가 점점 다양해지고 세분되면서 여러 유형의 대행사가 등장하였으며, 크게 종합광고대행사, 디지털광고대행사, 바이럴대행사 등이 있습니다.

◆ 종합광고대행사(종대사)

종합광고대행사(종대사)는 주로 대기업이나 중견기업과 같은 대형 광고주의 마케팅 업무를 전반적으로 총괄하고 실행하는 곳을 지칭합니다. 이들은 광고주의 마케팅 전략을 기획하고, 목표를 달성하기 위한 다양한 실행 계획을 수립합니다. 삼성 그룹의 제일기획, 롯데 그룹의 대홍기획, SK 그룹의 이노션(Innocean) 등이 대표적인 예입니다. 이러한 대행사들은 규모가 크며, 주로 대형 회사의 마케팅 업무를 담당하기 때문에 단순히 업무를 대행하는 것이 아니라 파트너의 역할을 수행한다고 볼 수 있습니다.

광고주의 제품 및 서비스가 출시되거나 새로운 이슈에 따라 전략을 세우며, 이를 효과적으로 전달하기 위한 마케팅 MIX를 구축하는 능력이 필요합니다. 주로 광고 콘티나 카피 작성 등의 크리에이티브한 업무를 수행하며, 종합광고대행사가 주최하는 공모전에 입상하면 해당 대행사에 입사할 기회가 있을 수 있습니다. 공모전 외에도 개인의 창의적인 작업물이나 포트폴리오를 보유하고 있다면 입사에 유리할 수 있습니다.

◆ 디지털광고대행사

우리가 일반적으로 생각하는 온라인광고대행사나 검색광고대행사를 디지털광고대행사라고 부릅니다. 대행사는 바이럴 마케팅, 콘텐츠 마케팅, 퍼포먼스 마케팅 등의 마케팅을 종합적으로 관리하거나, SNS, 디스플레이 광고, 검색 광고, 인플루언서 마케팅 등 특정 분야를 전문적으로 운영하기도 합니다. 규모가 큰 대행사에서는 마케팅팀, 영업팀, 디자인팀 등의 업무 범위가 명확히 구분되어 있어 마케팅 업무에만 집중할 수 있습니다. 특히, 여러 광고주의 업무를 동시에 진행하는 경우가 많아 다양한 산업과 브랜드를 경험할 수 있다는 것이 특징이죠. 이때 스케줄 관리와 멀티태스킹 능력, 그리고 광고주와의 원활한 소통을 위한 문서 작성 능력 및 프레젠테이션 발표 능력이 중요합니다.

한편, 규모가 작은 대행사에서는 마케터가 아웃바운드*라는 전화 영업 업무를 수행해야 하는 경우가 많습니다. 이때는 주로 기본급이 낮고 계약 수에 따라 인센티브를 지급하는 형태로 운영되며, 영업력과 제안서 작성 능력이 중요합니다.

★ 아웃바운드: 유효 고객에게 직접 전화를 걸어 상품이나 서비스를 소개하거나, 특정 정보를 제공하는 방식의 통화.

영업에 관심이 있거나 높은 인센티브를 원하는 경우 도전해 볼 만합니다. 그러나 영업력에만 집중하다 마케팅 성과가 저조하면 재계약이 어려워지고, 업계 평판에도 영향을 미칠 수 있으므로 기본적인 마케팅 능력은 필수입니다.

◆ 바이럴대행사

바이럴대행사는 바이럴 마케팅 상품을 중심으로 판매하고 운영하는 회사를 말합니다. 광고주의 광고 효과를 극대화하기 위해 인스타그램, 페이스북, 카페, 지식인, 커뮤니티 등에 업로드할 콘텐츠를 기획하고 발행하며, 상위 노출, 댓글, 대댓글, 좋아요 등을 작업합니다. 바이럴대행사에서 일하는 마케터라면 콘텐츠 제작 능력과 함께 업로드할 채널 계정 작업에도 능숙해야 합니다.

다음 카페, 네이버 카페, 각종 커뮤니티에 게시글을 업로드하기 위해 회원가입부터 등업 작업까지 진행하며, 광고성 게시글로 신고받거나 유령 회원으로 적발되지 않도록 일상적인 게시글 작성 및 다른 게시글에 댓글을 다는 등의 작업도 필요합니다. 각 채널과 커뮤니티의 특성을 잘 이해하고 있다면 업무에 대한 이해도가 높아지며, 바이럴 마케터로서 다양한 경험을 쌓을 수 있습니다. 그러나 단순 반복 업무가 많아 마케터로서의 역량을 발전시키는 데에 제한이 있을 수 있습니다. 일시적으로 업무가 편하거나 급여가 높을 수 있지만, 장기적인 커리어 발전을 고려하면 제한요소가 될 수 있으니 이 점을 주의해야 합니다.

반면, 많은 회사가 바이럴 마케팅에 많은 투자를 하는 만큼 여러 종류의 바이럴대행사가 존재합니다. 이에 따라 바이럴대행사에서는 많은 업무를 수행하기 위해 새로운 마케터를 필요로 하기 때문에 채용의 기회가 많습니다. 만약, 마케팅에 대한 경험이 부족한 경우라면 바이럴대행사에 입사하여 실무 경험을 쌓는 것도 좋은 경험이 될 수 있습니다.

인하우스와 대행사의 차이점

◆ 인하우스 마케터가 하는 일

인하우스 마케터는 광고대행사 마케터와는 전혀 다른 업무를 수행하게 됩니다. 광고대행사 마케터는 광고주의 요청을 받아 업무를 진행하는 반면, 인하우스 마케터는 기업의 목표를 달성하기 위해 마케팅 전략을 수립하고 실행합니다. 또한, 인하우스 마케터는 기업 내부에서 다양한 부서와 협업해야 하므로 커뮤니케이션 능력과 협업 능력이 필수이며, 마케팅 트렌드를 빠르게 파악하고 적용할 수 있는 능력도 필요합니다. 인하우스 마케터가 주로 수행하는 업무는 다음과 같습니다.

◆ 마케팅 전략 수립 및 실행

인하우스 마케터는 기업 내에서 마케팅 업무를 담당하는 사람입니다. 그러므로 기업의 목표를 달성하기 위해 마케팅 전략을 수립하고 실행해야 합니다. 이를 위해 인하우스 마케터는 내외부 데이터를 바탕으로 연간, 분기별, 월간, 주간 등의 목표를 설정하고, 각 목표를 달성하기 위한 세부 실행안을 기획합니다. 특히 중장기 프로젝트를 기획하면서도 단기적 프로젝트를 수행해야 하는데, 올해 여름 시즌을 준비하면서도 내년에 출시될 신제품에 대한 컨셉, 가격 정책, 네이밍 등도 함께 고민해야 한다는 것입니다.

마케터는 마케팅 비용을 지출하는 부서이기 때문에 투자 대비 성과를 낼 수 있도록 효율적인 전략을 구축하는 것이 중요합니다. 마케팅 목표를 이루기 위한 실행은 신입, 대리, 과장 등 실무자 위주로 진행되고, 마케팅 전략이나 목표를 수립하는 것은 대부분 팀장, 실장, 셀장 등 상급자가 진행하게 됩니다. 다만, 스타트업이나 규모가 작은 회사에서는 실무자가 전략 및 목표를 수립하는 경우도 있습니다. 이처럼 인하우스 마케터는 기업의 목표와 전략에 따라 다양한 업무를 수행합니다. 각자의 업무에 대한 이해와 전문성을 갖추는 것이 중요하며, 기업의 목표와 전략에 따라 업무를 수행하는 방식이 달라질 수 있습니다.

◆ 프로모션 기획 및 수행

프로모션을 기획하고 수행하는 것은 인하우스 마케터에게 중요한 업무 중 하나입니다. 이러한 활동은 곧 매출로 이어지기 때문입니다. 인하우스 마케터는 매출, 팔로워 수, 이벤트 참여 수, 신규 고객 확보 등 다양한 KPI*를 달성해야 하는 사람입니다. 목표 달성을 위해서 오프라인 행사, 1+1 증정, 50% 할인 이벤트, 제품 출시 이벤트 등 다양한 형태의 프로모션을 기획하고 수행합니다. 간혹 프로모션이나 이벤트를 기획할 때 힙한 컨셉, 유행하는 밈에 의존하는 경우가 많습니다. 일시적인 반응을 만들어 내는 데에는 용이할 수 있지만, 충성 고객을 만들기 위해서는 고객 분석을 먼저 진행해야 합니다. 고객이 현재 어떤 콘텐츠에 반응하는지, 어떤 채널에서 활동하는지를 분석한 뒤 컨셉과 이벤트 기간, 예산, 혜택 등을 결정합니다. 또한, 원활한 프로모션 기획 및 실행을 위해서는 디자인팀, 운영팀, 영업팀, 재경팀 등 협업 부서와의 조율이 중요합니다. 마케팅팀에서 단독으로 진행하는 경우도 있으나 다음과 같은 업무는 마케터 혼자서 진행할 수 없습니다.

★   KPI: Key Perfomance Indicator, 기업이나 팀 목표를 달성하기 위해 필요한 성과 지표로써 핵심적으로 관리해야 하는 요소들로 구성됨.

▸ 포스터 제작, 홍보물 디자인: 디자인팀

▸ 매장 VMD, 직원 교육, 고객 응대: 운영팀

▸ 매출 분석, 오프라인 채널 분석: 영업팀

▸ 매출 정산, 매체 수수료 지급, 마케팅 비용 입금: 재경팀

그러므로 각 팀에게 각 부서의 KPI를 바탕으로 주요 일정이 겹치지 않도록 프로모션 기획 의도, 목표, 일정 및 혜택 등 대략적인 내용을 공유하여 원활하게 진행할 수 있도록 해야 합니다.

◆ 브랜딩

인하우스 마케터는 이벤트나 프로모션을 통해 단기적인 성과를 내기도 하지만, 고객에게 브랜드를 인지시키고 경쟁력을 확보하기 위해서는 브랜딩이 필수입니다. 브랜딩은 중장기적인 호흡으로 진행하는 프로젝트이며, 성과가 즉각 나타나지 않아 아예 시도조차 하지 않거나 중간에 포기하는 마케터가 많습니다. 하지만 마케터로서 실력을 쌓고 거시적인 안목을 기르기 위해서는 반드시 수행해야 하는 업무 중 하나입니다.

브랜딩은 두 가지 영역으로 나눌 수 있습니다. 시각적으로 보이는 디자인 요소와 눈에 보이지는 않지만 고객과 소통하는 언어적 요소로 나눕니다. 디자인적 요소로는 CI, 패키지, 폰트, 홈페이지, 명함, 매장 VMD, 직원 유니폼, 포스터 등이 해당합니다. 어떤 브랜드를 생각했을 때 특정 컬러나 오브제가 떠오르는 것처럼 굳이 길게 설명하지 않아도 그 브랜드를 연상시키는 것이 바로 디자인적 브랜딩에 해당합니다. 디자이너의 역량도 중요하지만, 고객에게 어떻게 비칠 것인지, 어떤 브랜드로 기억되고 싶은지에 대해 마케터의 기획도 중요하게 작용할 수 있습

니다. 이때 마케터에게도 심미적 감각이 필요합니다.

이렇게 브랜딩을 위한 디자인 가이드가 결정된 후에는 마케터의 역할이 더욱 중요해집니다. 디자인 톤 앤 매너에 맞게 브랜드 네이밍, 슬로건을 결정하는 것은 물론이고 인스타그램 본문 텍스트나 광고 카피, 광고 채널 선정 등 사소한 마케팅 활동에도 브랜딩을 염두에 둬야 하기 때문입니다. 아무리 감각적인 디자인으로 고객의 눈을 사로잡는다고 하더라도 마케팅 언어와 일치하지 않거나 고객을 설득할 수 없는 마케팅이라면 실패한 브랜딩이라고 볼 수 있습니다. 그러므로 눈에 보이지 않는 마케팅 언어를 기획하고 다듬을 수 있도록 해야 합니다. 특히 브랜딩은 브랜드의 헤리티지, 히스토리, 창립 의도 등 회사 내부에서 출발해야 합니다. 대행사에서 대신 해줄 수 없는 것들이 더욱 많기 때문에 인하우스 마케터는 끊임없이 고민하고 브랜드의 정체성을 지속해서 개선해 나가기 위해 노력해야 합니다.

◆ 분석 및 보고

인하우스 마케터는 모든 마케팅 활동에 대해 데이터로 기록하며, 이를 분석하여 보고해야 합니다. 이때 내부에서 자체적으로 진행하는 마케팅 활동은 물론이고 대행사의 도움을 받아 진행하는 업무 모두 포함됩니다. 마케팅팀은 타 부서와는 달리 마케팅 비용이라는 명목으로 거액의 금액을 지출하는 곳인 만큼 투자에 대한 효율과 결과를 증명해야 합니다. 또한, 성과를 효율적으로 관리하고 기록하기 위해 보고서를 활용합니다. 보고서는 업무 범위와 기간에 따라 일일 보고서, 주간 보고서, 월간 보고서, 연간 보고서 등이 있습니다. 이 외에도 건별로 진행되는 광고에 대한 광고 보고서, 프로모션 결과 보고서, 이벤트 성과 보고서 등 여러 형태로 보고하거나 혹은 회의를 통해 발표하게 됩니다. 간혹 이 과정에서 회의 자료를 예쁘게 만드는 것에 집중하는 마케터들이 있습니다. 보고서를 보기 편하게 만드는 것도 중요하지만, 성과 분석을 통해 어떤 인사이트를 발견하였는지, 의사 결정에 어떤 도움을 줄 수 있는지가 더욱 중요합니다. 단순히 사실을 나열하는 수준의 보고서는 의미가 없습니다. 사실을 설명하는 수준이라면 개발자에게 요청하여 데이터를 일괄로 추출하는 것이 편할 것이고, AI 인공지능에게 보고서 제작을 맡기는 편이 낫습니다. 그러므로 마케터는 보고서를 통해 어떤 의도로 기획했고, 어떤 결과를 냈으며, 이를 통해 어떤 시사점을 도출해 냈는지를 설득할 수 있도록 준비하는 것이 좋습니다. 마케터의 인사이트와 개선 방안, 의사결정 기준 등을 함께 보고해야만 마케터로서의 역량을 발휘할 수 있다는 것을 잊지 마세요.

 한 번에 통과하는 보고서 쓰는 방법

....

보고서를 작성할 때 육하원칙을 활용하면 체계적이고 논리적으로 글을 작성할 수 있습니다. 예를 들어, 온라인 광고를 통해 매출을 증가시켰다면 다음과 같이 작성할 수 있습니다.

> ▸ 누가: 성과를 달성한 담당자
> ▸ 무엇을: 성과의 내용
> ▸ 언제: 성과를 달성한 기간
> ▸ 어디서: 성과를 달성한 지역이나 매장
> ▸ 왜: 성과를 달성한 이유
> ▸ 어떻게: 성과를 달성하기 위해 사용한 방법

⋮

> ▸ 누가: 온라인 광고 담당자
>
> ▸ 무엇을: 온라인 광고를 통해 매출을 10% 증가시킴
>
> ▸ 언제: 2023년 1월부터 12월까지
>
> ▸ 어디서: 오프라인 전국 매장
>
> ▸ 왜: 온라인 광고를 통해 신규 고객을 유입시킴
>
> ▸ 어떻게: 온라인 광고의 타깃을 세분하고, 광고 내용을 최적화함

이처럼 육하원칙을 활용하면 성과보고서를 체계적으로 작성할 수 있을 뿐만 아니라, 성과를 달성하기 위해 사용한 방법을 분석하고 개선할 수 있습니다. 처음부터 좋은 보고서를 한 번에 만들 수는 없습니다. 보고서를 작성하는 데에는 경험과 노하우가 필요합니다. 만약 현재 회사에 다니고 있다면 상사나 팀장의 보고서를 참고하거나, 인터넷 검색이나 유료 사이트를 통해서 좋은 보고서를 찾아보는 것부터 시작할 수 있습니다. 또한, 위와 같은 육하원칙을 활용하여 나만의 보고서를 만들어 보는 것도 좋은 방법입니다. 보고서 작성을 연습할 때는 다음과 같은 사항을 고려해 보세요.

▸ 보고서의 목적을 명확히 정의하세요.

▸ 보고서의 대상을 고려하세요.

▸ 보고서의 내용을 간결하고 명확하게 작성하세요.

▸ 보고서의 형식을 일관되게 유지하세요.

▸ 보고서를 작성한 후에는 반드시 검토해 보세요.

대행사 마케터가 하는 일

◆ 업무 범위

대행사 마케터는 여러 브랜드를 담당합니다. 이는 짧은 시간 안에 여러 경험

을 쌓고, 다양한 산업군에 대한 경험을 쌓는 데 도움이 됩니다. 또한, 본인이 담당했던 프로젝트의 규모와 성과가 좋기만 하면 제품이나 서비스에 제한받지 않고, 다양한 곳에 이직할 수 있습니다.

또한, 대행사는 광고주의 요청을 받아 업무를 진행하기 때문에 광고주의 목표와 일정에 따라 움직입니다. 광고주의 성향에 따라 짧게는 일간 보고서부터 길게는 분기별 또는 연간 보고서까지 다양한 보고서 작업과 성과 분석을 보고할 필요가 있습니다. 성과가 부진하다면 그 이유를 파악하고 개선 방안을 모색해야 하며, 성과가 좋은 경우에도 그 이유를 분석하고 지속 가능한 전략을 수립해야 합니다. 그리고 광고주의 업무 이슈에 따라 주말이나 퇴근 후에도 소통해야 할 수도 있으며, 이에 대한 긴장감이나 스트레스를 감수해야 합니다. 광고주의 지시와 결정으로 모든 일이 진행되기 때문에 주도적인 기획이나 전략 수립보다는 실행 단계의 업무가 주를 이룹니다. 결정에 대한 자율성은 낮지만, 그만큼 마케팅 트렌드를 빠르게 습득하고 실무자만 알 수 있는 정보를 접할 기회가 많습니다.

◆ 채널별 툴 활용 능력

대행사에서 광고주를 대신해 광고를 운영하는 경우, 다양한 채널에 대한 특성과 툴 활용 능력을 갖추는 것이 중요합니다. 광고주가 직접 관리하기 어렵거나 번거로운 작업을 대행하는 경우가 많아 대행사는 광고주의 목표와 니즈에 맞는 알맞은 채널을 선택하고 시기적절한 전략을 제안할 수 있어야 합니다. 주로 구글 광고, 네이버 광고, 다음, 카카오 등 광고 채널을 활용하는 경우가 많으므로 이에 대한 경험과 성과를 쌓아두는 것이 좋으며, 특히 성수기나 비수기 등 시즌에 영향을 받는 채널이 있는지, 있다면 어떤 방법으로 개선해야 하는지 등의 고민이 필요합니다. 본인이 채널에 대한 이해도가 높고 툴 활용 능력이 원활하다면 업무 만족도와 성과가 높을 가능성이 있습니다.

◆ 일정 조율

대행사 마케터는 다양한 광고주를 동시에 관리해야 하므로 입체적인 스케줄링이 필요합니다. 광고주는 각자 다른 목표와 예산을 가지고 있으므로 이에 맞는 마케팅 전략을 수립하고 실행해야 합니다. 또한, 광고주마다 광고 집행 기간이 다르므로 이를 고려해서 스케줄을 관리해야 합니다. 예를 들어, 서로 다른 광고주가 같은 시기에 서로 다른 채널로 광고를 집행할 수 있습니다. 이 경우, 대행사 마케터는 두 광고주의 광고 집행 기간과 채널을 고려해서 스케줄을 관리할 수 있어야 합니다. 이때 대행사 마케터가 일정 관리에 소홀했다면 광고주가 원하는 시기에 광고를 집행하지 못할 수 있고 원하는 효과를 얻지 못할 수도 있습니다. 그렇게 되면 광고주와 대행사 모두 막대한 피해를 겪을 수 있습니다. 이와 같은 문제를 방지하기 위해서는 구글 캘린더, 노션, 달력, 다이어리 등을 활용하여 광고주의 주요 일정을 체크하는 것이 좋고, 광고주와 자주 소통하며 담당자의 특징과 성격 등을 미리 파악해야 합니다. 또한, 광고주가 원하는 시기에 광고를 집행할 수 있도록 광고주와의 사전 협의를 통해 광고 집행 일정을 조율해야 합니다. 광고주가 원하는 시기에 광고를 집행할 수 없다면 광고주와 협의하여 다른 시기로 광고 집행을 미루는 것이 좋습니다. 마지막으로 광고주가 원하는 효과를 얻을 수 있도록 광고주와의 긴밀한 관계가 필요합니다. 광고주와의 협조를 통해 광고의 목표와 타깃, 예산, 집행 기간 등을 정확하게 파악하고, 이에 맞는 마케팅 전략을 수립해야 합니다. 또한, 광고 집행 후에는 광고주와 협력하여 광고의 효과를 분석하고 개선점을 찾아야 합니다. 이러한 노력을 통해 광고주가 원하는 시기에 광고를 집행할 수 있고, 원하는 효과를 얻을 수 있도록 도울 수 있습니다.

◆ 성과 모니터링 및 분석

광고주가 의뢰한 프로젝트의 성과를 수시로 모니터링하고 분석하는 것은 대행사 마케터의 중요한 업무 중 하나입니다. 광고주는 수수료를 지불하면서 의뢰한 만큼 이에 상응하는 결과를 내고, 보고 받기를 원합니다. 따라서 우리 브랜드의 광고가 잘 운영되고 있는지, 마케팅 비용 대비 성과는 잘 일어나고 있는지를 주기적으로 분석하고 공유해야 합니다. 어떻게 보면 광고주보다 광고주의 브랜드에 대해 더 많은 것을 알고 있어야 합니다.

예를 들어, CPC* 단가 평균 100원으로 운영되던 광고가 갑자기 500원으로 상승했다면 어떤 이유로 광고 효율이 낮아졌는지를 미리 파악하고 최대한 이른 시일 내에 공유해야 합니다. 이때 중요한 것은 "CPC 단가가 100원에서 500원으로 올랐습니다. 광고 효율이 낮아진 것 같습니다."처럼 단순히 사실을 공유하는 것이 아니라 문제의 이유, 해결 방안 및 대처 내용, 추후 행동에 대해 보고해야 합니다. "현재 광고 집행 중인 A건에 대해 문제가 발생하여 공유해 드립니다. 광고 최적화 작업 중 일부 오류가 생겨 오늘 오후 1시부터 3시까지 약 2시간가량 CPC 단가가 급증한 것을 발견하였습니다. 이후 개발팀에 요청하여 코드를 변경하였고, 다행히 4시부터는 CPC 200원대로 낮출 수 있었습니다. 지금은 30분 단위로 모니터링하고 있으며, 추후 같은 문제가 발생한다면 해당 광고를 임시 중단하고 중단된 시간 만큼 수수료는 받지 않겠습니다."와 같이 문제의 전후 과정을 상세하게 설명한다면 담당자와의 신뢰 관계를 구축할 수 있습니다. 문제가 생기더라도 해결해 줄 것이라는 믿음이 생긴다면 좋은 파트너 관계를 이어 나갈 수 있기 때문입니다.

★ CPC: Cost Per Click의 약자, 클릭당 비용

이와 반대로 해결 방안을 제시하지 못하거나 광고주가 문제를 먼저 발견한다면 대행사 전체에 대한 신뢰가 떨어질 것이며 재계약을 하지 않거나 평판이 나빠질 수 있으니 각별히 신경 쓰기 바랍니다.

◆ 미디어 업계 동향 파악

대행사 마케터는 다양한 채널에 대한 경험이 강점입니다. 이를 활용하여 광고주가 속한 산업의 업계 동향을 파악하는 것은 아주 중요한 업무입니다. 새로운 광고 상품이 출시되거나, 반대로 운영하는 미디어가 운영 중단되는 등의 미디어 동향을 파악해야 합니다. 그래야만 광고주에게 새로운 전략을 제안하거나 적합한 마케팅 전략을 운영할 수 있기 때문입니다.

또한, 광고주는 내부 동향에 대해서는 잘 알고 있지만, 경쟁사나 타사의 마케팅 등 외부 동향에 대한 정보가 제한적입니다. 이때 대행사 마케터에게 의존하는 경향이 있는데요. 이럴 때 대행사 마케터가 타사, 경쟁사에 대한 정보를 대략적으로 알고 있으면 광고주에게 도움을 줄 수 있으며, 이러한 대화 안에서 신뢰가 쌓이고 이는 곧 기회로 이어질 수 있습니다.

이를 위해서 대행사 마케터는 타사 또는 경쟁사의 모니터링을 주기적으로 해야 하며, 때에 따라 마케팅 컨퍼런스, 광고 상품 설명회에 참여하여 최신 정보를 습득하는 것이 좋습니다. 최근에는 다양한 기업에서 트렌드 리포트를 발행하고 있고, 산업별 정보는 여러 뉴스레터를 통해서도 습득할 수 있습니다. 오프라인 활동이 부담스럽다면 온라인을 통해서라도 실행해 보는 것을 추천합니다.

필수 역량

인하우스 마케터에게 필요한 세 가지가 있습니다. 바로 기획력, 완결력, 커뮤니케이션 능력입니다. 특히 기획력은 필수입니다. 제품과 서비스를 고객에게 널리 알리고 매출을 발생시켜 기업의 활동을 유지해야 하는데, 왜 우리 브랜드여야 하는지, 왜 구매해야 하는지를 고객에게 설명할 때 필요한 것이 바로 기획력이기 때문입니다. 기획이 없는 이벤트나 프로모션은 단순 할인 이벤트로 끝날 확률이 높아 지속할 수 없습니다. 단순 할인 이벤트를 하더라도 브랜드만의 철학과 컨셉을 입혀야만 고객이 관심을 두고 브랜드를 기억할 수 있습니다.

인하우스 마케터는 중장기적인 목표와 전략을 수행해야 하므로 완결력이 필요합니다. 특히 긴 시간과 인내를 요구하는 업무는 성과가 즉각적으로 나타나지 않기 때문에 지루함과 고통이 동반됩니다. 이 지난한 시기에 마케터로서의 성공과 실패가 나뉩니다. 완결력을 갖춘 마케터라면 상황을 탓하기보다 새로운 전략을 모색하며 문제를 해결하려고 할 것입니다. 이들은 기존의 방법을 고집하기보다 새로운 이해관계자와 협업하고 마케팅 결과를 분석하며 문제를 해결합니다. 반면, 완결력 없는 마케터는 문제를 마주함과 동시에 다른 사람에게 업무를 넘기거나 다른 업무를 희망하며 벗어나기를 바랍니다. 문제가 없는 상황에서 안전하게 일하는 것이 가장 좋지만, 마케터는 수많은 변화와 문제를 해결하며 나아가는 사람이어야 합니다. 본인의 업무를 끝까지 책임지지 못하는 완결력 없는 마케터에게 기회를 주고 싶은 회사는 없을 것입니다. 따라서 인하우스 마케터는 완결력을 키우기 위해 노력해야 합니다. 완결력을 키우기 위해서는 논리적으로 생각하고, 자신의 의견을 설득력 있게 설명하는 법을 배워야 합니다. 또한, 한 가지 방법만 고집하는 습관에서 벗어나 새로운 것을 시도하는 법을 배워야 합니다. 그래야만 마케팅 전략을 비즈니스 목표와 연계할 수 있습니다.

마지막으로 커뮤니케이션 능력입니다. 마케팅은 혼자서 업무를 진행하기보다 디자인팀, 영업팀, 운영팀, 재경팀 등 여러 부서의 도움과 협력으로 진행하는 일이 더욱 많습니다. 이때 커뮤니케이션 능력이 부족하면 이견을 조율하고 협의하기 어려워 업무가 지연될 수 있습니다. 또한, 마케팅 전략을 수립하고 실행하는 과정에서도 커뮤니케이션 능력이 필요합니다. 마케팅 전략을 수립할 때는 다양한 이해관계자들과 이견을 조율해야 하며, 마케팅 활동을 실행할 때는 고객과 소통해야 합니다. 커뮤니케이션 능력이 부족하면 마케팅 전략을 제대로 수립하고 실행하기 어려울 수 있습니다. 따라서 인하우스 마케터는 커뮤니케이션 능력을 키우기 위해 노력해야 합니다.

대행사 마케터는 광고주의 목표를 달성하기 위한 여러 마케팅 업무를 수행합니다. 성과와 리소스를 효율적으로 관리하기 위해서는 광고주의 니즈를 빠르게 파악하여 그들이 무엇을 원하는지를 알아낼 필요가 있습니다. 광고주는 시간과 비용을 들여 대행사에게 업무를 맡기고, 그에 대한 반대급부로 성과와 관리를 받기를 원합니다. 이때 대행사 마케터가 광고주에 대한 이해도가 떨어진다면 퍼포먼스가 낮아질 수밖에 없고, 이는 곧 비즈니스 문제로 연결됩니다. 그러므로 광고주가 무엇을 원하는지를 빠르게 파악할 수 있는 능력을 키우는 것이 중요합니다. 또한, 대행사 마케터는 인하우스 마케터보다 내부 정보가 부족하고 제품이나 서비스에 대한 이해도가 낮습니다. 그러므로 광고주와의 미팅 시, 원하는 목표를 명확하게 알아낼 필요가 있고 브랜드를 잘 이해할 수 있도록 최대한 많은 자료를 받아 학습하고 분석하는 것이 필요합니다. 광고주에 대한 학습 과정 없이는 마케팅 전략을 구축할 수 없고, 학습이 부족한 상황에서 수행하는 마케팅 활동은 낮은 결과로 이어지기 마련입니다. 그러므로 대행사의 다양한 정보와 자료를 활용하여 인하우스 마케터만큼의 정보력을 갖추는 것이 중요합니다. 더불어 주기적으로 대행 업무의 진행 상황과 결과를 보고해야 합니다. 이를 위해서는 보고서 제작 능력과 프레젠테이션 능력은 물론이고, 광고주의 문제에 대해 그 누구보다 예민하게 반응해야 합니다. 광고주를 관리하는 입장으로 광고, 제품, 서비스 등 다양한 관점에서 문제를 발견하고 이에 대한 해결 방안을 제시하는 능력이 중요합니다. 광고주가 요청한 광고가 오해의 소지가 있다면 광고를 게재하는 것이 문제가 있을 수 있다는 의견을 전달하고, 새로운 방법으로 진행되도록 해결 방안을 제시할 수 있어야 한다는 것입니다.

보상(연봉)

인하우스 마케터와 대행사 마케터의 연봉 차이는 직무 범위, 경험, 기술, 교육 수준, 근속 연수 등 다양한 요인에 따라 다릅니다. 인하우스는 보통 연봉제로 계약하는 경우가 많으며, 회사에 따라 야근 수당, 인센티브를 추가로 지급하기도 합니다. 반면 대행사는 기본급은 낮지만, 영업 실적이 높거나 담당하는 광고주의 케파가 큰 경우에 높은 인센티브를 받기도 하여 고연봉의 마케터가 많이 존재합니다.

하지만 연봉만으로 회사를 결정할 것이 아니라 앞에서 설명한 업무 특성과 환경에 대한 이해를 바탕으로 나에게 적합한 업무 환경과 구조를 선택해야 합니다. 일반적으로 대행사 마케터는 여러 고객사를 대상으로 일하는 만큼 업무 강도가 높은 편이며 삶과 업무를 완전히 분리할 수 없다는 특성을 고려해야 하고, 인하우스 마케터는 비교적 안정성이 보장되는 업무 환경이지만 업무 범위와 브랜드의 한계가 있을 수 있다는 점을 인지해야 합니다. 또한, 대행사 마케터는 주로 마케팅 대행 업무를 담당하고 있어 광고주의 니즈를 파악하는 데 많은 시간을 할애하므로 다양한 산업이나 제품, 서비스에 대한 이해도가 높아질 수 있습니다. 더불어 다양한 광고주와의 협업을 통해 커뮤니케이션 스킬을 키울 수 있으며, 광고주의 목표 달성을 위해 마케팅 채널과 전략을 수행하면서 마케터로서 다양한 경험을 습득할 수 있다는 것이 특징입니다. 인하우스 마케터는 한 회사의 마케팅 업무만 담당하기 때문에 다양한 산업과 규모를 경험할 기회가 적고, 새로운 기술이나 트렌드에 대한 정보가 부족할 수 있습니다. 따라서 인하우스 마케터는 다양한 교육이나 세미나에 참여하여 최신 정보를 습득하고, 다른 회사의 마케팅 사례를 연구하는 등 자기계발에 힘써야 합니다.

이처럼 인하우스 마케터와 대행사 마케터는 각각의 장단점이 있습니다. 따라서 어떤 마케터가 더 좋은지는 각자의 상황에 따라 다를 수 있습니다. 만약 다양한 산업과 규모의 광고주를 경험하고 싶다면 대행사 마케터를, 한 회사의 마케팅 업무에 집중하고 싶다면 인하우스 마케터를 선택하는 것이 좋습니다.

회사는
어떤 마케터를
선호할까요?

회사가 기대하는 마케터의 역량 TOP3

회사가 선호하는 마케터 유형에 대한 정답은 없습니다. 회사마다 원하는 마케터 유형이 다르기 때문입니다. 어떤 회사는 트렌드에 민감한 마케터를 선호할 수 있고, 어떤 회사는 매출을 증가시킬 수 있는 마케터를, 어떤 회사는 주어진 일만 열심히 하는 순종적인 마케터를 선호할 수 있습니다. 따라서, 회사가 원하는 마케터 유형을 파악하는 것이 중요합니다.

성과를 내는 마케터

마케팅은 시장을 만드는 일인 만큼 매출, 시장 점유율과 같은 성과를 만들어야 합니다. 또한, 마케터는 회사에서 유일하게 '마케팅 비용'이라는 명목으로 가장 많은 예산을 사용합니다. 그래서 얼마를, 어디에, 어떻게 써서 어떤 결과를 만들었는지 증명할 수 있어야 합니다. 어떤 때는 영업팀보다 성과에 더 민감하게 반응해야 할 때도 있습니다. 그래서인지 마케터의 업무 현장은 매 순간이 경쟁이자 증명의 연속입니다. 마케터가 관리하는 성과에는 여러 유형이 있지만, 여기서는 정량적 성과와 정성적 성과에 대해 다룹니다. 정량적 성과는 매출, 신규 가입자 수, 쿠폰 다운로드 수, 인스타그램 팔로워 수와 같이 수치로 평가할 수 있는 성과를 뜻하고, 정성적 성과는 고객 편의 개선, 서비스 안정화에 기여, 고객 만족도 증가와 같이 정확한 숫자로 설명하기 어려운 것들을 말합니다.

◆ 정성적 성과

정성적 성과는 정확한 수치로 측정할 수 없거나 표현할 수 없는 개념을 뜻합니다. 사실 국내의 대부분 기업에서는 실적, 매출, 시장 점유율 등 숫자를 강조는 경향이 있습니다. 그러므로 정성적 성과나 정성적 평가는 숫자의 그늘에 가려질 때가 많습니다. 하지만 마케터는 정량적인 것뿐만 아니라 정성적 성과까지 염두해야 하며, 정성적 성과가 정량적 성과에 얼마나 영향을 미치는지를 확인해야 합니다. 마케터가 실무에서 마주하게 되는 정성적 성과는 주로 다음과 같습니다.

브랜드 인지도 향상	마케터의 노력으로 인해 브랜드의 인지도가 증가하고, 고객들이 해당 브랜드를 더 잘 알게 되는 경우입니다. 이는 브랜드의 가치와 이미지를 강화시키는 데 도움을 줄 수 있습니다.
고객 경험 개선	마케터가 고객의 니즈와 요구를 이해하고, 그에 맞게 제품이나 서비스를 개선하는 경우입니다. 이를 통해 고객들의 만족도를 높이고, 브랜드와의 긍정적인 경험을 형성할 수 있습니다.
관계 구축	마케터가 소셜 미디어나 온라인 커뮤니티를 활용하여 브랜드와의 관계를 형성하고 유지하는 경우입니다. 이를 통해 고객들과의 소통과 상호작용을 촉진하며, 브랜드 로열티를 향상시킬 수 있습니다.
콘텐츠 품질 향상	마케터가 고품질의 콘텐츠를 제작하고 배포하여 고객들에게 가치를 전달하는 경우입니다. 이는 고객들의 관심과 참여를 유도하며, 브랜드의 신뢰성과 전문성을 높일 수 있습니다.
브랜드 가치 증진	마케터가 브랜드의 가치를 향상시키기 위해 노력하는 경우입니다. 이는 브랜드의 목표와 가치를 전달하고, 고객들에게 긍정적인 인식을 심어줄 수 있습니다.

◆ 정량적 성과

마케터는 모든 프로젝트가 끝난 이후 결과에 대한 실적을 발표해야 합니다. 목표를 달성하기 위해 여러 마케팅 채널을 구축하고 예산을 배분하는데, 마케팅 활동이 종료된 이후에는 각 채널의 성과를 분석하여 효율 채널과 비효율 채널을 구분해 두어야 합니다. 또한, 다양한 분석과 추적 방법을 활용하여 매출에 어떤 영향을 미쳤는지도 분석해야 합니다. 그래야만 추후 비슷한 프로젝트를 진행할 때 과거 노하우를 활용하여 성과를 개선할 수 있습니다. 특히 마케터가 정량적 성과를 활용할 때는 주로 ROAS*를 활용합니다.

만약, A 채널에 100만 원의 광고비를 들여 300만 원의 매출이 발생했다면 ROAS 300%를 달성한 것입니다. 반면 B 채널에 똑같은 100만 원의 광고비를 투입했으나 50만 원의 매출만 발생했다면 ROAS 50%로 비효율 채널로 볼 수 있습니다. 제품이나 서비스의 종류에 따라 다르지만, 평균적으로 ROAS가 300% 정도를 효율 채널로 간주합니다. 또한, 100만 원의 광고비를 들여 100만 원을 벌었다면 소위 '본전'이라고 생각하기 쉽습니다. 하지만 숫자로만 평가해서는 안 됩니다. 광고를 세팅하기 위한 마케터의 리소스, 광고 소재를 만들기 위한 디자이너의 작업 시간 등을 고려하면 사실 마이너스에 가깝습니다. 이런 부분도 고려하여 성과를 관리해야 합니다. 하지만 전체 광고비, 광고 시점, 산업의 종류에 따라 ROAS는 매우 상이하므로 절대적인 효율을 측정하기보다 상황에 맞춰 해석하는 것이 좋습니다. 아래 ROAS에 따른 성과 지표를 활용하여 ROAS의 개념을 쉽게 알아보겠습니다.

★ ROAS: Return On Ad Spend, ROAS는 '알오에이에스' 또는 '로아스'라고도 말하며 광고비 대비 매출액을 뜻함.

▼ [ROAS에 따른 성과 지표]

채널	광고비	매출	ROAS	평가
A	300,000	1,500,000	500%	고효율
B	1,000,000	3,000,000	300%	효율
C	15,000,000	500,000	30%	저효율(마이너스)
D	3,000,000	3,000,000	100%	저효율

위와 같은 정성적 성과와 정량적 성과를 균형 있게 관리하면 성과를 다차원적으로 관리할 수 있을 것입니다.

 ROAS에 대한 함정

마케터는 안정적인 광고 관리를 위해 테스트 광고를 집행한 뒤, 어느 정도 효율이 발생하면 비용을 증액하여 관리해야 합니다. 이때 위 표 중 A채널과 같은 고효율인 채널이 있다고 가정해 보겠습니다. 30만 원의 광고비로 150만 원의 매출이 발생하였습니다. 다시 말해 5배를 벌어드린 셈이죠. 이때 마케터는 더 높은 성과를 내기 위해 A채널에 더욱 많은 금액의 광고비를 투입합니다. 30만 원의 10배인 300만 원을 투입했다면, 이론상으로는 매출 또한 1,500만 원이 발생해야 하는데 실제로 이런 일은 일어나지 않습니다. 갑자기 거액의 광고비를 증액한다면 광고를 노출할 수 있는 매체의 수가 제한되어 있고, 광고 노출 빈도가 증가하게 되면 소비자의 피로도 급격히 늘어나 구매 가능성이 낮아지기 때문입니다. 또한, 광고 시스템은 안정적인 데이터를 운영하는 것을 선호합니다. 따라서 갑작스러운 큰 변화는 광고 최적화에 어려움을 줄 수 있으므로 광고 효율이 일시적으로 낮아질 수도 있습니다. 따라서 ROAS가 좋다고 해서 광고비를 무작정 늘리는 것은 좋은 전략이 아닙니다. 그러므로 광고비를 늘리기 전에 광고의 노출도, 효과, 피로도를 고려하여 적절한 광고비를 책정해야 합니다.

완결력이 있는 마케터

회사는 완결력 있는 마케터를 선호합니다. 완결의 사전적 의미는 '완전하게 끝을 맺음'을 뜻하는데, 완결력 있는 마케터는 말 그대로 캠페인을 끝까지 완전하게 성공적으로 마무리하는 사람으로 설명할 수 있습니다. 마케터는 다양한 변화와 문제를 마주하게 되는데 이때마다 포기하면 고객에게 신뢰를 줄 수 없을 뿐만 아니라 회사에도 큰 손해가 됩니다. 어려운 환경에서도 프로젝트를 끝까지 수행해내는 완결력을 갖춰야만 비로소 고객의 관심과 구매를 유도하며, 브랜드 이미지를 구축할 수 있습니다.

마케터가 하는 일에 관해 물어보면 '참신한 아이디어를 내는 사람' 또는 '트렌디한 제안을 하는 사람'이라고 대답하는 사람이 많습니다. 그래서 마케터가 되기 위해 많은 분이 트렌드를 분석하거나 획기적인 카피라이팅을 공부하기도 합니다. 물론, 타 직군과 비교했을 때 트렌드를 잘 읽어야 하고 뻔하지 않은 의견을 제시하는 것도 중요하지만 완결력을 갖추는 것이 더욱 중요합니다. 완결력 있는 마케터는 추상적인 아이디어만 제시하는 것이 아니라 이것을 명확하고 구체적으로 설명할 수 있는 사람을 말합니다. 또한, 이 아이디어를 구현하고 실행하는 과정에서 발생할 수 있는 문제를 예측하고, 이에 대한 대처 방안까지 고려하며 일을 완결 짓기 위한 인적, 물적 리소스를 파악하는 특징을 가지고 있습니다. 이처럼 완결력 있는 마케터는 마케팅 캠페인을 성공으로 이끄는 데 중요한 역할을 합니다.

마케터는 매년 9월 또는 10월이 되면 내년도 목표를 설정합니다. 다양한 이해관계자와 임원진과 열띤 토론 끝에 내년도 목표가 결정되면 이를 달성하기 위해 분기, 월간, 주간, 일간 등 스케줄을 쪼개야 하고 시즌마다 진행해야 할 다양한 프로젝트를 기획합니다. 심지어 이런 계획을 세우고 있는 순간에도 진행하고 있는 프로젝트가 있을 확률이 높습니다. 이러한 복잡한 일정 속에서도 디자인팀, 운영팀, 개발팀 등 협업 부서의 도움까지 요청해야 합니다. 대략적인 업무만 보더라도 참신한 아이디어를 제안한다고 해서 마케터가 될 수 있는 것은 아닙니다. 그 아이디어를 실현하기 위해 다양한 절차와 과정을 리드하고 조율하는 것이 바로 마케터입니다. 프로젝트를 실제로 실현하기 위해서는 기획 및 카피라이팅 등 마케팅 실력은 기본이고 각 팀의 일정과 상황에 맞춰 업무를 조율하는 협상 능력, 현장을 관리하는 운영 능력, 고객 및 이해관계자와의 커뮤니케이션 스킬 등 여러 능력을 동원해야 합니다. 복잡한 업무 환경에서도 많은 것을 완결지을 수 있는 사람이 회사에서 선호하는 완결력 있는 마케터가 되는 것입니다. 완결력 없이 아이디어만 좋은 사람은 순간 주목받을 수는 있지만, 함께 일하고 싶은 동료는 될 수 없습니다. 더 강하게 말하면 용두사미 꼴을 면할 수 없을 것입니다. 반대로 매번 참신한 아이디어를 내지는 않지만 정해진 기간 내에 목표한 성과를 달성하는 완결력 있는 마케터라면 모든 직원이 그 마케터를 믿고 일할 수 있을 것입니다.

이처럼 마케터는 다양한 이해관계자와 협업해야 하므로 완결력이 매우 중요합니다. 완결력 있는 마케터는 아이디어를 구체화하고 실현하는 데 필요한 모든 과정을 관리하고 협업 부서와의 원활한 소통을 통해 프로젝트를 성공적으로 이끕니다. 완결력 있는 마케터가 되기 위해서는 다음과 같은 것들을 고려해야 합니다.

▸ 마케팅 캠페인의 목표를 명확히 정의해야 합니다.
▸ 타깃 고객을 명확히 정의해야 합니다.
▸ 적절한 마케팅 채널을 선택해야 합니다.
▸ 효과적인 마케팅 콘텐츠를 제작해야 합니다.
▸ 마케팅 캠페인을 지속적으로 모니터링해야 합니다.

▸ 예상되는 어려움과 해결책을 대비해야 합니다.

▸ 과정과 결과, 둘 중 하나에 치우치지 않고 균형 있게 관리해야 합니다.

변화에 유연하게 대처할 수 있는 마케터

최근 기술 발달이 가속화되면서 하루가 멀다고 새로운 기술이 생겨나고 발전하고 있습니다. 불과 몇 개월 전만 해도 '인공 지능이 자기소개서도 써주는 시대가 올 것이다.'라는 말에 모두가 의아해했지만, 지금은 어떤가요? 자기소개서 작성은 기본이고 chat GPT 저자, 파파고 번역의 책까지 나오는 시대가 되었습니다. 변화가 빨라졌다는 말로도 그 변화의 속도를 표현하기에 부족한 느낌마저 듭니다. 마케팅은 제품 또는 서비스를 소비자에게 성공적으로 판매하기 위한 전략과 실행 활동입니다. 이러한 마케팅 전략은 시간에 흐름에 따라 계속해서 변화하고 있습니다. 과거에는 TVC, 라디오, 신문 등 레거시 광고와 오프라인 판매 중심의 마케팅이 주를 이루었다면, 현재는 SNS 마케팅과 마이크로 인플루언서 마케팅이 대세를 이루고 있습니다. 또한, 인공지능을 활용한 데이터 분석 및 예측, 자동화된 광고 캠페인 등이 등장하면서 기존의 마케팅 전략과 방식이 크게 바뀌고 있습니다.

이러한 변화에 대처하기 위해서는 민첩하게 대응할 수 있는 인재가 필요합니다. 예전에는 단순 반복 작업을 빠르게 처리하는 마케터를 선호했다면, 현재는 인공지능 기술에 대한 이해와 활용 능력을 갖추고 있어야 하는 것은 물론이고 이러한 기술을 활용하여 기업의 경쟁력을 높이는 방법을 제시할 수 있는 마케터를 선호합니다. 본인이 직접 광고를 세팅하며 데이터를 취합하는 퍼포먼스 마케터였다면 이제는 AI 기술을 활용하여 더욱 효율적으로 업무를 할 수 있어야 하고, 더 나아가 단순 업무에서 벗어나 관리자로서의 마케터로 포지셔닝하며 변화를 활용해야 한다는 것을 뜻합니다.

변화를 받아들이지 않는 마케터는 인공지능의 활용 여부를 떠나 고객 요구사항을 파악하지 못하거나, 고객에게 필요한 맞춤형 서비스나 제품을 제공하지 못하게 됩니다. 이는 기업의 경쟁력 저하로 이어질 수 있습니다. 마케터로서 경쟁력을 갖추기 위해서는 변화에 유연하게 대처할 수 있어야 합니다. 변화에 대처하기 위해서는 새로운 것에 거부감보다 호기심을 갖고 시도해 볼 수 있는 마음가짐이 필요합니다. 새로운 업무 툴이 등장하면 기존에 사용하던 툴을 고집하는 것보다 열린 마음으로 사용해 보고 테스트하여 업무에 적용할 수 있어야 합니다. 업무 툴 외에도 새로운 광고 상품이나 새롭게 발견된 시장, 프로그램 등에 꾸준한 관심을 가지고 활용하며 변화에 유연하게 대처할 수 있어야 합니다.

마케터
포트폴리오 준비,
막막해요

합격률을 높여주는 포트폴리오 만드는 방법

몇 년 전까지만 해도 포트폴리오는 디자이너의 산물이었습니다. 디자인 작업물을 보여주기 용이한 서류라는 인식이 강했기 때문인데요. 지금은 마케팅, 영업, 운영 등 직무를 막론하고 다양한 분야에서 포트폴리오를 제작하고 있습니다. 심지어 경력이 없는 신입 마케터도 포트폴리오의 중요성을 알고 있을 정도입니다. 이렇듯 포트폴리오의 중요성은 잘 알고 있지만, 막상 만들려고 하면 막막한 것이 현실입니다. 어떤 내용을 넣어야 할지, 어떻게 만들어야 할지 모르기 때문입니다. 또, 포트폴리오 관련 자료를 수집할 때 구성이나 기획 영역보다 디자인 관련한 내용이 더욱 많기 때문에 포트폴리오 제작이 처음이라면 난관에 부딪힐 것입니다. 실제로 제가 포트폴리오 컨설팅을 진행했을 때에도 이미 좋은 경력이 있음에도 불구하고 이를 제대로 활용하지 못해 아쉬운 경우가 많았습니다. 여기서는 마케터가 포트폴리오를 준비해야 하는 이유와 합격률을 높이는 방법에 대한 저의 모든 노하우를 공개합니다.

포트폴리오의 역할

포트폴리오(Portfolio)는 서류 가방, 작품집 등을 뜻합니다. 즉, 자기 경력이나 실력을 증명할 수 있는 자료를 모아 놓은 것이지요. 최근 몇 년 사이에 다양한 판매 사이트에 포트폴리오 템플릿이 자주 등장하곤 합니다. 그만큼 포트폴리오 제작에 대한 수요가 늘어나고 있다는 뜻이며, 이는 곧 포트폴리오를 요구하는 기업이 증가하고 있다는 것으로도 이해할 수 있습니다. 그렇다면 어떤 이유로 포트폴리오를 요구하는 기업이 많아지고 있는 걸까요? 여러 이유가 있겠지만, 개인적으로는 채용 리스크를 최소화하기 위해서라고 생각합니다.

회사는 수익 창출을 목적으로 하는 영리 기업이기 때문에 최소한의 투자를 통해 최대 결과를 달성하고자 합니다. 서류를 검토하고 면접을 진행하는 것 또한 인사담당자 또는 면접관의 인적 리소스가 투입되는 것이며, 신규 직원을 채용하고 교육하고 온보딩시키는 모든 과정에 막대한 비용이 들어갑니다. 이렇듯 많은 물적, 인적 리소스를 투입하여 채용했는데 막상 채용하고 보니 회사가 원하는 인재가 아니거나 업무 요건을 갖추지 못한 경우가 많습니다. 이런 경우 회사와 지원자 모두 불만족스러운 결과로 이어지게 됩니다. 이러한 상황을 최소화하기 위해 서류 전형에서부터 리스크를 제거하기 위한 장치들이 생겨나고 있으며, 그중 하나가 바로 포트폴리오입니다.

반면, 지원자에게도 포트폴리오는 본인의 역량을 적극적으로 표출할 수 있는 무기가 될 수 있습니다. 이력서와 자기소개서는 통상적으로 정해진 양식이 있어 본인의 역량과 개성을 모두 표현하기 어렵습니다. 하지만 포트폴리오는 특별히 정해진 것이 없어 본인이 진행한 프로젝트와 만들어 낸 결과물을 자유롭게 표현할 수 있습니다. 또한, 포트폴리오를 통해 본인의 성과나 결과물을 미리 공유할 수 있습니다. 지원자는 이를 기반으로 답변을 미리 구상할 수 있어 면접 때 비교적 원활하게 답할 수 있습니다. 이처럼 포트폴리오를 잘 준비한다면 취업 성공률을 높일 수 있는 든든한 지원군이 되어 줄 것입니다.

합격률을 높이는 포트폴리오 구성법

◆ 평가는 타이틀(제목)부터 시작

포트폴리오 내용에만 신경쓰고 표지 제목은 추상적으로 작성하는 분들이 많습니다. 하지만 평가는 타이틀 즉, 표지 제목부터 시작합니다. 책을 고를 때도 제목을 먼저 보듯이 면접관 또한 포트폴리오 제목부터 평가하는 것이 당연한 순서입니다. 그렇다면 포트폴리오 타이틀은 어떻게 정해야 할까요?

〈마케터를 사랑하는 마케터, ○○○ 입니다.〉, 〈구름 위를 타는 듯한 마케터, ○○○ 입니다.〉처럼 추상적인 타이틀의 포트폴리오가 많습니다. 물론, 산업이나 직무에 따라 큰 문제가 되지 않을 수도 있겠지만, 마케터 취업을 위한 비즈니스용 포트폴리오라면 수정할 필요가 있습니다. 한 줄로 본인을 명확하게 설명할 수 있고, 어떤 성과에 기여할 수 있는 마케터인지를 예상할 수 있게 하는 시그니처 문장이 필요하다는 것입니다. 반면, 첫 표지부터 시선을 끌어당기는 포트폴리오도 있습니다. 대체로 구체적이고 본인이 어떤 능력과 어떤 성향의 사람인지를 설명합니다. 타이틀만 보더라도 어떤 일을 했는지, 어떤 사람인지 궁금증을 자극합니다. 다음 예시로 살펴보겠습니다.

나쁜 타이틀의 특징	좋은 타이틀의 특징
• 추상적이다. • 소설을 읽는 듯 지나치게 감성적이다. • 너무 길거나 너무 짧다. • 어떤 직무에 지원한 것인지 명확하지 않다.	• 구체적이다. • 어떤 능력과 어떤 성향의 사람인지 명확히 설명한다.
예시 문장	예시 문장
• 마케터를 사랑하는 마케터, OOO입니다. • 구름 위를 타는 듯한 마케터, OOO입니다.	• 산업을 불문하는 올라운더 마케터 OOO입니다. • 0에서 100을 만드는 스타트업 전문 마케터 OOO입니다. • 매출 최대 400% 성장시킨 그로스 마케터 OOO입니다.

좋은 타이틀 예시처럼 본인을 한 줄로 표현할 수 있는 타이틀을 구성하여 첫 표지에서부터 면접관의 시선을 사로잡고, 다른 포트폴리오와의 경쟁우위를 점할 수 있어야 합니다.

◆ 이력서와 주파수 맞추기

가끔 이력서와 자기소개서, 포트폴리오를 따로따로 기획하는 분들이 있습니다. 이것은 전쟁터에서 무기를 버리고 맨몸으로 싸우는 것과 다름이 없습니다. 합격률을 높이기 위해서는 이력서와 포트폴리오의 주파수를 맞추는 것부터 시작해야 합니다.

인사담당자마다 다르지만, 보통은 이력서를 통해 대략적인 경력 사항을 확인한 뒤 바로 포트폴리오를 확인합니다. 이력서에서 마음에 드는 부분을 발견했다면 실제 결과물은 포트폴리오를 통해 확인하는 경우가 많아 이력서와 포트폴리오 내용을 통일하는 것이 좋습니다. 예를 들어, 인사담당자가 이력서를 통해 A라는 회사 경력을 좋게 평가했다고 가정해 보겠습니다. A라는 이력이 본인 회사의 업무와 적합하다고 판단하였고, 실제 결과물이 궁금하여 포트폴리오를 열었습니다. 스크롤을 열심히 내려도 A회사의 내용은 찾을 수 없고 전혀 상관없는 B의 경력만 있다면 어떨까요? 물론 B라는 이력을 새롭게 강조할 수는 있었겠지만, 합격률을 높일 수 있는 역할은 수행하지 못한 것입니다. 이력서와 포트폴리오를 통해 A회사를 지속적으로 강조했다면 합격률을 배로 높일 기회를 놓치게 된 것이죠. 이처럼 어렵게 잡은 기회를 놓치지 않기 위해서는 이력서와 포트폴리오의 주파수를 먼저 맞추고, 어떤 회사와 어떤 업무를 중점으로 강조할 것인지를 정리하여 동일하게 구성해야 합니다. 여러분의 이력서와 포트폴리오는 동일한 주파수로 메시지를 전달하고 있는지 확인해 보세요.

 자기소개서 – 포트폴리오 주파수 맞추는 과정

- 본인의 전체 경험, 경력을 쭉 나열한다.
- 그중에서 어떤 회사, 어떤 성과를 강조할 것인지 선택한다.
- 이력서에 그 회사 중심으로 성과를 작성한다. (결과 중심)
- 이력서에 강조한 성과를 활용하여 자기소개서를 작성한다. (과정 중심)
- 이력서, 자기소개서에 공통으로 확인할 수 있는 회사, 이력, 경력, 성과를 중심으로 포트폴리오를 제작한다.
- 같은 언어, 같은 메시지를 전달하고 있는지 크로스체크한다. 예를 들어 이력서에는 그로스 마케팅이라고 적었는데 자기소개서나 포트폴리오에는 Growth Marketing이라고 적었다면 한글로 쓸 것인지, 영어로 쓸 것인지 기준점을 정하여 통일하는 작업이 필요하다.

◆ 텍스트보다 이미지 자료 활용하기

포트폴리오의 궁극적인 역할은 이력서와 자기소개서에서 설명할 수 없는 결과물을 보여주는 것입니다. 이를 위해서 텍스트는 최소화하고 이미지 자료를 최대화하여 결과를 증명해야 합니다. 간혹 포트폴리오를 보다 보면 이력서나 자기소개서만큼 텍스트가 큰 비중으로 구성된 것이 있습니다. 이런 경우에는 포트폴리오에 대한 매력이 급격히 떨어지게 되고, 아무리 좋은 결과를 달성한 지원자라할지라도 끝까지 읽고 싶은 마음이 사라집니다. 인사담당자 또는 면접관은 시간이 없습니다. 본인의 업무를 하면서 회의도 진행해야 하고, 상사 또는 부하 직원의업무 요청에도 대응해야 하며 각종 보고서와 제안서를 제작해야 합니다. 이런 상황에서 서류를 검토하고 면접까지 봐야 합니다. 우리가 아무리 정성스럽게 포트폴리오를 만들어도 자세하게 봐줄 수 있는 면접관은 많지 않다는 것입니다. 따라서 텍스트는 최소화하고 이미지 자료를 최대화하여 면접에서 자세한 설명을 듣고싶을 정도로 관심을 유발하는 포트폴리오를 구성하는 것이 좋습니다.

포트폴리오에 반드시 들어가야 할 내용

- 프로젝트명 : M 하면 Z 하자!
- 기획 의도 : 새로운 고객층을 확보하고 매출 증대를 위한 MZ 세대 타깃 로젝트
- 기여도 (본인 역할) : 프로젝트 PM (80%), 디자인 (50%)
- 성과 요약 : 20대 여성 고객 약 1,500명 확보 및 포털사이트 점유율 80% 증대

이 외에는 성과를 확인할 수 있는 자료를 배치하여 포트폴리오의 신뢰도를높이는 것이 좋습니다. 포트폴리오에 텍스트 비중이 더욱 크다면 기획 의도, 기여도, 성과를 중심으로 한 번 정리해 보세요.

◆ 성과는 정량적으로 구성하기

포트폴리오의 생명은 성과입니다. 그런데 이 성과를 정성적 성과로 구성하는

분들이 있습니다. 물론 숫자로 설명할 수 없는 정성적 성과가 중요할 때도 있지만, 포트폴리오는 본인의 성과를 결과물로 설득하는 자료여야 합니다. 이를 위해서는 성과는 구체적이고, 수치화하며, 도식화할수록 좋습니다. 본인의 성과를 정성적 성과로 표현했다면 다음과 같이 정량적 성과로 바꿔보세요.

정성적 성과	정량적 성과
신규 고객 유치에 이바지	홈페이지 신규 가입자 수 **5,000명 확보**
매출 증대에 기여	1+1 할인 이벤트 기간 내 매출 **2,530,000원 달성 (전주 대비 80% ▲)**
고객 만족도 개선	고객 컴플레인 CS 접수 건수 **30% 하락**

이처럼 추상적인 성과에서 구체적인 성과로 수정만 하더라도 본인의 역할과 결과물에 대한 신뢰도가 높아집니다. 그리고 포트폴리오는 정량적 성과와 함께 반드시 결과물을 눈으로 확인할 수 있어야 합니다. 이를 위해서는 이미지 자료를 적극적으로 활용해 보세요. 이미지 자료는 포스터, 애플리케이션 캡처 사진, 이벤트 현장 사진, 기획안 자료, 발표하는 모습 등 모두 해당합니다. 프로젝트의 전 과정에서 제작된 모든 자료가 포트폴리오 재료가 될 수 있으니, 평상시 자료를 확보하는 습관이 필요합니다.

그 외 놓치고 있는 것들

◆ 업무가 아닌 회사를 기준으로 구성하기

포트폴리오를 만들 때 회사별로 구성해야 할지, 프로젝트별로 구성해야 할지에 대해 궁금해하는 분들이 많습니다. 각각의 성향에 따라 다르지만, 개인적으로 회사별로 구성하는 것이 효율적이라고 생각합니다. 프로젝트별로 구성하게 되면 그동안 진행한 모든 업무가 나열될 것이며, 어떤 회사에서 그 업무를 수행했는지, 어떤 성과를 냈는지를 설명해야 합니다. 면접관이 이 모든 것을 기억하기에는 시간이 역부족입니다. 경력이 얼마 되지 않을 때는 프로젝트별로 나열하는 것이 편할 수 있지만, 3년 이상의 경력을 쌓았거나 2곳 이상의 회사에서 근무한 이력이 있다면 업무의 임팩트를 강조하기가 어렵고, 회사별로 본인의 역할과 성과를 정리하기가 더욱 어려울 수 있습니다. 아래 업무별로 구성한 예와 회사별로 구성한 예를 살펴보겠습니다.

업무별로 구성한 예	회사별로 구성한 예
[SNS 관리] ▶ AAA 체험단 관리 ▶ BBB 공식 인스타그램 관리 **[콘텐츠 마케팅]** ▶ AAA 기획전 상세페이지 기획 ▶ BBB 공식 블로그 관리 **[퍼포먼스 마케팅]** ▶ AAA nCPI 관리 ▶ BBB 페이스북 페이지 광고 관리	**[회사 A]** ▶ 체험단 관리 및 운영 ▶ 공식 인스타그램 관리 ▶ 마케팅 전략 기획 **[회사 B]** ▶ 기획전 상세페이지 기획 ▶ nCPI 관리 ▶ 페이스북 페이지 광고 관리 **[회사 C]** ▶ 프랜차이즈 마케팅 ▶ 시즌별 프로모션 기획

이처럼 업무별로 구성하면 SNS 관리와 콘텐츠 마케팅이 같은 회사에서 진행되었는지, 다른 회사에서 진행되었는지 알 수 없습니다. 또한, 각 프로젝트에서 어떤 업무를 담당했고 어떤 성과를 냈는지 쉽게 정리할 수 없습니다. 업무마다 회사명이 중복되어 나타나기 때문에 "도대체 어떤 회사에서 어떤 일을 한 거야?"하며

의구심이 들 수도 있습니다. 반면, 회사별로 구성한 경우 회사 A에서 체험단과 인스타그램 등을 관리했고, 회사 B에서 기획전 상세페이지 기획, 페이스북 페이지 광고 관리 등의 업무를 담당했음을 한눈에 알 수 있습니다. 또한, 각 회사에서 어떤 업무를 담당했고 어떤 성과를 냈는지 쉽게 정리할 수 있습니다.

포트폴리오는 내가 보고 싶은 대로 만드는 것이 아니라 나를 합격시켜 줄 인사담당자, 면접관이 보는 것임을 잊지 마세요.

◆ 이미지 화질과 비율 확인하기

포트폴리오는 이미지 자료를 최대한 많이 활용하는 것이 좋습니다. 다만, 단순히 양만 많이 채우는 것이 아니라 맥락이 맞는 이미지를 잘 활용해야 합니다. 본인의 결과를 자랑하는 것이니만큼 나의 역량을 잘 표현할 수 있도록 상황에 맞는 이미지를 잘 써야 한다는 뜻입니다. 또한, 이미지 상태도 신경 써야 합니다. 해상도가 낮아 잘 보이지 않거나 비율이 맞지 않는다면 신뢰도가 낮아질 수 있습니다. 그러므로 화질이 좋은 이미지를 사용하는 것이 좋고, 크기를 조절할 때는 이미지가 찌그러지지 않도록 유의해야 합니다. 의외로 이런 단순한 디테일을 놓쳐 합격률을 떨어뜨리는 경우가 많으니 혹시 이에 해당하지 않는지 점검해볼 필요가 있습니다. 포트폴리오는 본인의 역량을 보여주는 중요한 자료입니다. 따라서 이미지 자료를 최대한 많이 활용하고, 이미지 상태에도 신경을 써서 신뢰감을 높여야 합니다.

◆ 지나친 과장은 금물! 적절한 단위 선택은 필수!

어떤 기업의 인사담당자가 150명 이상의 포트폴리오를 검토한 적이 있다면서 '단위'에 대해 좋은 이야기를 해주셨습니다. 성과는 솔직하게 전달하는 것이 좋고, 이를 위해서는 적절한 단위를 선택하는 것도 중요하다는 것입니다. 지나친 과장은 오히려 역효과를 가져올 수 있고 신뢰성이 떨어지게 됩니다. 예로, 〈인스타그램 팔로워 18,000% 증가〉라는 이력서를 보고 포트폴리오를 열어보니 1명이었던 팔로워 수를 180명으로 늘린 경우였다고 합니다. 물론 틀린 표현은 아닙니다. 성과를 최대한 높게 보이기 위한 작업도 어느 정도 필요합니다. 하지만 실제 역량과 다르다는 인상을 줄 수 있으며 성과를 과장했다는 생각을 지우기 힘듭니다. 이러한 실수를 최소화하기 위해서는 적절한 단위를 선택하는 것이 필요합니다. 단위 선택에는 여러 가지 방법이 있으며, 마케터는 프로젝트 특징에 따라 선택할 수 있습니다. 인스타그램 18,000% 증가라는 표현보다 운영 1주일 만에 인스타그램 팔로워 수 180명 달성과 같은 현실적인 표현이 더욱 적합할 수 있습니다. 혹은 %단위보다 배수 단위를 활용하여 18,000%가 아닌 180배로 표현한다면 조금 더 현실적으로 접근할 수 있습니다. 이처럼 인사담당자분의 말처럼 포트폴리오를 제작할 때는 자신의 역량과 경험에 대해 정확하고 명확하게 소개하기 위한 단위 선택도 중요하다는 것을 알아두어야 합니다. 지나친 과장은 신뢰성을 떨어뜨릴 수 있으므로 적절한 단위와 선별된 작업물을 포함하여 구성하기 바랍니다.

◆ PPT는 기본, 노션은 때에 따라

최근 노션폴리오(Notion + Portfolio)라는 말이 생기고 있을 정도로 마케터들 사이에서 노션 포트폴리오를 만들기 위해 큰 노력과 시간을 들이는 경우가 많습니다. 노션 포트폴리오는 웹 링크 기반이므로 파일을 다운로드하지 않아도 언제 어디서나 열람할 수 있고, 폰트나 이미지가 깨질지 걱정하지 않아도 됩니다. 또한, 수정 및 추가하는 내용이 실시간으로 반영되고 노션의 다양한 기능을 활용하여 개성 있는 포트폴리오를 만들 수도 있습니다. 하지만, 노션 포트폴리오를 만들기 전에 PPT 또는 포토샵 등으로 만든 기본 포트폴리오가 있어야 합니다. 노션 활용도가 높은 사람도 있지만, 대체로 인사담당자 또는 면접관은 노션 활용도가 낮을 수 있습니다. 또한, 기업의 규모가 크거나 면접관의 연령대가 높을수록 보수적인 성향일 가능성이 크고, 이 경우 전통적 포트폴리오 형식인 PPT, PDF 파일을 선호할 수 있습니다.

노션 포트폴리오를 선호하는 기업이 있는가 하면, 전통적인 포트폴리오를 요구하는 기업도 있습니다. 만약 전통적 채용 방식을 선호하는 대기업에 노션 포트폴리오만 제출한다면 포트폴리오가 제 역할을 하기 힘들 수 있고, 노션 포트폴리오를 선호할 만큼 진취적인 스타트업이나 IT 회사를 지원할 때 만들어 놓은 노션 포트폴리오를 제출하지 않는다면 합격의 기회를 날릴 수도 있습니다. 개인적으로 PPT나 포토샵을 활용한 전통적 방식의 범용 포트폴리오를 기본으로 사용하고 노션 포트폴리오를 별도로 제작하여 상황에 맞게 제출하는 것을 추천합니다.

◆ 회사 컬러 또는 로고를 활용해 보자

얼마 전 한 유명 기업의 인사담당자분을 인터뷰할 기회가 있었습니다. 인사 관련하여 다양한 이야기를 나누었고, 한 가지 새로운 인사이트를 발견할 수 있었습니다. 포트폴리오를 만들 때 브랜드 컬러나 로고를 활용한 지원자의 경우 호감도가 높아진다고 합니다. 카카오 그룹사에 지원할 경우 표지를 노란색으로 제작하고, 배달의민족에 지원할 경우 민트색을 활용하는 것입니다. 모든 페이지에 적용하기에는 많은 시간이 필요하므로 표지 페이지라도 적용하는 것이 좋습니다. 요즘은 공식 홈페이지에 접속하면 BI/CI에 대해 자세히 나와 있습니다. 포트폴리오에 브랜드 컬러를 적용하는 것은 사소하지만, 지원자가 해당 기업에 관심과 열정을 보여주는 좋은 방법입니다. 또한, 브랜드 컬러나 로고를 활용하면 포트폴리오의 통일감과 완성도를 높일 수 있습니다. 이처럼 누구나 할 수 있지만 아무나 할 수 없는 디테일에서도 평가가 이루어질 수 있다는 것을 잊지 마세요.

제가 생각하는 좋은 포트폴리오는 '가치'와 '전달'을 잘 담아낸 것이라고 생각합니다. 가치란 포트폴리오를 구성하는 내용 즉, 경력이나 이력, 실력, 결과 등이 해당합니다. 전달은 포트폴리오를 전달하는 수단인 디자인, 레이아웃, 폰트 등이 해당합니다. 가치 없이 전달만 한다면 포트폴리오의 설득력이 떨어질 것이고, 반대로 가치가 높아도 제대로 전달하지 못하면 그 가치를 제대로 평가받을 수 없다고 생각합니다. 본인의 실력을 제대로 잘 전달하기 위해서는 가치와 전달 두 사이의 균형을 잘 잡아가는 것이 중요합니다. 여러분들의 포트폴리오는 가치와 전달, 모두 잘 준비되어 있나요?

도라몬's Tip **마케터가 포트폴리오를 활용하는 방법** ☆

• 미리 준비해야 합니다.

면접을 앞두고 급히 포트폴리오를 준비하는 경우가 종종 있습니다. 급하게 제작해서라도 포트폴리오가 없는 것보다 있는 것이 낫지만, 사실 미리 준비하는 것이 좋습니다. 급하게 제작하게 되면 내용보다 형식이나 디자인에 초점을 맞추게 되어 퀄리티가 떨어질 수 있고, 본인의 역량을 제대로 보여주기 어려울 수 있습니다. 그러니 여유가 있는 경우라면 반드시 미리 준비해 놓기 바랍니다.

• 꾸준히 업데이트해야 합니다.

마케터는 여러 업무를 진행하는 만큼 성과도 다양합니다. 그래서 포트폴리오 업데이트 시점을 놓치게 되면 그대로 방치될 확률이 높습니다. 하지만 회사에서는 최근 이력을 바탕으로 평가하기 때문에 반드시 최신화 작업을 진행해야 합니다. 담당 업무가 많은 경력직이라면 적어도 6개월에 한 번씩 업데이트하는 것이 좋고, 담당 업무가 적은 신입이나 주니어, 또는 비교적 평상적인 업무가 많은 직무의 경우라면 1년에 한 번씩 하는 것이 좋습니다. 혹은 기간 대신 프로젝트 주기별로 업데이트하는 것도 하나의 방법이 될 수 있습니다. 프로젝트가 추가될 때마다 업데이트해 보기 바랍니다.

• 다양한 채널에 노출해야 합니다.

포트폴리오를 기껏 열심히 만들고 소장만 하는 경우가 있습니다. 그렇게 되면 만든 의미가 없어집니다. 누군가에게 나를 알릴 수 있도록 다양한 채널에 노출해 보세요. 채용사이트(잡코리아, 사람인, 원티드)는 기본이고 인스타그램 링크, 블로그, 링크드인, 크몽 등 최대한 많은 채널에 등록하여 나를 필요로 하는 곳이 나를 쉽게 찾을 수 있도록 해두는 것이 좋습니다. 저도 인스타그램 링크를 통해 노션 포트폴리오를 등록했는데, 이 포트폴리오를 바탕으로 광고 12건, 브랜드 컨설팅 3건을 계약할 수 있었습니다. 포트폴리오를 등록해 놓지 않았을 때는 문의조차 없었던 것을 생각하면 포트폴리오의 역할이 중요하게 작용했다고 생각합니다.

자격증,
꼭 필요한가요?

마케터 실무에 도움 되는 자격증 4가지

마케팅 자격증은 합격을 결정짓는 요소는 아니지만, 구직 활동 시 경쟁력을 높일 수 있고 자신의 전문성을 증명할 수 있습니다. 특히 경력이 없는 신입은 본인의 실력을 증명할 수 있는 경험이나 성과가 없어 자격증을 활용해서 마케터가 되기 위한 노력, 마케팅에 대한 기본적인 지식을 어필할 수 있어야 합니다. 이를 위해서는 공신력 있는 자격증을 취득하는 것도 중요합니다. 여기에서는 실무에서 활용도가 높은 자격증에 대해 간략하게 설명할 예정이며 본인의 직무, 커리어 로드맵에 따라 필요한 자격증이 있는지 확인해 보기 바랍니다.

Google Analytics Individual Qualification(GAIQ)

GAIQ라고 불리는 구글 애널리틱스 관련 자격증은 가장 많은 마케터의 관심을 받는 자격증 중 하나입니다. 구글 애널리틱스에 대한 실력을 입증하는 자격증이며, 구글에서 취급하는 광고를 세팅하고 분석하고 싶다면 취득하는 것이 좋습니다. 퍼포먼스 마케팅은 물론이고 콘텐츠 마케팅, 브랜딩 등 다양한 마케팅 활동에 활용될 수 있습니다. 애널리틱스 자체는 초보자도 이용할 수 있을 정도로 쉽게 활용할 수 있지만, 자격증 취득 과정을 통해 전문성을 갖춘다면 더욱 좋은 퍼포먼스를 낼 수 있을 것입니다. 특히 실제로 광고를 운영해 본 경험이 없다면 간접 경험을 통해서라도 툴을 익히는 것이 좋습니다. 시험은 무료로 응시할 수 있고, 애널리틱스 아카데미를 통해 초보자용, 고급자용 자료를 무료로 배포하고 있으니 큰 비용이 들어가지 않으므로 합리적으로 준비할 수 있다는 것이 장점입니다. 또한, GAIQ 시험에 합격하면 구글 광고와 관련한 기본 지식과 툴 사용 능력 등을 입증할 수 있습니다.

자격증을 취득하기 위해서는 애널리틱스에 대한 활용 경험, 사전 지식 등 개인의 상황에 따라 각기 다릅니다. 본인의 실력에 따라 며칠 만에 취득할 수도 있고 몇 개월을 준비해야 할 수도 있습니다. 그리고 시험에 합격한 날로부터 12개월 동안만 자격이 주어지는 것으로, 주기적으로 업데이트할 필요가 있습니다. 본인이 실무에서 당장 활용할 수 있을 정도로 GA 활용 능력이 뛰어나거나 충분한 실무 경험이 있다면 자격증을 군이 취득할 필요는 없습니다. 이럴 때는 자격증의 유무보다 성과 개선이 더욱 중요하므로 이 점에 초점을 맞춰 실력을 향상하는 것이 좋습니다.

META Blueprint Certification

META Blueprint Certification은 페이스북에서 직접 주관하는 자격증입니다. 페이스북은 전 세계에서 가장 큰 소셜미디어이며, 마케터가 실무에서 가장 많이 활용하는 광고 채널 중 하나이므로 페이스북 광고 관련 자격증을 취득하면 해당 분야에서 경쟁력을 높일 수 있을 것입니다.

이 자격증은 페이스북 광고 상품과 광고 관리자 툴에 대한 전문성을 요구합니다. 특히 이론만 암기해서 푸는 일반적인 수준이 아니라 응용을 요구하는 자격증으로, 실무자들 사이에서도 어렵기로 유명한 자격증 중 하나입니다. 그만큼 해당 자격증을 취득하기 위해서는 큰 노력과 전문적인 지식이 필요합니다. 또한, 외국계 기업이기 때문에 대부분 영어로 구성되어 있으며, 시험 비용도 만만치 않습니다. 환율에 따라 수시로 변하지만 대체로 18만 원에서 20만 원 사이로 꽤 높은 비용을 내야 합니다. 그러므로 개인의 커리어패스, 전문성, 관심사 등에 따라 선택하여 취득하길 바랍니다. 하지만 높은 전문성을 요구하는 만큼 다른 자격증 대비 활용도가 높고, 증명 자료로 요긴하게 쓰일 수 있는 장점이 있습니다.

검색광고마케터

검색광고마케터 자격증은 한국정보통신기술자격검정에서 주관하는 민간 자격증으로, 검색 광고 집행을 위한 기본적인 역량과 자격을 검증하는 자격증입니다. 특히 국내 광고 채널을 활용하는 경우라면 네이버, 카카오 채널을 가장 많이 활용할 것입니다. 검색광고마케터 자격증은 이러한 국내 검색광고시스템 실무내용을 반영하기 때문에 실무에 바로 활용할 수 있는 장점이 있습니다. 광고 대행사 마케터를 준비하고 있다면 AE 실무 능력 향상에 가장 많은 도움이 될 것이고, 인하우스 마케터도 국내 대표 검색 광고 채널에 대한 전반적인 지식과 활용 능력을 익힐 수 있을 것입니다. 시험은 온라인 비즈니스 및 디지털 마케팅, 검색광고 실무 활용, 검색광고 활용전략 총 3개의 과목으로 구성되어 있고 객관식 40문항, 단답식 20문항으로 100점 만점 중 70점 취득 시 합격할 수 있습니다.

GTQ(Graphic Technology Qualification)

GTQ는 컴퓨터그래픽 디자인 능력을 평가하는 국가 공인 자격시험입니다. 포토샵 자격증은 마케팅 분야에서 필수 자격증은 아니지만, 디자인과 이미지 작업에 대한 전문 지식을 검증하며 포토샵을 효과적으로 활용할 수 있는 능력을 증명할 수 있습니다. 특히 콘텐츠를 직접 제작하거나 디자이너와 밀접하게 소통하며 결과물을 만들어 내야 하는 콘텐츠 마케터나 브랜드 마케터라면 취득하는 것이 좋습니다. 최근에는 마케터가 직접 최종 결과물까지 만들어 내야 하는 회사가 많아지고 있으므로 디자인 툴을 다룰 능력이 있다면 경쟁력을 높일 수 있습니다. 현실적으로 마케터가 디자인 업무에 관여하는 경우가 많습니다. 마케터의 기획 의도대로 디자인물이 제작되기 위해서는 디자이너에게 정확하게 설명할 수 있어야 하고, 본인이 직접 제작하는 경우라면 생각한 대로 결과물을 만들어 내기 위해서는 디자인에 대한 기본적인 지식은 필수입니다. 그래서 신입 마케터가 포토샵 자격증을 취득하면 그동안의 학습과 경험을 증명할 수 있으며, 디자인에 대한 이해와 이미지 작업 능력이 향상될 수 있다는 것을 뜻합니다. 다만, 최근에는 피그마(FIGMA)와 같은 새로운 디자인 툴을 활용하는 경우가 많아지고 있음에 따라 트렌드에 맞춰 활용 능력과 자격증을 준비하는 자세가 필요합니다. 또한, GTQ 1, 2급만 국가공인자격에 해당하며 3급의 경우에는 국가로부터 인정받은 공인자격이 아님을 인지하고 준비하기 바랍니다.

도리몬's Tip 자격증보다 중요한 것은?

☆

마케터가 마케팅을 잘하기 위해서는 자격증의 유무보다 실무 경험과 문제 해결 능력이 더욱 중요합니다. 마케팅은 많은 이론적 지식이 필요하지만 성공적으로 마케팅 성과를 만들기 위해서는 이론만으로는 부족합니다. 실제 상황에서 발생하는 문제를 해결하고, 최신 동향에 대응하기 위해서는 경험이나 실무 능력이 매우 중요합니다. 이러한 능력을 증명해주는 것이 자격증입니다. 그래서 마케터가 관련 자격증을 취득하면 마케팅 지식을 폭넓게 이해하는 데 도움이 됩니다. 다만, 자격증을 취득한 후에 경험이나 실무 능력을 갖추지 않으면 실제 업무에서 적용하기 어려울 수 있습니다. 이런 경우에는 자격증이 제 역할을 하지 못하는 것이 되겠지요. 따라서, 자격증을 취득하는 것에서 멈추지 않고 실무에도 적용하여 성과를 낼 수 있도록 끊임없이 고민하고 공부하는 자세가 필요합니다. 이를 통해 전문 지식과 경험을 획득하고, 자신의 역량을 더욱 강화할 수 있을 것입니다.

알고 있으면 이력에 도움이 되는 마케팅 툴

실무에서 자주 사용하는 마케팅 툴 4가지

마케터는 다양한 업무를 동시다발로 처리합니다. 그래서 근무 시간과 업무 내용이 불규칙할 수밖에 없습니다. 때로는 야근하거나 2개 이상의 업무를 동시에 진행하기도 합니다. 업무 자체를 줄일 수 없어 효율적으로 일하는 방법을 생각해야 합니다. 이때 마케팅 툴을 활용하면 규칙적인 업무 스케줄을 유지할 수 있죠. 여기서는 제가 자주 활용하는 마케팅 툴, 생산성 툴에 관해 설명하겠습니다. 여러분도 업무에 맞게 활용하여 퇴근 시간을 앞당겨 보세요.

노션(Notion): https://www.notion.so/ko-kr

노션은 프로젝트 단위로 문서를 생성하고 관리하는 웹 기반 도구입니다. 인터페이스가 간단하고 직관적으로 구성되어 문서 제작에 편리합니다. 또, 구글 문서나 스프레드시트처럼 실시간으로 내용이 반영되어 최근 문서 확인을 위해 새 파일을 다운로드하거나 덮어씌우는 번거로운 작업이 필요 없습니다. PC, 모바일,

테블릿 등 디바이스 종류에 상관없이 언제 어디서든 접속할 수 있습니다. 무료 레이아웃과 템플릿 등 문서 제작에 필요한 다양한 기능을 제공하여 사용자가 각종 업무를 효율적으로 수행할 수 있도록 지원합니다. 이미지, 동영상, 체크리스트, 코드 블록, 파일 및 링크 첨부, 데이터베이스 등 수많은 기능 지원으로 다채롭게 구성할 수 있습니다. 또한, 노션은 직관적인 기능들로 초보 사용자도 어려움 없이 사용할 수 있습니다. 저는 토글, 표, 갤러리 기능을 자주 활용하며, 그 외 복잡한 기능은 노션 무료 제공 기본 템플릿을 활용하거나, 유료로 구매하여 사용합니다.

▲ [참고자료] 노션을 활용하여 업무를 관리하는 도리몬

피그마(Figma) : https://www.figma.com/

피그마는 클라우드 기반의 디자인 툴로, UI/UX 디자인, 로고, 타이포그래피, 그래픽 디자인 등 폭넓은 디자인 작업을 수행하고 협업할 수 있는 플랫폼입니다. 실시간 협업 기능을 제공하여 여러 사용자와 동시에 디자인 작업을 수행할 수 있습니다. Comment(댓글) 기능으로 실시간으로 의견을 나누면서 디자인을 수정하거나, 공유 링크를 통해 외부인과 디자인을 바로바로 공유할 수 있습니다.

또한, 디자인 요소를 쉽게 만들 수 있습니다. 폼, 아이콘, 로고, 버튼 등 다양한 템플릿을 만들어 놓고 재사용할 수 있어 디자인을 더욱 빠르게 작업할 수 있습니다. 노션처럼 무료 템플릿을 활용하여 고퀄리티의 작업물을 만들 수 있고, 기능도 직관적이어서 조금만 노력하면 빠르게 익힐 수 있습니다. 포토샵이나 일러스트레이터 활용 능력이 부족하면 피그마를 활용해 보기 바랍니다.

▲ [피그마를 활용한 인스타그램 콘텐츠 제작]

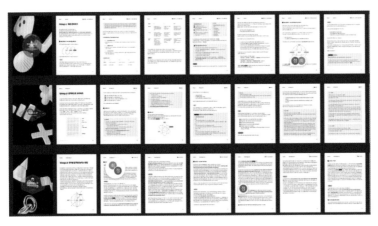

▲ [피그마를 활용한 전자책 제작]

리스틀리(Listly) : https://www.listly.io/ko

리스틀리는 웹사이트의 모든 데이터를 엑셀 파일로 변환해주는 무료 크롬 확장프로그램이며, 리스틀리 홈페이지, 크롬 웹스토어에서 다운로드할 수 있습니다. 코딩이나 개발 지식 없이도 클릭 한 번으로 원하는 데이터를 수집할 수 있어 퍼포먼스 마케터나 콘텐츠 마케터 등 많은 마케터의 사랑을 받고 있습니다.

대부분의 마케터는 자료를 수집할 때 수작업을 해야 하는 번거로움이 있습니다. 특정 키워드의 블로그 검색 결과를 수집하고자 하면 블로그 이름, 블로그 주소, 콘텐츠 제목, 콘텐츠 URL 등을 일일이 검색하고 하나하나 복사하고 붙여 넣어야 합니다. 이러한 작업을 '크롤링'이라고 하는데요. 크롤링 작업을 위해서는 개발 지식이 필요하며, 그렇지 않은 경우 개발자의 도움을 받거나 전문 프로그램을 활용해야 하는 부담이 있습니다. 그래서 대부분 단순 노동 작업으로 데이터를 취합하거나 개발자에게 아쉬운 소리를 해야 하는데요. 리스틀리를 활용하면 개발자의 도움 없이 원하는 자료를 빠른 시간 내에 만들 수 있습니다. 특정 키워드의 블로그 검색 결과를 수집할 수 있는 것 외에도 특정 웹사이트에서 원하는 정보만 추출하거나 엑셀 파일, 구글 스프레드시트, CSV 파일로도 저장할 수 있습니다. 사용 방법은 크롬 확장프로그램 설치 → 변환 페이지 클릭 → 엑셀 다운로드가 끝입니다. 이처럼 간단한 방법으로 업무 시간을 단축할 수 있습니다. 또한, 리스틀리는 데이터만 취합하는 것이 아니라 데이터의 종류와 유형에 맞게 분리해 주어 자료를 재가공하지 않고 바로 활용할 수 있습니다.

FACEBOOK 광고 라이브러리:
https://ko-kr.facebook.com/ads/library

FACEBOOK 광고 라이브러리는 메타에서 지원하는 서비스로, 경쟁사에서 이전에 페이스북에서 어떤 광고를 집행했는지 알 수 있는 사이트입니다(거의 모든 회사에서 페이스북, 인스타그램 광고를 집행하고 있어 웬만한 자료는 확인할 수 있음). 사이트에 접속만 하면 페이스북 또는 인스타그램 계정의 유무와 관계없이 누구나 라이브러리를 둘러볼 수 있습니다. 또한, 모든 활성 상태의 광고에 액세스할 수 있어 광고가 종료되거나 삭제된 후에도 확인할 수 있습니다. 또, 광고주가 광고를 세팅할 때 성별, 연령대, 지역 등 특정 조건을 타깃할 수 있기 때문에 타깃에 포함되지 않으면 노출되지 않던 광고까지도 확인할 수 있습니다. 이를 활용하여 경쟁사의 광고 집행 내역은 물론, 우리 브랜드와 비슷한 타깃을 대상으로 어떤 광고를 진행했는지 참고할 수 있어 광고 소재 및 콘텐츠 기획 시 참고자료로 활용하면 좋습니다.

대답하면 합격하는
마케터 면접
단골 질문

인사담당자가 반드시 물어보는 것

이력서, 자기소개서, 포트폴리오 준비를 마쳤다면 이제 면접 준비 단계입니다. 서류 전형은 지원자의 자격을 검증하는 단계라면 면접은 합격을 결정하는 단계이므로 꼼꼼히 준비해야 합니다. 서류 전형에서는 가능성이 조금이라도 있는 지원자를 최대한으로 선발하여 실제 채용 인원의 N배를 선발하게 됩니다. 쉽게 말해 N:1의 경쟁률이 생기는 것이죠. 면접을 통해 나의 개인적인 역량과 전문성을 어필하여 경쟁자들 사이에서 우위를 선점할 수 있어야 합니다.

마케터는 매출, 팔로워 수, 홈페이지 가입자 수와 같이 정량적인 성과를 만들어야 하고 다양한 유관부서와 협업해야 합니다. 기업에서 이를 파악하기 위한 가장 좋은 방법이 면접입니다. 면접을 통해 마케팅 업무에 필요한 실무 경험, 문제 해결 능력, 의사소통 능력, 협업 능력, 창의성 등을 평가합니다. 또한, 면접은 회사와의 적합성을 판단하는 과정이기도 합니다. 지원자의 면접 태도, 자세, 말투 등을 바탕으로 우리 회사와 잘 맞을지, 기존 직원들과 잘 어울릴 수 있는지 판단할 수 있습니다. 이처럼 서류 전형만큼 면접은 매우 중요한 단계이며 합격하기 위해서는 노력이 필요합니다. 저는 산업과 회사 종류는 물론이고 다양한 형식의 면접을 경험했는데요. 이 과정에서 자주 언급되는 질문들이 있었습니다. 여기서는 이 질문들을 살펴보고 나만의 답을 만들어 면접 합격에 가까워지는 발판을 마련해 보겠습니다.

단골 질문❶ 우리 회사에 대해서 알고 있는 대로 대답해 보세요.

◆ 질문 의도: 회사에 대한 이해도와 관심사 파악

이 질문의 의도는 지원자의 회사에 대한 관심사를 파악하기 위함입니다. 이를 위해 지원자는 회사의 웹사이트, 뉴스 기사, SNS 등 다양한 매체를 통해 회사 정보를 수집하고, 이러한 정보를 기반으로 면접에서 자신이 얼마나 회사에 대해 알고 있는지를 보여줄 수 있어야 합니다. 질문 의도를 정확히 이해하고 답변하기 위해 최신성, 다양성, 수치에 기반한 답변을 구상해 보세요.

최신성

최신성은 최근의 이슈와 트렌드를 반영한 답변을 준비하는 것을 의미합니다. 최근에 어떤 마케팅 기법이 유행하고 있는지, 어떤 마케팅 전략이 성공했는지 등을 파악하여 답변에 반영할 수 있습니다. 최신 정보는 뉴스 기사, SNS 콘텐츠에서 쉽게 확보할 수 있습니다. 면접 전 포털사이트에 회사명이나 제품, 서비스 등을 검색하거나 공식 SNS에 접속하여 어떤 캠페인을 진행하고 있는지 확인하는 것이 좋습니다.

다양성

회사 정보를 소개할 때 다양한 채널을 언급하는 것이 좋습니다. 하나의 채널만 설명하게 된다면 급하게 준비한 티가 날 수 있고 회사에 관심이 없어 보일 수 있습니다. 뉴스 보도자료, 공식 홈페이지, SNS 채널, 대표 인터뷰 등 다양한 채널을 통해 정보를 확보하고 이를 언급함으로써 회사에 대한 관심도를 어필하는 것입니다.

수치성

수치성은 숫자를 기반으로 한 답변을 준비하는 것을 의미합니다. 회사의 매출액, 매장 수, 회원 수, 앱 다운로드 수 등과 같은 수치를 통해 어떤 성과를 거두었는지, 어떤 매출을 올렸는지 등을 숫자로 표현하여 답변에 반영할 수 있습니다.

 합격률 높이는 답변 방법

"우리 회사에 대해서 알고 있는 대로 대답해 보세요."라는 질문에 체계적으로 답변을 해야 합격률을 높일 수 있습니다. 정말 알고 있는 사실을 그대로 나열하는 수준의 구구절절한 답은 진실성이 전달되기 어렵고 산만한 느낌을 줄 수 있습니다.

- **어떤 회사인지**
  - ▶ 취급하고 있는 제품 또는 서비스에 대한 소개
  - ▶ 최근에 신제품이 출시됐거나 애플리케이션 업데이트를 한 경우라면 이에 대한 언급
  - ▶ 만약 기업의 제품이나 서비스를 이용해 본 경험이 있다면 실제 이용 사례를 바탕으로 답변 구성

- **매출 규모 (수치성)**
  - ▸ 연 매출 100억, 월 매출 10억 등 수치적 자료에 기반하여 답변
  - ▸ 잡코리아, 사람인 등 채용사이트를 통해 대략적인 회사 정보를 확인할 수 있음
  - ▸ 다트(DART)에 등록된 회사라면 재무제표까지 확인할 수 있음

- **최근 진행한 캠페인 (최신성, 다양성)**
  - ▸ 공식 홈페이지, 인터넷 보도자료, SNS 채널을 통해 최근에 운영한 이벤트, 프로모션 등을 확인
  - ▸ 단순히 '이런 이벤트를 했었다'라는 수준의 추상적인 답변을 넘어 육하원칙에 따라 설명할 수 있을 정도로 상세 내용을 알수록 유리함
  - ▸ 한 채널이 아닌 다양한 채널을 통해 얻은 정보를 바탕으로 답변할 경우에는 더욱 호감을 줄 수 있음

◆ 꼬리 질문: 우리 회사 마케팅에 대해 어떻게 생각하나요?

회사에 대한 관심도를 물었다면 "우리 회사 마케팅에 대해 어떻게 생각하나요"와 같은 꼬리 질문이 있을 수 있습니다. 이때는 기업의 현 마케팅에 대한 장단점을 설명할 수 있어야 합니다. 단순히 좋은 것, 싫은 것이 아니라 어떤 이유에서 좋았는지, 아쉬웠던 점은 어떻게 극복하면 좋을지에 대한 부가 설명이 필요합니다. 질문에 막힘 없이 답하기 위해서는 최대한 많은 정보를 습득해야 합니다. 면접관은 누구보다 회사 사정을 잘 알고 있으므로 사전 조사를 통해 제대로 답할 수 있도록 합니다.

답변 예시) "회사 A의 마케팅은 온라인 채널에 집중되어 있어 홈페이지, SNS 채널, 뉴스 보도자료 등 SEO 마케팅이 매우 잘 되어 있는 상황입니다. 그러므로

다른 채널을 거치지 않고서 바로 유입될 수 있다는 것이 큰 장점이자 강점이라고 생각합니다. 이미 SEO 마케팅이 잘 구축되어 있어 비용을 절약할 수 있다는 장점도 있습니다. 반면, 온라인에 치우친 마케팅 전략으로 오프라인 매장에서 진행할 수 있는 LSM*이 아쉬웠습니다. 매장에서 진행하는 현장 마케팅이 부족하다 보니 오프라인 결제 건수와 고객 전환 수가 매우 떨어질 것으로 예상합니다. 최근 경쟁사 B에서 진행한 OOO프로젝트의 경우도 온라인에 집중된 고객 채널을 오프라인으로 확대하여 전년 대비 N% 이상의 매출 신장을 이루었으며, 오프라인에서만 경험할 수 있는 프로그램을 통해 방문 고객 수 N배가 증가하여 큰 이슈를 끌었습니다. 회사 A에서도 MZ 세대 고객을 겨냥하며 새로운 고객군과 채널을 확보하기 위하여 오프라인 팝업스토어를 파일럿 운영하여 테스트한다면, 기존과는 다른 마케팅 전략을 구축할 수 있을 것으로 생각됩니다."

단골 질문❷ 가장 좋은 성과를 낸 업무와 그 과정에 관해 설명하세요.

◆ 질문 의도: 마케팅 직무 능력과 문제 해결 능력에 대한 파악

이 질문은 지원자의 마케팅 업무 수행 능력과 성과를 평가하기 위한 것입니다. 특히 본인의 능력을 표현할 수 있는 질문이 될 수 있으므로 기회를 적극적으로 활용해야 합니다. 이를 위해 지원자는 자기 경험 중에서 가장 좋은 성과를 낸 마케팅 업무를 선정하고 그 과정과 결과를 구체적으로 설명해야 합니다. 이때, 결과만 강조하는 것보다 과정에서의 문제점과 전략 및 실행 방안에 대해 어떻게 고민하고 실행했는지, 그 결과 어떤 배움과 성장을 이뤘는지 등을 함께 언급하면 좋습니

★   LSM: Local Store Marketing, 지역 점포 마케팅

다. 이러한 답변은 지원자의 마케팅 업무 수행 능력과 성과, 그리고 지원자의 마케팅에 대한 열정과 자신감도 보여줄 수 있습니다.

답변 예시) "제가 가장 좋은 성과를 낸 업무는 SNS 마케팅을 통해 신규 고객 1,500명을 유치한 것입니다. 저는 SNS 마케팅을 통해 고객의 관심을 끌고, 제품에 대한 정보를 제공하기 위해 〈월간 마케팅〉이라는 시리즈 콘텐츠를 기획하고 제작했으며, 고객과 소통하기 위해 SNS 참여형 챌린지를 적극적으로 활용했습니다. 그 결과, SNS 마케팅을 통해 신규 고객을 대거 유치할 수 있었고 매출 또한 전년 대비 300% 증가했습니다. 이 과정에서 저는 마케팅 전략을 수립하고, 콘텐츠를 기획하고 제작하는 방법을 배웠습니다. 또한, 성과를 만드는 방법에 대해서도 경험할 수 있었습니다. 이러한 경험을 통해 저는 마케팅 업무에 대한 전문성을 키울 수 있었고, 자신감을 얻을 수 있었습니다."

 답변 구상을 위한 업무 정리 방법

아래와 같이 가장 성과가 좋았던 업무와 그 이유에 대해 자세하게 설명할 수 있도록 업무와 성과, 과정을 미리 정리해 두기를 바랍니다.

• **가장 좋은 성과를 낸 업무**
  ▸ 체험단 총 2,800명 관리
  ▸ 그중 인플루언서 급의 고퀄리티 콘텐츠 300개 생성
  ▸ 체험단 운영 전 대비 매출 400% 개선

- **성과 이유**
  - ▸기존 블로그 체험단을 벗어나 인스타그램 체험단 신규 운영
  - ▸체험단 콘텐츠를 활용하여 할인 쿠폰 배포
  - ▸광고성은 최대한 배제하고 체험단의 일상에 자연스럽게 상품 홍보

- **과정에서 발생한 문제**
  - ▸물건만 수령하고 후기를 작성하지 않은 블랙 체험단 발생
  - ▸제품에 관한 내용보다 일상 위주의 콘텐츠로 홍보가 잘 안됨.
  - ▸광고주의 요청으로 20%가량 AS 진행

- **문제 해결 방안**
  - ▸리뷰 가이드를 제작하여 가이드대로 후기가 제작될 수 있도록 함
  - ▸가이드 내 후기 미 작성에 대한 패널티 내용 추가
  - ▸AS 진행 시, 일부 책임 체험단에 부과

◆ **꼬리 질문: 업무 중 발생한 문제와 이를 해결해 본 경험이 있나요?**

꼬리 질문으로 업무 중 발생한 문제와 이를 해결한 방법을 물어볼 수 있습니다. 이를 위해 문제 내용과 해결 방법에 대해 함께 정리해 둔다면 잘 답할 수 있을 것입니다. 중요한 것은 해결 방안을 중점으로 답해야 합니다. 해결 방안 없이 문제만 설명하면 지원자의 실력을 의심할 수 있으니 문제 내용과 함께 해결 방안에 대한 본인만의 시사점 또는 실패 요인을 극복한 사례까지 덧붙여 설명할 수 있도록 준비합니다.

답변 예시) "업무 중 발생한 문제는 SNS 마케팅을 통해 신규 고객을 유치하는

과정에서 고객의 관심을 끌기 위해 너무 많은 콘텐츠를 제작한 것입니다. 이로 인해 고객이 콘텐츠를 보는 데 집중하지 못하고 마케팅 효과가 떨어지는 문제가 발생했습니다. 또한, 콘텐츠 제작에만 몰두하다 보니 다른 업무는 수행할 수 없는 문제가 있었습니다. 이를 해결하기 위해 저는 콘텐츠의 양을 줄이고, 콘텐츠의 질을 높이는 방법을 사용했습니다. 또한, 기존 콘텐츠 중 효율이 좋았던 콘텐츠를 재가공하여 제작 리소스를 줄였고, 이를 통해 확보된 시간으로 다른 업무에 집중할 수 있었습니다. 그 결과, 콘텐츠 기획 및 제작 일정을 용이하게 관리할 수 있었고 마케팅 효과도 많이 증가했습니다."

단골 질문❸ 우리 회사에 출근하게 된다면 어떤 마케팅을 해보고 싶나요?

◆ 질문 의도 : 기업 비전 및 목표에 부합하는 마케팅 전략을 수립할 수 있는 능력 확인

이 질문의 의도는 지원자의 마케팅 역량과 관심사를 파악하고, 회사에 얼마나 적합한지 판단하는 데 있습니다. 그러므로 지원자는 자신의 마케팅 역량과 관심사를 잘 드러내어 답해야 합니다. 또한, 회사의 마케팅 전략과 방향에 대한 이해를 보여주고, 회사에 기여할 수 있는 마케팅 아이디어를 제시해야 합니다. 이를 위해서는 회사의 비전과 목표, 그리고 타깃 고객을 고려하여 전략적이고 현실적인 계획을 제시할 수 있어야 합니다. 만약, 30대 고객을 대상으로 하는 뷰티 회사에서 신제품을 출시할 때, 그들이 주로 활동하는 SNS 채널과 커뮤니티를 파악하고 이를 중점으로 디지털 마케팅 전략을 수립하는 것이 적절하겠지요. 또한, 30대가 선호하는 콘텐츠와 키워드를 파악하여 이에 맞는 콘텐츠 마케팅을 진행하고, 유의미한 트래픽을 만들며 전환율을 높이는 전략을 추구하는 것이 합리적일 것입니다. 관련해서 다음과 같이 답변할 수 있습니다.

답변 예시) "저는 평소에 뷰티 마케팅에 대해 관심이 많고, 다양한 무료 체험단 경험이 있습니다. 특히 2~30대 여성 고객은 블로그 리뷰를 신뢰하는 경향이 높습니다. 저는 이를 활용하여 뷰티 체험 리뷰 전문 블로그를 운영하였고, 일일 방문자 수 최대 2만 명까지 올린 경험이 있습니다. 이를 통해 SNS의 파급력과 중요도에 더욱 잘 알게 되었습니다. 이를 바탕으로 A 회사에서도 체험단을 운영하여 실제 리뷰를 활용한 캠페인을 진행하고 싶습니다. 고객 리뷰를 활용하여 SNS 계정을 활성화하고, 다양한 콘텐츠를 제작하여 매출을 증대시키고 싶습니다. 또한, 매달 베스트 리뷰어를 선발하여 콘텐츠 퀄리티를 높이며 브랜드 인지도를 높이고, 고객의 신뢰를 얻기 위해 다양한 마케팅 활동을 하고 싶습니다."

위의 답변은 지원자의 마케팅 역량과 관심사를 잘 드러내고, 회사의 마케팅 전략과 방향에 대한 이해를 보여주고 있습니다. 또한, 회사에 도움이 되는 마케팅 아이디어를 제시함으로써 합격률을 높일 수 있을 것입니다. 반면, 질문 의도를 제대로 파악하지 못하고 답변하면 지원자의 전문성과 역량에 대해 불리한 평가를 받을 수 있습니다. 30대를 타깃으로 하는 브랜드인데 대학생을 타깃으로 하는 마케팅 전략을 설명하거나, 4~50대를 겨냥한 시니어 마케팅으로 접근한다면 회사에서는 적합한 인재로 판단하기 어렵겠지요. 따라서 홈페이지, 뉴스 보도자료, CEO 인터뷰 등의 자료를 최대한 확보하여 회사가 추구하고자 하는 방향성과 비전을 미리 파악하고, 이에 맞는 현실적인 마케팅 전략을 제시할 수 있도록 합니다.

단골 질문❹ 좋아하는 브랜드, 마케터가 있나요? 최근에 마케팅 잘한다고 생각하는 브랜드에 관해 설명해 주세요.

◆ **질문 의도: 마케팅 산업에 대한 관심과 이해도, 지원자 개인의 개성 및 성향 파악**

이 질문은 마케터 면접과 관련하여 거의 필수로 언급되는 것입니다. 이 질문을 통해 지원자가 마케팅에 대해 얼마나 관심을 두고 있는지와 더불어 지원자 개인의 개성이나 성향을 파악할 수 있습니다. 답변하기 위해 조사하거나 자료를 취합하는 것보다 있는 그대로 솔직하게 대답하는 것이 좋습니다.

◆ **좋아하는 브랜드**

평소 좋아하는 브랜드를 대답합니다. 이때 단순히 브랜드를 나열하는 것보다 해당 브랜드를 좋아하게 된 이유를 설명합니다. 또한, 지원하고자 하는 회사와 관련 있는 브랜드를 언급하는 것이 좋습니다. F&B 회사에 지원할 경우 카페, 디저트, 다이닝, 펍 등과 관련 있는 브랜드를 언급합니다. 더불어 해당 브랜드에서 진행하고 있는 캠페인 중 벤치마킹할 수 있는 포인트를 함께 설명하면 더욱 좋겠지요. 경쟁사에서 매월 소비자를 초대하여 인기 메뉴를 무료로 시식할 수 있는 참여형 이벤트 진행으로 좋은 반응을 얻고 있다면 이를 활용하여 새로운 마케팅 캠페인을 제안할 수 있습니다. 다만, 무조건 따라 하는 식이 아닌, 어떤 형태로 개선하여 운영하면 좋을지에 대해 추가 의견을 전달합니다.

◆ **좋아하는 마케터**

이 질문은 마케팅 산업을 바탕으로 특정 마케터나 회사에 대한 관심을 파악하려는 것입니다. 좋아하는 마케터뿐만 아니라 좋아하는 인물, 존경하는 인물로 확장하여 설명할 수 있습니다. 이 질문의 답변은 개인의 경험과 선호도에 따라 다르므로 정해진 것은 없지만, 최대한 구체적으로 답하는 것이 좋습니다. 또한 입사 후 포부도 자연스럽게 덧붙이면 더욱 좋겠지요.

답변 예시) "저는 마케터 A님을 좋아합니다. 그 이유는 마케팅에 대해 추상적이고 뻔한 이야기가 아니라 현실적이고 구체적인 이야기를 해주기 때문입니다. 특히 매주 인스타그램을 통해 '마케터의 현실'이라는 주제로 콘텐츠를 업로드 하는데 현업에 대해 간접적으로 경험할 수 있게 해줍니다. 이렇게 습득한 간접 경험을 바탕으로 회사 A에 입사한 후에도 실현 가능한, 구체적인 마케팅을 바탕으로 좋은 성과를 내고 싶습니다."

◆ 최근에 마케팅 잘하고 있다고 생각하는 브랜드

이 질문은 지원자가 마케팅 동향에 대해 얼마나 이해하는지, 트렌드 파악은 어떻게 파악하는지를 알아보기 위한 것입니다. 최근 마케팅을 잘하고 있다고 생각하는 브랜드가 무엇인지, 해당 브랜드의 성공적인 마케팅 전략과 행보에 대해 분석하여 답변하는 것이 좋습니다. 이때 본인의 생각을 자세하게 설명합니다.

답변 예시) "저는 업사이클링 브랜드 B를 눈여겨 보고 있습니다. 광고를 통해 알게 된 이 브랜드는 최근 시골의 한 슈퍼에서 재활용 제품으로 팝업 스토어를 오픈했고, 그동안은 볼 수 없었던 신선한 충격을 안겨주었습니다. 팝업 스토어를 통해 창출된 수익 중 10%를 시골 소외 가구에 기부한다는 것 또한 저에게 큰 울림을 주었습니다. 또한, 회사 B는 다양한 인플루언서와 협업하여 소비자들의 라이프 스타일과 관련된 콘텐츠를 제공하고 있으며 브랜드 가치와 철학을 강조하는 광고 캠페인을 통해 고객들의 공감을 유도하고 있습니다. 인위적이지 않은 활동이 회사 B의 성공적인 마케팅에 기여하고 있다고 생각합니다."

단골 질문❺ 어떤 마케팅 채널을 주로 사용하나요? 마케팅 예산은 최대 얼마까지 운영해 봤나요?

◆ **질문 의도: 마케팅 실무에 대한 경험과 예산 운용 능력 파악**

이 질문은 마케팅 실무에 대한 경험과 마케팅 예산 운용 능력을 파악하기 위한 것입니다. 마케팅 실무가 조금이라도 있는 경우라면 피할 수 없는 질문입니다. 본인이 관리했던 마케팅 채널과 예산에 대해 최대한 솔직하게 설명합니다. 특히 마케팅 채널에 대해서는 단순히 SNS 채널, 광고 채널이라는 추상적인 설명보다, 최대한 자세히 설명하여 면접관을 설득시킬 수 있어야 합니다.

답변 예시) "저는 현재까지 인스타그램을 활용하여 브랜드 인지도를 높이고 고객과 소통하는 데 주력했습니다. 또한, 구글 및 네이버 키워드 광고 채널을 주력으로 활용했고 부가적으로 A, B, C와 같은 CPI 광고 채널을 활용하여 고객들에게 최대한 많이 노출될 수 있도록 했습니다. 최대 활용해 본 마케팅 예산은 월 1천만원 정도입니다. 분기별로 효율을 바탕으로 주력 채널을 변경했고, ROI(투자 수익률, Return on Investment)를 극대화하기 위해 여러 노력을 기울였습니다. 그 결과 평균 ROAS(광고비 대비 수익율, Return on ad spend) 300%를 달성하며 좋은 성과를 냈습니다."

지금까지 자주 언급되는 단골 면접 질문을 살펴봤습니다. 면접 질문은 회사 또는 산업마다 다를 수 있습니다. 하지만 대부분 마케팅 이론, 지식, 경험, 성과,

취향 등을 평가하는 내용으로 구성되어 있으며, 이를 통해 합격여부가 결정됩니다. 그러므로 예상 질문에 대한 답변을 미리 준비해 놓는 것이 좋겠지요. 면접 전에는 자신이 지원한 회사의 비즈니스 모델, 마케팅 전략, 브랜드 이미지 등을 조사하고, 이를 바탕으로 연결될 수 있는 '꼬리 질문'에 대해서도 답변할 수 있도록 충분히 고민합니다. 이를 바탕으로 면접에서 회사에 관해 당당하게 답변할 수 있어야 하고, 오히려 면접관에게 회사에 관한 질문을 할 수 있을 정도로 적극적인 자세를 보여야 합니다. 또한, 기본적인 마케팅 이론, 본인의 경험을 확실하게 정리하는 것도 중요합니다. 지원자 당사자는 이력서나 자기소개서 없이도 본인의 경험과 성과를 자세히 설명할 수 있을 만큼 본인에 대해서도 잘 알아야 한다는 뜻입니다. 본인의 다양한 경험 중에서 중점으로 어필할 성과 및 지원하려는 회사와 어떤 연계성을 지녔는지 답변을 구상합니다. 마지막으로 면접이 불안한 것은 면접 준비가 덜 되었다는 뜻입니다. 그러니 불안함을 최소화하고 본인의 역량을 최대한 발휘할 수 있도록 큰 노력을 기울여 좋은 결과를 만들기 바랍니다.

마케팅 업무는
처음이지만,
일 잘하는 마케터가
되고 싶어요

#초보마케터 #마케터입사 #실전마케팅

파트2에서는 입사 첫날 해야 할 일부터 다양한 마케팅 전략까지, 더 나아가 경력을 확장하거나 연봉 협상에 대비할 때도 도움이 될 내용을 다룹니다. 마케터로 도전하는 것이 고민된다면 실전에서 바로 활용할 수 있는 실용적인 팁과 전략을 통한 해결책을 마련할 수 있을 것입니다. 이 내용을 통해 여러분들이 마케팅 분야에서의 성공을 이루는데 한 발짝 더 다가갈 수 있기를 바랍니다.

입사 첫날,
해야 할 일이
무엇일까요?

떨리는 첫 출근, 똑똑하게 준비하는 법

마케터로 첫 출근을 앞두고 있나요? 무엇을 해야 할지 걱정되고 막막하죠? 어느 정도의 긴장감은 필요하지만, 지나치게 걱정할 필요는 없습니다. 첫날은 새로운 환경에 적응하는 시간인 만큼 모든 것을 완벽하게 이해하는 것보다 천천히 익숙해지도록 노력하는 자세가 더욱 중요합니다. 또한, 업무에 필요한 사항을 준비하는 단계이기도 하죠. 회사 규모나 시스템에 따라 다르지만, 크게는 온보딩(Onboarding), 업무 환경 설정하기, 인수·인계받기 세 단계로 나눌 수 있습니다.

온보딩-Onboarding

온보딩이란, 인사관리 용어 중 하나로 신규 직원이 조직에 수월히 적응할 수 있도록 업무에 필요한 지식이나 기술 등을 안내·교육하는 과정을 뜻합니다. 온보딩 과정은 크게 회사 소개, 부서 소개, 팀원 소개로 나눌 수 있습니다.

◆ 회사 소개

첫 출근 시, 회사에서는 가장 먼저 회사 소개를 진행합니다. 이를 통해 회사의 비전, 미션, 제품 또는 서비스, 조직 문화, 매출 규모 등에 대한 전반적인 이해를 갖출 수 있도록 도와줍니다. 또한, 목표와 역할을 명확하게 설명하여 신규 입사자가 업무를 수행하는 데 명확한 방향성을 설정하고 목표 달성을 위한 노력을 시작할 수 있도록 지원합니다. 회사 소개는 자료로 전달받을 수도 있으며, 회의실에서 설명하는 방식으로 진행될 수도 있습니다. 규모가 작은 경우에는 대표나 상사와의 티타임을 통해 간단하게 설명을 들을 수도 있습니다. 진행 방식보다는 어떤 내용을 담고 있는지가 더욱 중요하니 참고해 주세요.

회사의 비전 및 미션

신입 사원이 회사에 대한 좋은 첫인상과 애착을 갖기 위해서는 단기적 목표뿐만 아니라 장기적 목표, 즉 회사의 비전과 미션을 제시하는 것이 필요합니다. 이를 위해 회사는 추구하고자 하는 비전과 미션을 설명하며, 어떤 가치를 추구하고 있는지를 이해할 수 있도록 도와줍니다. 제가 재직했던 회사 중에서 회사의 비전과 미션을 주기적으로 리마인드하는 곳이 있었습니다. 제게는 이것이 많은 도움이 되었고, 이 회사에서 가장 오래 근무할 수 있었던 이유가 되었어요. 회사의 비전과 개인의 미션을 기반으로 단순히 당면한 성과에만 집중하는 것을 방지하고, 폭넓은 시야로 경력을 점검할 기회를 마련할 수 있었기 때문입니다.

제품 및 서비스

회사에서 제공하는 제품 또는 서비스의 종류와 특징을 소개하면서 회사의 비즈니스 모델, 수익 구조, 유통 채널 등에 관해서도 설명합니다. 이를 통해 회사의 시장 규모, 위치, 경쟁력을 이해할 수 있습니다. 특히 신입 마케터로서는 제품이나 서비스의 어떤 부분을 중점으로 마케팅 포인트를 두어야 하는지, 목표를 달성하기 위해 어떤 차별화가 필요한지에 대해서도 알 수 있습니다.

조직 문화

조직 문화는 인사팀에서 가장 중점으로 소개하는 영역입니다. 신규 입사자가 최대한 빨리 조직에 적응할 수 있도록 인재상, 조직 구조, 경영 이념 등을 설명하며, 최근에는 장기근속 장려를 위해 자율 출퇴근제, 재택근무, 원격근무 등 다양한 프로그램을 개발하는 것이 특징입니다. 건강한 조직 문화는 건강한 의사 결정을 끌어냅니다. 물질적인 보상과 복지도 중요하지만, 회사가 직원의 업무 환경과 개인적인 성장에 관심을 두고 있는지 살펴보는 것도 중요합니다. 저는 8년 동안 다양한 회사에서 근무하며 여러 조직 문화를 경험했습니다. 이를 통해 회사의 성장뿐만 아니라 개인의 성장에도 투자하는 조직 문화가 시너지 효과를 낼 수 있다는 것을 알게 되었습니다. 보상에만 집중하지 않고 조직 문화에도 관심을 두고 있는지 살펴보는 것을 권장합니다.

역할 및 목표

회사는 직원이 전문성과 책임감을 느끼고 공동의 목표를 달성할 수 있도록 명확한 역할과 목표를 제시해야 합니다. 신입 사원은 회사에서 지시하는 역할과 목표를 기반으로 회사 내에서 어떤 업무를 수행해야 하는지, 언제까지 목표를 달성해야 하는지를 파악하여 최대한 이른 시일 내에 조직에 적응하고 성과를 도출하기 위해 노력해야 합니다. 좋은 회사일수록 각자의 역할과 목표를 명확하게 제시합니다. 역할과 목표가 모호한 곳이라면 실제 업무에 투입된 이후에 많은 어려움이 있을 수 있으니 이를 염두에 두어 대비책을 세울 수 있도록 해야 합니다.

◆ 팀원 소개

회사 소개가 끝나면 팀원 소개를 받습니다. 팀원 소개는 부장 또는 팀장과 같은 그룹의 장이 진행하며, 때에 따라 직속 상사가 담당하기도 합니다. 팀원 소개는 같은 팀원들의 이름(또는 닉네임), 직급, 주요 업무에 대한 소개로 시작됩니다. 신입사원은 주임이나 대리 직급의 팀원들과 소통할 확률이 높아 유심히 살펴보고 기억해 두는 것이 좋습니다. 또한, 팀원 소개 뿐만 아니라 본인도 소개해야 합니다. 간단한 인사말을 준비하여 자신을 설명하면 좋습니다. 예를 들어, "안녕하세요. 오늘부터 신입 마케터로 출근한 ○○○입니다. 처음이라 부족한 점이 많겠지만 최대한 빨리 적응하여 선배님들과 함께 좋은 성과를 내고 싶습니다. 앞으로 잘 부탁합니다. 감사합니다."와 같은 짧은 포부를 담은 인사말이 좋습니다.

◆ 부서 소개

회사 소개 그리고 팀원 소개 다음으로는 부서 소개를 받습니다. 이때 주로 팀장 또는 인사팀 담당자가 회사의 부서들이 어떤 일을 하는지 설명합니다. 이 소개를 통해 부서의 종류를 이해하는 것뿐만 아니라 전체 조직도와 업무 분장 등을 확인하여 조직 내의 위치와 역할을 파악해야 합니다. 마케팅팀은 주로 디자인팀이나 개발팀과 협업하지만, 프로젝트의 종류 및 규모에 따라 다른 부서와도 협업 가능성이 있습니다. 따라서 다른 부서와의 원활한 커뮤니케이션을 위해 각 부서의 리더와 실무자가 누구인지 기억해 두는 것이 좋습니다. 업무 수행에 있어 꼭 필요한 과정이며, 성실한 태도에도 영향을 미칠 수 있으므로 입사 후 2주 이내에 외우는 것을 추천합니다.

업무 환경 설정하기

온보딩 과정이 끝나면 본격적으로 업무를 시작하기 위한 환경 설정이 진행됩니다. 이는 책상, 컴퓨터, 소프트웨어(워드, 파워포인트, 엑셀 등) 및 필요한 도구와 프로그램 등을 확인하고 설정하는 과정을 말합니다. 회사의 규모에 따라 다를 수 있지만, 대체로 인사팀 또는 총무팀에서 기본적인 설정을 해두는 경우가 많습니다. 컴퓨터나 업무에 필요한 기본 소프트웨어가 잘 설치되어 있는지 확인한 후 추가로 필요한 부분이 있다면 담당자에게 요청하면 됩니다. 특히 마케터의 경우 MS Office는 기본적으로 필요한 소프트웨어입니다. 또한, 포토샵, 일러스트레이터 등과 같은 프로그램도 업무와 역할에 따라 필요할 수 있습니다. 자신의 업무와 역할에 맞게 기본적인 환경 설정을 진행합니다.

 업무 환경 세팅 시 반드시 알아두어야 할 것들

업무에 필요한 프로그램을 세팅하는 것도 중요하지만 보고 방법, 보고 절차, 휴가 사용 방법 등과 같은 실질적인 부분도 함께 확인해야 합니다. 이 부분을 놓치면 자잘한 실수로 이어질 수 있어 좋지 않은 평가를 받을 수 있습니다.

- ▸ **보고 방법:** 이메일 발송, 메신저 보고, 구두 및 서면 보고 등
- ▸ **보고 절차:** 서면 보고 후 대면 보고, 온라인 회의 등
- ▸ **보고 주기:** 중간 보고, 최종 보고, 즉시 보고 등
- ▸ **이메일 라인:** 수신자, 참조자, 숨은 참조 라인 등
- ▸ **휴가 사용 방법:** 구두 보고 후 연차 및 월차 신청, 메신저 신청 등

인수인계 받기

신규 입사자는 인수인계를 통해 이전 담당자의 지식, 경험, 노하우 등을 전달받아 마케팅 전략과 프로젝트를 이해해야 합니다. 특히 신입 마케터는 단독으로 프로젝트를 진행하기보다 이전 업무를 이어받아 진행하는 경우가 많으므로 이전까지의 진행 상황과 히스토리를 최대한 자세히 이해하는 것이 중요합니다. 인수인계를 진행하는 담당자는 해당 업무를 잘 이해하고 있고 그만큼 익숙하여 추상적으로 설명할 때가 있습니다. 이는 주로 업무 툴, 협업자, 보고라인 등과 관련된 내용입니다. 하지만, 실수를 최소화하고 실무에 빠르게 착수하기 위해서는 이전까지 진행된 프로젝트의 상황과 진행 상황을 자세히 파악하는 것은 물론이고 아래 3가지 내용을 체크하여 인수인계를 진행하는 것이 좋습니다.

◆ 사이트 및 계정 정보 알아두기

사이트 및 계정 정보는 업무에 활용되는 프로그램 종류와 관련된 것이므로 미리 알아두는 것이 좋습니다. 인수인계를 진행하는 담당자가 정리하여 줄 수도 있지만, 그렇지 않은 경우가 많습니다. 특히 담당자의 자리에서 인수인계가 진행되는 경우에는 놓치기 쉬우니 사이트 주소와 ID, 패스워드 등 계정 정보를 확인하세요. 또한, 일정한 주기로 비밀번호를 변경해야 할 때도 있습니다. 3개월, 6개월, 1년 등의 주기로 비밀번호를 변경하는 것이 일반적입니다. 단독으로 사용하는 경우라면 알아서 변경하면 되지만, 공동으로 사용하는 경우에는 개인의 판단으로 진행해서는 안 됩니다. 상사와 상의하여 비밀번호 변경을 요청하고, 변경할 비밀번호에 대해 의논해야 합니다. 비밀번호를 변경한 이후에는 해당 사이트를 사용하는 다른 직원들을 위해 공유해야 하는 점을 잊지 마세요.

◆ 협업 부서 및 협업자 알아두기

인수인계를 받을 때 협업 부서와 협업자에 관한 정보를 파악하는 것이 중요합니다. 앞서 설명한 것처럼 너무 익숙한 인수인계자의 경우 "개발팀과 함께 작업하면 됩니다."와 같이 추상적으로 설명할 수 있습니다. 이 경우 업무를 인계받아 진행할 때 누구와 협업해야 하는지 알 수 없어 업무 진행이 어려워집니다. 이럴 때는 "어떤 개발자와 주로 협업하셨나요?"라는 질문이나 "개발팀에 ○○○과장님에게 문의하면 될까요?"와 같은 질문을 통해 자세한 답변을 받을 수 있습니다.

◆ 보고 라인 알아두기

원활한 업무 보고를 위해 보고 라인에 대한 구체적인 정보를 알아두는 것이 좋습니다. 일반적으로는 본인-대리-팀장-부장과 같이 통상적인 보고 라인이 있지만, 업무나 프로젝트에 따라 보고 라인이 다를 수도 있습니다. 특히 협업이 많은 마케팅팀의 경우에는 결재뿐만 아니라 공람, 열람 등 추가적인 보고 라인이 필요할 수 있으므로 정확히 알아두는 것이 중요합니다. 잘못된 보고 라인 설정으로 인해 관련 없는 직원에게 정보가 공유될 수도 있고, 반대로 필요한 데이터나 업무 진행 상황이 누락되어 의사 결정과 의사소통에 부정적인 영향을 끼칠 수 있으므로 반드시 유의해야 합니다.

온보딩을 시작으로 업무 환경을 세팅하고 인수인계까지 받고 나면 첫 출근 시 해야 할 업무를 마친 것입니다. 새로운 장소와 낯선 사람들 속에서 첫 출근을 성공적으로 마무리하기 위해서는 많은 노력이 필요합니다. 사실 회사에서 신입 마케터에게 당장 실무에 투입하여 큰 성과를 내거나 조직을 리드하는 것을 기대하지 않습니다. 일에 대한 열정과 배우려는 의지를 기대하는 것입니다. 새로운 도전에 대한 개방적인 마음과 주어진 일에 적극적으로 임하는 모습을 보인다면 사랑받는 신입 사원이 될 수 있을 것입니다.

또한, 신입 마케터에게는 기존 직원들에게서는 찾아볼 수 없는 창의적인 아이디어와 유연성을 기대할 수 있습니다. 이미 회사에 적응한 직원들은 안정적으로 업무를 수행하기를 원하므로 새로운 도전을 선호하지 않습니다. 이와 달리 신입 마케터는 새로운 아이디어를 내고 변화에 대한 유연성을 보여줄 수 있습니다. 이를 통해 다양한 가능성을 발견하고 회사에 기여할 수 있을 것입니다. 자신만의 아이디어를 내고 새로운 결과물을 만들기 위해 도전하는 것을 망설이지 마세요.

바이럴
마케터에 대하여

마케팅의 본질, 바이럴 마케팅

　　여러분은 마케터의 직무가 무엇이라고 생각하는지 궁금합니다. 광고하는 사람, 이벤트를 기획하는 사람, 프로모션을 기획하는 사람 등 다양한 의견이 있을 것입니다. 실제로 마케터는 이러한 업무를 수행하지만, 마케팅에는 여러 가지 종류가 있고 일에 따라 역할과 책임이 다릅니다. 마케터가 정확히 무슨 일을 하는지 모르고 단순히 트렌디한 업무라 생각하고 취업하면 생각했던 것과 너무 다른 현실에 금방 포기하게 될 수 있습니다. 사실 마케터들 사이에서는 속된 표현으로 잡케터라 할 정도로 잡다한 일까지 도맡는 경우가 많습니다. 또, 생각보다 멋있지도 않고, 트렌드에 뒤처지지 않기 위해 매번 필사적으로 노력해야 합니다. 이처럼 마케터의 현실은 상상과 다를 수 있습니다. 그러므로 마케터가 무슨 일을 하는지 정확히 알고 커리어 로드맵을 제대로 설정해야 합니다.

　　마케팅은 수많은 형태로 나뉘지만, 이 책에서는 바이럴 마케팅, 콘텐츠 마케팅, 퍼포먼스 마케팅, 브랜드 마케팅에 관해 이야기하려 합니다. 만약, 어떤 마케팅을 선택할지 결정하지 못한 상태라면 각각의 마케팅이 어떻게 진행되는지 읽어보고 결정해 보세요. 이미 정한 상태라면 내가 생각하는 직무와 맞는지 고민하며 읽는다면 더욱 도움이 될 것입니다.

마케팅의 기본 중 기본, 바이럴 마케팅

바이럴 마케팅은 입소문 마케팅으로 알려져 있습니다. 소셜 미디어, 인터넷을 통해 급속하게 퍼져가는 현상을 이용하여 제품, 서비스, 브랜드 등을 홍보하는 전략입니다. 이처럼 사람들 사이에서 자연스럽게 퍼지는 형태로 이루어지며, 유머, 감동, 유용한 정보 등을 공유하여 주목을 유도합니다. 바이럴 마케터는 바이럴 활동이 잘 일어날 수 있도록 아이디어를 개발하고 콘텐츠를 제작합니다. 또한, 효과적인 홍보로 고객 참여를 유도하기 위해 블로그, 커뮤니티, 카페, SNS 등에서 활동합니다.

바이럴 마케팅은 소비자의 마음을 꿰뚫는 일입니다. 기업의 인위적인 광고 활동이 아닌 소비자의 블로그 후기, 인스타그램 리뷰, 다음/네이버 카페를 통해 여론을 형성하며 전환(결제, 앱 다운로드, 회원가입 등)까지 책임져야 합니다. 가장 이상적인 바이럴 마케팅은 고객이 자발적으로 참여하는 것이지만, 이는 거의 불가능에 가깝습니다. 이때 바이럴 마케터의 개입과 역할이 중요해지며, 주로 체험단 관리, 트래픽 관리(상위 노출), 채널 관리 업무를 중점을 진행합니다.

바이럴 마케터의 주요 업무

◆ 체험단 관리

바이럴 마케터는 블로거, 인스타그래머 등 체험단의 영향력을 활용합니다. 이를 위해 체험단 섭외, 리뷰 및 순위 확인 등을 중점으로 관리하며, 체험단은 크게 배포형 체험단과 방문형 체험단으로 나뉩니다.

배포형 체험단

배포형 체험단은 체험단에게 사진과 원고를 배포하여 콘텐츠를 업로드하는 형태를 말합니다. 체험단은 직접 업체에 방문하거나 제품을 수령하지 않고도 콘텐츠를 제작할 수 있습니다. 이때 바이럴 마케터는 원고를 직접 제작하여 체험단에게 전달하거나 체험단의 콘텐츠를 검수해야 합니다. 그래서 제품이나 서비스의 특징을 잘 이해하고 고객들에게 정확한 정보를 전달하기 위해 노력해야 합니다. 또한, 광고주가 강조하고 싶은 내용도 적절히 반영하면서 광고를 너무 강조하지 않도록 주의해야 합니다.

방문형 체험단

방문형 체험단은 체험단이 업체를 방문하거나 제품을 수령하여 본인이 직접 경험한 내용을 바탕으로 제작합니다. 바이럴 마케터는 원고를 직접 제작하지는 않지만, 체험단이 정확한 내용을 리뷰할 수 있도록 리뷰 가이드를 잘 작성하는 것이 필요합니다. 리뷰 가이드는 회사마다 다르지만, 일반적으로 다음과 같이 진행됩니다.

▼ [블로그 리뷰 가이드 예시]

방문 일시	00년 0월 0일까지
리뷰 기한	00년 0월 0일까지, 만약 기한 조정이 필요하시다면 말씀 부탁 드립니다.
제목 키워드 (필수 키워드)	서울카페, 서울맛집, 서울데이트 셋 중에 1개는 반드시 추가해 주세요.
세부 키워드	강남맛집, 강남맛집추천, 강남가오픈카페 선택 사항이며, 이 외 관련 키워드가 있다면 넣어 주세요.
해시 태그	강남맛집, 강남맛집추천, 강남가오픈카페, 신논현맛집, 신논현카페, 신논현술집, 신논현맛집추천
사진 및 영상	사진은 외관/내부/인테리어/메뉴판 순서대로 10장 이상 넣어주시고, 음식은 5초 이상 영상으로 촬영하여 추가해 주세요.
홍보 포인트	케이크를 잘랐을 때, 치즈가 흐르는 것이 포인트입니다. 흐르는 치즈는 체다치즈 100장을 녹여서 만든 것으로 미국산 유기농 치즈인 만큼 진한 풍미가 일품입니다. 이 부분은 반드시 영상과 사진을 통해 업로드 해주세요.

위처럼 명확한 리뷰 가이드를 전달하면 원하는 결과를 얻을 수 있습니다. 체험단이 알아서 해줄 것으로 생각하고 관리를 허술하게 한다면 리뷰를 삭제하거나 수정하는 등의 불편한 상황이 발생할 수 있으므로 원하는 키워드, 사진, 리뷰 내용, 강조 포인트 등을 최대한 자세히 전달하는 것이 좋습니다. 가끔 본인만의 스타일로 업로드하겠다는 체험단이 있습니다. 이런 경우, 체험단의 블로그 방문자 수, 인스타그램 팔로워 수, 체험단의 성향 등을 종합적으로 파악하여 적정한 협의가 필요합니다. 가이드에 따라 요구하는 것이 가장 이상적이지만, 장기적으로 볼 때 그들도 우리의 잠재 고객 중 하나이기 때문에 서로 얼굴 붉히는 일은 피하는 것이 좋습니다.

◆ 트래픽 관리 (상위 노출)

체험단을 통해 제작된 콘텐츠는 상위에 노출될수록 유리합니다. 10페이지에 노출된 콘텐츠보다 1페이지에 노출된 콘텐츠가 고객들에게 관심을 받을 확률이 높기 때문입니다. 이러한 이유로 블로그, 카페, 지식인 등의 콘텐츠를 상위에 노출하기 위한 작업을 진행하는데, 이를 상위 노출 또는 트래픽 작업이라고 합니다.

트래픽 작업은 블로그나 인스타그램 지수에 따라 자연스럽게 상위에 노출되기도 하지만, 대부분 트래픽 작업이 수반되어야 합니다. 트래픽을 임의로 만들어야 해서 마케터가 직접 진행하는 것은 거의 불가능하며, 대부분 마케팅 대행사나 실행사에 의뢰하여 진행하는 경우가 많습니다. 상위 노출 작업의 비용은 키워드와 노출 영역에 따라 매우 다릅니다. 작업 비용은 십만 원부터 몇백만 원까지 다양하게 발생할 수 있습니다. 작업 전에는 계약서를 통해 기간, 노출 순위, 작업 비용 등에 대한 기록을 남겨두는 것이 좋습니다. 가끔 규모가 작은 회사에서는 계좌이체를 하거나 계약서를 작성하지 않으면 할인 해준다는 경우가 있습니다. 당장 비용 절감에는 도움이 될 수 있지만, 노출 일수를 충족시키지 못하거나 노출 순위를 달성하지 못하는 등 애로사항이 많으므로 조심해야 합니다. 계약서를 쓸 때는 노출 보장 순위와 노출 보장 일수, 가격, AS 항목이 반드시 들어가야 합니다. 다음과 같이 계약 사항을 정리할 수 있습니다.

▸ 노출 일수: 30일 기준 25일 노출 보장

▸ 노출 순위: 네이버 키워드 검색 시, 더보기를 클릭하지 않고 1페이지 노출

▸ 작업 가격: 〈강남카페〉 500,000원

▸ AS: 계약 조건 미이행 시, 미노출된 날만큼 작업 비용 없이 노출 진행

노출 일수는 30일 기준으로 25일 노출 보장이 일반적이고, 노출 순위는 더보기를 클릭하지 않은 1페이지 노출을 기준으로 합니다. 노출 순위나 일수를 채우지 못하면 환불 또는 추가 작업을 통해 계약 조건을 채우는 것이 일반적입니다. 상위 노출 작업은 대행사, 실행사마다 작업 가능 여부와 작업 비용이 매우 다르므로 최대한 많은 업체와 소통하는 것을 추천합니다.

바이럴 마케터의 역할

바이럴 마케터가 더욱 고민해야 하는 것은 콘텐츠를 통해 고객에게 전달하고자 하는 메시지와 티핑 포인트*를 구축하는 것입니다. 고객의 마음을 사로잡을 수 있는 콘텐츠가 상위 노출될 때 앱 다운로드, 홈페이지 가입, 구매 등으로 이어지며 시너지 효과를 낼 수 있기 때문입니다. 반대로 콘텐츠의 내용이 부실하거나 부정적인 내용이 포함된 경우라면 돈과 시간을 낭비한 것이라고 볼 수 있습니다. 같은 작업을 하더라도 매력적인 콘텐츠가 상위에 노출되도록 하는 것이 중요합니다.

몇 년 전까지만 해도 체험단 마케팅, 상위 노출 마케팅이 큰 인기를 얻었습니다. 하지만 최근 고객들의 소비 패턴과 인식이 변화하면서 '내돈내산'과 같은 고객의 리얼 리뷰에만 반응하는 시대가 되었습니다. 그만큼 체험단, 인플루언서의 파급력에 의존하지 않고 고객이 자발적으로 콘텐츠를 만들고 공유할 수 있도록 판을 만들어 주는 것이 중요해진 것입니다. 바이럴 마케터는 이러한 트렌드와 시류를 바탕으로 새로운 형태의 바이럴이 발생할 수 있도록 다양한 시도와 노력하는 자세가 필요합니다.

★　티핑 포인트: 인기가 없던 제품이 갑자기 폭발적인 인기를 끌게 되는 시점이나 계기

바이럴 마케터에게 필요한 능력

◆ 채널 분석 및 침투 능력

바이럴 마케터에게 가장 필요한 것은 채널 파악입니다. 바이럴하고자 하는 채널마다 유저 성별, 연령대, 말투 등 각기 다른 특징이 있습니다. 특히 바이럴 마케팅은 일반 광고와 달리 커뮤니티에 활동하면서 자연스럽게 홍보를 해야 하고, 긍정적 여론을 형성해야 해서 각 채널에 대한 분석이 선행되어야 합니다. 채널 분석 없이 바이럴 콘텐츠를 게시한다면 게시글 삭제는 물론이고 활동 정지, 심한 경우 강제 탈퇴까지 이어질 수 있습니다. 그렇다면 바이럴 마케터는 어떤 식으로 채널을 분석해야 하는지 살펴보겠습니다. 이 방법들은 커뮤니티 외에도 카페, 블로그, 유튜브 등 본인이 관리하는 채널 종류에 맞게 활용할 수 있습니다.

❶**채널 가입**: 대부분 커뮤니티는 회원가입을 해야 게시글을 볼 수 있습니다. 가입 없이도 일부 글을 열람할 수는 있지만, 자세한 분석을 위해서는 회원가입을 하는 것을 추천합니다. 또한, 등업이 되어야 본격적인 활동을 할 수 있습니다. 각 채널에서 제시하는 미션을 수행하여 활동 자격을 얻어야 합니다.

❷**인기 게시글 분석**: 회원가입과 등업을 완료했다면 게시판별 인기 게시물을 분석합니다. 인기 게시물은 채널의 성향과 트렌드를 모두 파악할 수 있는 자료이기 때문입니다. 어떤 주제의 내용인지, 자주 쓰는 단어 또는 말투가 있는지를 분석합니다. 또한, 본문에 달린 댓글의 내용도 중요합니다. 커뮤니티 회원이 공감하는 내용인지, 반박하는 내용인지 분석할 필요가 있으며 댓글 중에서도 어떤 댓글이 지지를 얻고 있는지를 분석하는 것이 좋습니다. 이처럼 인기 게시물, 댓글, 대댓글

등을 살펴보는 것부터 시작해 보세요.

❸**유저 성향 파악**: 인기 게시물, 댓글, 대댓글을 바탕으로 성별, 연령대, 취향, 말투, 주 활동 시간대 등 유저의 성향을 파악할 수 있습니다. 유저 성향을 파악해야만 추후 바이럴 작업을 진행할 때 원활하게 작업할 수 있으니 소홀히 하지 마세요. 또, 채널의 종류가 많아질수록 채널별 특징을 외우기 힘듭니다. 이럴 때는 기록을 남겨두는 것이 좋습니다. 채널명, URL, 회원 수, 성별, 자주 쓰는 단어, 말투 특징 등을 메모장, 워드, 엑셀, 노션 등을 통해 데이터화 하는 것을 추천합니다.

❹**테스트 게시글 작성**: 채널 분석이 어느 정도 진행되었다면 테스트 게시글을 작성해 보세요. 테스트 게시글을 통해 카페 회원들과의 주파수를 맞추는 것이 필요합니다. 특히 첫 게시글은 일상을 주제로 테스트하는 것이 좋습니다. 호불호가 없는 주제이며 부담 없이 작성할 수 있어 유저의 반응을 살피기 쉽습니다. 최근에 방문한 맛집, 카페, 여행 후기 등을 작성해 보세요. 첫 게시물부터 광고성 콘텐츠를 게시한다면 신고를 당하거나 활동 정지될 확률이 높습니다. 그러면 바이럴 활동에도 큰 문제가 될 수 있으니 테스트 게시글을 통해 말투, 주제, 단어 등을 사전에 체크한 뒤 작업하는 것이 좋습니다.

◆ 인플루언서 활용 능력

최근 인플루언서의 파급력이 높아지면서 인플루언서를 활용한 바이럴 마케팅에도 힘써야 합니다. 이 과정에서 바이럴 마케터는 홍보하고자 하는 제품 또는 서비스와 적합한 인플루언서를 매칭하는 능력이 필요합니다. 뷰티 관련 제품이라면 자기 관리에 관심이 많은 20대 여성의 인플루언서가 적합하며, 밀키트 관련 제품이라면 요리, 살림 등에 능숙한 40대 이상의 주부 인플루언서가 적합할 것입니다. 제품과 전혀 관련 없는 이미지의 인플루언서를 활용한다면 광고비 대비 효율이 낮을 수 있고 고객 이탈 등 비용 손실로 이어질 수 있습니다.

 효과적으로 인플루언서 활용하는 방법

위와 같은 상황을 방지하기 위해서는 인플루언서 리스트를 구축하여 광고주나 상사에게 공유하는 것이 좋습니다. 진행하고자 하는 인플루언서 협찬 수량의 3배에서 5배수를 서칭하여 그중에서 선택하게 하는 것이죠. 만약 1건을 진행한다면 3명에서 5명의 리스트를 전달합니다. 단, 단순히 수량 채우기를 위한 인플루언서가 아닌 브랜드가 추구하고자 하는 지향점이 비슷한 인플루언서를 위주로 리스트업하는 것이 중요합니다. 그러면 상사나 광고주 입장에서는 원하는 인플루언서를 보다 쉽게 선택할 수 있고 바이럴 마케터 입장에서도 책임에 대한 부담을 덜 수 있습니다.

만약, 마케팅 대행사의 바이럴 마케터라면 인플루언서의 컨택 포인트(이메일, 전화번호 등 연락처)를 광고주에게는 공유하지 않아야 합니다. 인플루언서의 연락처를 오픈하게 되면 광고주가 직접 진행할 확률이 높고, 광고 수익에 대한 피해를 입을 수 있기 때문입니다. 이 외에도 바이럴 마케터는 인플루언서의 정보를 주기적으로 업데이트 해야 합니다. 인플루언서는 광고비, 광고 기간, 광고 조건 등이 정해져 있지 않고, 이 조건은 수시로 바뀔 수 있으므로 최소 3개월에 한번은 업데이트 하는 것이 좋습니다.

◆ 트렌드 파악 능력

바이럴 마케팅은 광고비 대비 효율이 높은 채널 중 하나입니다. 하지만 모든 바이럴이 성공적으로 이어지지는 않습니다. 어떤 채널에 어떤 콘텐츠를 활용하느냐에 따라 매우 상이하기 때문에 바이럴 마케터의 역량이 중요합니다. 성공적인 결과를 만들어내기 위해서는 다양한 트렌드를 캐치하고 이를 브랜드에 적용할 수 있는 능력이 필요합니다. 이를 위해서는 타깃 고객들이 어디서 활동하는지, 어떤 콘텐츠에 민감하게 반응하는지, 어떤 밈(Meme)이 대세인지 등을 파악하여 적절하게 활용하는 것이 중요합니다. 트렌드에 너무 앞서가거나 너무 뒤처진다면 고객의 공감을 이끌어 낼 수 없고, 광고 효율이 낮아질 수 있으므로 시기적절하게 트렌드를 활용할 수 있는 바이럴 마케터의 센스도 중요합니다.

트렌드를 파악하는 가장 효과적인 방법은 다양한 채널을 통해 고객의 반응을 살펴보는 것입니다. 인스타그램, 페이스북, 트위터 등에서 어떤 콘텐츠가 인기 있는지, 어떤 댓글이 많이 달렸는지 등을 살펴보면 현재 고객이 관심 있는 주제와 트렌드를 파악할 수 있습니다. 또한, 유튜브에서 인기 있는 영상을 살펴보는 것도 좋은 방법입니다. 유튜브에서는 다양한 주제의 영상이 올라오기 때문에 고객이 관심 있는 분야를 파악할 수 있습니다.

저는 네이버 데이터를 자주 활용합니다. 네이버 키워드 검색량을 통해 검색하는 고객의 연령대, 성별, 디바이스 등을 확인할 수 있고, 네이버 데이터랩을 활용하여 검색어 트렌드도 확인할 수 있습니다. 이를 바탕으로 고객이 필요로 하는 제품이나 서비스를 생각할 수 있고, 광고 소재와 연결하여 광고 효율을 높이는 데에도 활용할 수 있습니다. 중요한 것은 트렌드를 분석하는 행위에 만족할 것이 아니라 '왜' 고객이 그 채널에, 콘텐츠에 열광하는지 파악하는 것이 중요합니다.

바이럴 마케터 준비하기

바이럴 마케터가 되기 위해서는 다양한 채널의 특징을 잘 알고 있어야 하기 때문에 채널 운영과 활동 경험이 매우 중요합니다. 블로그 운영 경험이나 카페, 커뮤니티 활동 경험이 있다면 바이럴 마케터로 커리어를 시작하는데 긍정적으로 작용할 것입니다.

◆ 블로그 운영

신입 바이럴 마케터로 입사하면 블로그를 담당할 확률이 높습니다. 바이럴 마케터가 담당하는 채널 중 가장 쉽게 접근할 수 있으며 리스크가 낮은 채널이기 때문입니다. 그러므로 블로그 운영 경험이 있다면 콘텐츠 제작 및 기획, 콘텐츠 확신 전략에 대한 경험을 강조해 보세요.

콘텐츠 제작 및 기획

블로그 운영은 콘텐츠 제작과 기획에 관련된 경험을 쌓을 기회를 제공합니다. 블로그 특성상 채널을 활성화하기 위해서는 게시물을 발행해야 하며, 그 과정에서 콘텐츠 기획 및 제작 경험을 자연스럽게 쌓을 수 있습니다. 이처럼 본인이 직접 콘텐츠 제작과 기획에 참여한 경험은 추후 바이럴 마케터가 된 이후에도 광고하고자 하는 제품 또는 서비스를 최대한 매력적으로 제작할 수 있으며, 고객 반응을 일으키는 데 유리하게 작용할 것입니다. 더 나아가 블로그를 직접 운영한 경험을 바탕으로 블로거의 입장에서 생각할 수 있으며, 블로거와 단가 및 노출 기간 등을 협상하는 단계에서 원활하게 소통할 방법을 터득할 수 있습니다.

콘텐츠 확산 전략

바이럴 마케터는 단순히 콘텐츠를 생산하는 것뿐만 아니라 해당 콘텐츠가 어떤 결과를 만드는지 주기적으로 모니터링해야 합니다. 발행한 블로그 글이 어떤 위치에, 어떤 키워드로, 어떤 순위로 노출되는지를 분석하고 더욱 높은 순위에 노출될 수 있도록 해야 합니다. 최적화 작업을 통해 콘텐츠 확산에 대한 감을 쌓을 수 있으며, 블로그 통계를 활용하여 콘텐츠 데이터 분석 능력을 키울 수 있습니다. 이 과정에서 어떤 콘텐츠가 상위에 노출되는지와 같은 상위 노출 로직을 파악할 수 있고, 이는 실무에도 밀접한 연관이 있을 것입니다. 이러한 능력은 바이럴 마케터로서 성공하기 위한 필수 요소입니다.

◆ 카페, 커뮤니티 활동 경험

블로그 운영 경험 외에도 네이버 및 다음 카페나 온라인 커뮤니티 활동은 바이럴 마케터로서의 역량을 향상시킬 수 있습니다. 카페, 커뮤니티 활동을 적극적으로 참여한 바이럴 마케터는 커뮤니티의 특성과 규칙을 바탕으로 다양한 바이럴 마케팅 전략을 구축할 수 있으며, 특히 고객 상호작용과 고객 니즈 파악에 유리합니다.

고객 상호 작용

바이럴 마케팅은 고객과의 소통이 가장 중요한 마케팅 기법입니다. 바이럴 자체가 입소문이라는 뜻으로 소통 과정에서 발생하는 것이기 때문입니다. 카페 커뮤니티의 일원으로 댓글, 대댓글, 투표 참여 등과 같이 적극적으로 활동한 경험이 있다면 고객의 요구와 흥미를 파악하기 유리하며 바이럴 콘텐츠를 개발하고 관리하는 데에 용이할 것입니다. 또한, 카페 및 커뮤니티는 소통과 공유가 활발한 곳입니다. 다른 회원들과의 소통을 통해 어떤 콘텐츠가 회원들 사이에서 공유가 많이 일어나는지를 파악하고, 이를 바탕으로 바이럴 마케팅 전략을 개발할 수 있습니다.

고객 니즈 파악

네이버 카페나 온라인 커뮤니티를 통해 다양한 관심사와 주제에 대해 고객 피드백을 직접 접할 수 있습니다. 최근에는 커뮤니티에 올라오는 후기를 바탕으로 제품이나 서비스를 개선하는 회사가 많아지고 있습니다. 커뮤니티 후기는 고객의 진짜 목소리를 들을 수 있는 곳이기 때문입니다. 이처럼 커뮤니티를 적극적으로 활동한 경험을 바탕으로 고객 니즈를 파악할 수 있고, 고객 친화적인 마케팅 전략을 세울 수 있으며, 고객과 더욱 친밀하게 소통할 수도 있습니다. 이 외에도 유행어, 밈(Meme), 짤 등을 통해 고객이 어떤 콘텐츠를 소비하고 어떤 콘텐츠에 반응하는지를 파악할 수 있으며 이를 업무에 적용하면 더욱 효과적일 것입니다.

콘텐츠
마케터에 대하여

기획과 제작의 조화, 콘텐츠 마케팅

콘텐츠 마케팅은 고객에게 이미지, 동영상으로 브랜드의 핵심 가치를 전달하여 팬덤을 형성하기 위한 장기적인 마케팅 전략을 말합니다. 회사 규모마다 업무의 범위가 다르지만, 크게는 SNS 콘텐츠 기획, 언론홍보(인터넷 뉴스), 카피라이팅 등을 포함하여 회사에서 제작하고 발행하는 모든 콘텐츠에 관여합니다. 여기서는 콘텐츠 마케터의 주요 업무와 함께 콘텐츠 마케터가 되기 위해 준비해야 할 것이 무엇인지 살펴보겠습니다.

콘텐츠 마케터의 주요 업무

◆ SNS 콘텐츠 기획 및 제작

최근 소비자의 구매 형태는 대부분 SNS를 통해 이루어지고 있습니다. SNS 채널만 관리하는 직무가 있을 정도로 SNS 채널에 대한 중요도가 높아지고 있으며, 이에 따라 콘텐츠 마케터의 SNS 운영 능력이 매우 중요한 역할로 여겨지고 있습니다. 콘텐츠 마케터는 블로그, 카페, 페이스북, 인스타그램, 트위터, 틱톡, 유튜브 등 마케팅 목적과 목표에 따라 다양한 채널에 콘텐츠를 관리하며, SNS 관리 업무는 크게 콘텐츠 기획 및 제작, 게시물 관리, 고객 관리, 성과 분석으로 나눌 수 있습니다.

콘텐츠 기획 및 제작

콘텐츠 마케터는 SNS에 게시할 콘텐츠를 기획하고 제작합니다. 이미지, 동영상, 인포그래픽, 글 등 다양한 형태의 콘텐츠를 활용하여 브랜드 메시지를 전달하며 고객의 관심을 끌 수 있도록 합니다. 특히 인스타그램, 페이스북, 유튜브, 트위터 등 각 포맷의 특징을 이해하여 적절한 콘텐츠를 기획하는 것이 중요합니다. 최근에는 텍스트, 이미지보다 인스타그램 릴스, 유튜브 숏츠 등 영상 콘텐츠의 수요가 증가함에 따라 트렌드에 맞는 콘텐츠를 기획하는 것도 필요합니다.

게시물 관리

게시물 관리는 SNS 채널을 원활하게 관리하기 위해 업로드 일정, 해시태그 등을 관리하는 업무입니다. 고객에게 효과적으로 노출될 수 있도록 적절한 업로드 시간대를 선정하고 업로드 주기에 맞춰 콘텐츠 주제도 선별해야 합니다. 최근에는 SNS의 알고리즘 변경 주기가 짧아지고 있어 이를 대처하기 위해 정보를 수시로 업데이트하며 경쟁사 분석도 놓치지 말아야 합니다.

고객 관리

SNS의 꽃은 '커뮤니티'입니다. SNS 콘텐츠의 성과는 곧 커뮤니티에서 파생되기 때문입니다. 고객과의 내적 친밀감을 쌓기 위해 댓글, 대댓글, DM 등 커뮤니티 활동에 적극적으로 참여하여 브랜드에 대한 호감을 만들어야 합니다. SNS 팔로워를 대상으로 별도의 이벤트를 진행하거나 인스타툰, 라이브 방송 등을 활용하여 고객들과 친밀해지는 것도 하나의 방법입니다. 최근에는 인스타그램 스토리, 질문, 투표 등 다양한 기능을 활용하여 고객 의견에 관심을 기울이고 있는 브랜드가 많아지고 있는 것이 특징입니다.

성과 분석

콘텐츠 마케터는 업로드된 SNS 게시물의 성과를 분석하고 측정해야 합니다. 좋아요, 댓글, 공유, 저장하기 등의 성과를 모니터링하고, 인사이트 및 분석 도구를 활용하여 SNS의 효과를 평가할 수 있습니다. 예전의 콘텐츠 마케터는 단순히 콘텐츠를 기획하고 업로드하는 것에서 멈췄다면, 최근에는 성과를 바탕으로 계획을 수정하거나 개선할 수 있도록 하는 성과 분석도 매우 중요한 역할을 하고 있습니다. 따라서 성과 분석을 하기 위해 마케팅 툴을 활용할 수 있는 스킬도 필요합니다.

이처럼 콘텐츠 마케터는 채널별 특성을 이해하고 각 단계에 맞춰 콘텐츠를 관리할 수 있어야 합니다. 또한, 트렌드를 빠르게 캐치할 수 있는 능력도 필요합니다. 트렌드를 반영한 SNS 콘텐츠의 파급력은 높은 광고비 없이도 팬덤을 형성할 수 있는 최적의 방법이기 때문입니다. 이를 위해 콘텐츠 마케터는 단순히 트렌드를 알고 있는 것에서 멈추지 않고 브랜드와 연계하여 메시지를 전달할 수 있어야 합니다.

◆ 보도자료 기획

보도자료는 언론과 대중에 기업의 메시지를 전달하는 수단으로 정교한 기획력이 필요하여 콘텐츠 마케터가 담당하는 회사가 많습니다. PR팀(홍보팀)이 없다면 콘텐츠 마케터가 송출까지도 관리합니다. 보도자료 송출은 대표의 지인 및 임원진들의 인맥을 통하는 경우가 많습니다. 크몽이나 숨고 등의 플랫폼을 활용하여 외주를 맡길 수도 있습니다. 적게는 10만 원부터 메이저 언론사의 경우 몇십, 몇백만 원까지 다양합니다. 어떤 채널에 송출되었는지보다 어떤 내용으로 구상하였는지가 중요한데요. 보도자료를 통해 브랜드의 메시지를 효율적으로 전달하기 위해서는 최신성, 정확성, 이슈성 세 가지가 포함되어야 합니다.

 콘텐츠 마케터가 되려면 디자인을 꼭 할 수 있어야 한다??

회사 규모가 크거나 디자인 팀이 있다면 콘텐츠 마케터가 디자인 제작까지 관여하지 않아도 됩니다. 하지만 회사 규모가 작거나 디자인 팀이 없다면 콘텐츠 마케터가 디자인 제작까지 해야 할 수도 있습니다. 기획과 제작 업무를 동시에 해야 하므로 포토샵, 일러스트레이터와 같은 디자인 툴 사용 능력을 갖춰야 유리합니다. 최종 결과물까지 제작해야 한다면 디자이너 수준의 정교한 스킬이 요구될 수 있습니다. 콘텐츠 기획 능력은 있으나 제작 능력이 없다면 크몽, 노트폴리오, 라우드소싱 등을 통해 외주 디자이너와의 작업을 통한 디자인 제작도 가능합니다. 디자인 제작 의뢰 비용이 부담스럽거나 외주 디자인이 불필요하다면 미리캔버스, 캔바와 같은 무료 디자인 사이트를 활용하는 것도 방법이 될 수 있습니다. 최근에는 피그마(Figma)를 활용하는 경우가 많아지고 있습니다. 포토샵, 일러스트레이터와 비교하면 사용 방법이 직관적이며, 전문가 수준의 지식을 요구하지 않기 때문에 쉽고 빠르게 디자인 작업을 할 수 있습니다.

최신성

최신 정보를 제공하는 것은 경쟁력을 유지하고 선도하는 데 중요합니다. 빠르게 변화하는 비즈니스 시장에서 최신 동향과 업계 소식을 제공하는 브랜드는 경쟁사에 비해 더 나은 인지도와 시장 장악력을 갖게 됩니다. 이를 위해 콘텐츠 마케터는 최근에 론칭한 브랜드 소식, 신제품 또는 업데이트된 서비스, 새롭게 진행하는 이벤트 및 프로모션 등을 중점으로 내용을 구성하는 것이 좋습니다. 이러한 최신성은 SEO* 작업에도 긍정적으로 작용하여 포털사이트 노출을 용이하게 합니다.

정확성

보도자료는 자체 콘텐츠와는 달리 한 번 송출되면 수정하기가 어렵거나 불가능합니다. 그만큼 보도자료 채널은 공신력이 있어 콘텐츠 마케터는 소비자에게 정확한 정보를 제공할 수 있도록 노력해야 합니다. 이를 위해서는 타 부서의 협조가 필요합니다. 회사에서 진행하는 내용을 다룰 때는 콘텐츠 마케터가 초안을 기획하면 각 담당 부서에서 내용이 정확한지를 체크한 뒤 정확한 피드백을 줄 수 있어야 합니다. 때에 따라서는 대표 또는 임원진의 체크가 필요할 때도 있습니다.

이슈성

고객은 브랜드가 제공하는 유익하고 흥미로운 정보에 관심을 가지며, 최신 동향과 트렌드에 대한 인사이트를 얻고자 합니다. 브랜드의 이슈를 적극적으로 설명하는 보도자료는 고객의 관심을 이끌고 홈페이지 유입, 전화 문의, 이벤트 참여 등 전환까지 활용될 수 있습니다.

★   SEO: Search Engine Optimization, 검색엔진최적화라는 뜻으로 검색 페이지에서 검색할 때, 웹 페이지가 상위에 노출될 수 있도록 하는 것. 트래픽이 높아지거나 사용자가 많아지게 되면 노출 순위도 올라가게 됨.

◆ 카피라이팅

콘텐츠 마케터는 SNS 채널뿐만 아니라 회사가 운영하는 모든 채널의 카피라이팅을 담당합니다. 홈페이지, 자사몰, 스마트 스토어, 협력 업체 대상의 공문, 뉴스레터 등을 통해 기업의 메시지를 잘 전달할 수 있도록 하는 것이 중요하며, 주요 카피라이팅 업무로는 브랜드 슬로건 기획, 팝업 및 배너 문구 제작, 이벤트 페이지 기획, 상세 페이지 기획 등이 있습니다. 카피라이터로서의 콘텐츠 마케터는 제품 또는 서비스의 소구점을 발견하여 핵심 메시지를 도출할 수 있는 통찰력이 중요하며, 제작한 콘텐츠의 논리를 명확하게 전달할 수 있어야 합니다. 또한, 스토리텔링을 통해 고객을 설득할 수 있는 기획력도 동반되어야 합니다. 이를 바탕으로 1+1 증정, 50% 할인과 같은 통상적인 문구가 아닌 브랜드의 메시지와 철학을 전달할 수 있도록 노력해야 합니다.

그 외 업무

◆ 콘텐츠 전략 계획 수립

콘텐츠 마케터는 콘텐츠 전략을 수립하여 고객들의 문제를 발견하고 해결할 수 있어야 합니다. 이를 위해서는 브랜드의 Owned Media(온드미디어, 브랜드 자체 채널)에 주기적인 콘텐츠 발행이 필요하며, 장기적으로는 콘텐츠 개선 방안을 도출할 수 있어야 합니다. 특히 요즘은 채널마다 고객의 특징과 활동 패턴이 달라 채널별 콘텐츠 마케팅 전략을 별도로 수립하여 실행할 수 있도록 하는 것이 필요합니다. 예를 들어, 틱톡과 X(전 트위터)를 통해서는 10대 잠재 고객을 유치하고, 인스타그램으로는 2~30대 타깃 고객과의 유대감을 다지며, 네이버 카페 및 유튜브 등을 통해서는 4~50대 실버 고객을 확보하는 것과 같은 채널 전략이 필요합니다.

◆ 신규 채널 및 콘텐츠 발굴

새로운 채널과 유형의 콘텐츠를 발굴하는 것 역시 중요합니다. 특히 다양한 테스트와 가설을 통해 Non-paid 채널(광고비를 내지 않는 채널)을 최대한 많이 확보하여 효율적으로 관리할 수 있도록 해야 하며, 기존과는 다른 유형의 콘텐츠를 통해 성과를 개선해야 합니다. 이를 위해서는 A/B 테스트를 통해 콘텐츠의 방향성을 도출하고, 경쟁사의 콘텐츠와 채널을 주기적으로 모니터링해야 합니다. 또한, 인스타그램 인사이트, 구글 GA, 홈페이지 대시보드 등을 통해 고객 데이터와 인사이트를 바탕으로 의사 결정을 해야 합니다. 테스트를 통해 신규 채널, 콘텐츠에 대한 검증을 마쳤다면 공식적으로 실행될 수 있도록 해야 합니다. 업로드 주기, 콘셉트, 타깃 기획 등 채널 최적화 작업을 통해 안정화에 접어들 수 있도록 사후 관리까지 담당해야 합니다.

◆ 캠페인 기획 및 진행

콘텐츠 마케터는 자사 제품 및 서비스와 관련된 캠페인을 기획하여 진행합니다. 이때 중요한 점은 가격 할인이나 1+1 증정과 같은 일회성 이벤트가 아니라 콘텐츠를 통해 브랜드에 대한 호감을 느끼고 고려 대상 브랜드로 인지할 수 있도록 긍정적 경험을 제공하는 것입니다. 최근 많은 기업이 콘텐츠 캠페인에 큰 노력과 투자를 기울이고 있습니다. 통신사 브랜드 B사에서는 직장 내 가스라이팅, 상사의 갑질 등과 같은 주제를 바탕으로 타깃 고객과 소통할 수 있도록 콘서트 형태의 인터뷰를 운영하기도 하며, 고객의 사연을 직접 받아 시리즈로 재현하여 고객 충성도와 리텐션(고객의 이탈률을 최대한 낮추는 전략 유지 기법)을 개선해 나가고 있습니다. 콘텐츠 마케터가 진행하는 캠페인은 매출, 신규 고객 유입, 가입자 수 등과 같은 정량적 성과보다 정성적 성과의 비중이 높을 수 있으며, 단기적 시책보다는 장기적 관점으로 바라봐야 하므로 큰 인내심을 요구할 수 있습니다. 이에 대해 콘텐츠 마케터는 스스로 동기부여 하는 등 업무와 성과에 대한 균형을 잘 조율해야 할 것입니다.

콘텐츠 마케터에게 필요한 능력

◆ 콘텐츠 제작 능력

콘텐츠 기획과 더불어 제작 능력까지 겸비한다면 경쟁력을 갖출 수 있습니다. 특히 디자인이나 영상 툴 활용 능력을 갖추고 있다면 더욱 좋습니다. 이미지 제작 및 편집은 포토샵(Photoshop), 일러스트레이터(Illustrator), 인디자인(InDesign)을 활용하는 것이 일반적이며, 영상 관련 업무는 프리미어 프로(Premiere Pro), 에프터 이펙트(After Effects), 파이널 컷(Final Cut) 등을 활용할 수 있습니다. 툴 활용 능력이 부족하다면 템플릿을 지원하는 프로그램을 활용할 수도 있습니다. 이미지 편집으로는 미리캔버스(Miri Canvas), 캔바(Canva), 라이트룸(Light Room)이 있으며, 동영상 편집은 브루(Vrew), 비타(Vita) 등의 서비스를 활용하여 컷 편집, 자막 생성 등을 쉽고 빠르게 처리할 수 있습니다. 외에도 사진촬영에 능통하거나 DSLR 등 전문가 수준의 장비를 보유하여 지원할 수 있다면 최대한 어필하는 것도 좋은 방법입니다.

◆ 글쓰기 능력

콘텐츠 마케터는 브랜드 활동에 필요한 모든 카피라이팅에 관여합니다. 그러므로 문서 작성, 카피라이팅, 비즈니스 메시지 등과 같은 글쓰기 능력이 필요합니다. 특히 콘텐츠 마케터는 내부 직원, 고객, 외부 협력사 등 다양한 분야의 글을 작성해야 합니다. 그러므로 분야별 특성을 파악하고 이에 맞게 글을 작성할 수 있는 능력을 갖춰야 하며, 특히 글을 읽는 사람을 집중시키고 원하는 행동을 유도할 수 있도록 후킹하는 메시지를 통해 효과적으로 전달할 수 있어야 합니다. 더 나아가 정성적, 정량적 데이터를 바탕으로 논리적인 기획이 필요하고, 이를 글로써 전달할 수 있어야 합니다. 다만, 글쓰기 능력은 갑자기 생겨나는 것이 아닙니다. 수많은 노력과 투자를 통해서만 얻을 수 있는 영역인 만큼 본인이 글쓰기 실력이 부족하다면 이를 보완할 수 있도록 글쓰기 교육이나 여러 프로그램을 통해 실력을 쌓아야 합니다.

◆ 트렌드 분석 능력

콘텐츠 마케터는 그 누구보다 먼저, 많은 고객과 소통하는 직무인 만큼 평소에 신규 마케팅 기법과 모바일 트렌드에 민감한 사람이 유리합니다. 또한, 커뮤니티 채널의 이해도가 높고 신조어, 유행어, 크리에이터, 인플루언서 등에 관심이 많다면 콘텐츠 마케터로서 좋은 영향을 미칠 것입니다. 이 외에도 인사이트를 수용할 수 있는 능력이 중요합니다. 이를 위해서는 채널을 통해 직접 고객 소스를 얻어야 하기 때문에 스스로 다양한 채널에서 활동하는 것에 대한 거부감이 없어야 합니다.

트렌드 분석은 글쓰기와 달리 본인의 노력 여부에 따라 얼마든지 개선할 수 있습니다. 저 역시 트렌드에 둔감해서 동료들에게 뒤처지지 않기 위해 노력했습니다. 트렌드 서칭 방법은 여러 가지가 있지만, 저는 인터넷과 플랫폼을 활용하여 효율적으로 습득하려 했습니다. 개인적으로 도움받았던 채널을 공유합니다.

▼ [일상이 트렌드가 되는 채널 공유]

분류	서비스명	링크
실시간 트렌드	구글 트렌드	https://trends.google.co.kr/trends
	네이버 데이터랩	https://datalab.naver.com
디자인 인사이트	핀터레스트	https://www.pinterest.co.kr
	노트폴리오	https://notefolio.net
	비핸스	https://www.behance.net
제목/리드 카피라이팅	TVCF	https://tvcf.co.kr
	유튜브 섬네일	https://www.youtube.com
MZ 트렌드	캐릿	https://www.careet.net
	대학내일 20대연구소	https://www.20slab.org
마케팅 트렌드	일일일	https://oneoneone.kr
	MIX	https://mix.day
	커리어리	https://careerly.co.kr
	요즘 IT	https://yozm.wishket.com
	퍼블리	https://publy.co

콘텐츠 마케터 준비하기

마케터가 되기 위해서는 실무 경험이 가장 중요하지만 현실적으로 신입 마케터가 전문적인 경험을 쌓기란 쉽지 않습니다. 하지만 콘텐츠 마케터라면 이야기가 달라집니다. 실무 경험을 쌓는 데는 시간이 걸리지만, 콘텐츠 마케터는 개인 차원의 활동을 통해서도 충분히 역량을 어필할 수 있기 때문입니다. 따라서 콘텐츠 마케터로 취업을 희망한다면 다음과 같은 활동을 통해 역량을 쌓고 자신만의 콘텐츠를 만들어 보세요.

◆ SNS 채널 운영

콘텐츠 마케터의 주요 업무 중 하나가 바로 SNS 채널 관리입니다. 대부분 기업이 채널 운영 경험을 요구하기 때문에 블로그, 인스타그램, 유튜브 등을 통해 채널 관리 경험을 쌓아 두는 것이 좋습니다. 또, 개인 SNS 채널을 통해서 콘텐츠 마케터로서 역량을 어필할 수도 있습니다. 콘텐츠 내용은 기획 능력을 어필할 수 있고, 이미지 자료를 통해서는 콘텐츠 제작 스킬을 알릴 수 있습니다. 업로드 주기가 촘촘하다면 꾸준함과 꼼꼼함을 앞세울 수도 있으며, 댓글 관리를 통해서 커뮤니티 관리 능력도 어필할 수 있습니다. 개인 SNS 채널의 팔로워 수, 좋아요 수가 높다면 기업 계정을 운영할 때도 충분히 좋은 파급력을 일으킬 수 있습니다.

다만, 개인의 일상이나 브이로그와 같이 직무와 관련 없는 SNS는 큰 의미가 없습니다. 회사에서 필요한 것은 콘텐츠 마케터로서의 전문 지식과 실무 능력이기 때문입니다. 이를 위해서는 회사 또는 직무와의 연관성이 있는 것이 좋습니다. 마케팅 트렌드를 스크랩하거나 영감 리소스를 아카이브하고, 예비 마케터로서의 인사이트 등을 카드 뉴스 형태로 제작해서 올린다면 기획력과 디자인 능력을 보여줄 수 있을 것입니다. 가장 중요한 것은 SNS 운영 경험을 회사에 어떻게 활용할 것인가입니다. 개인 SNS 채널 운영 경험을 바탕으로 콘텐츠 마케터로서 어떤 능력을 보유하게 되었고, 회사에는 어떤 부분을 기여할 수 있는지에 대한 답변을 함께 구상해보기 바랍니다.

◆ 디지털 상품 판매 경험

최근에는 직접 창업에 도전한 경험이나 크라우드 펀딩, 전자책을 출간한 경험을 바탕으로 취업의 문을 두드리는 지원자가 많아지고 있습니다. 특히 지식 창업 분야는 무자본으로도 창업할 수 있어 많은 분의 사랑을 받고 있습니다. 여기서 말하는 창업이나 펀딩은 매장을 오픈하거나 애플리케이션 서비스 론칭처럼 거창한 것만이 아니라, 노션이나 디자인 템플릿을 만들어 판매하거나 커뮤니티를 운영하여 수익을 창출하는 것을 말합니다. 특히 이런 경험은 콘텐츠 마케터로서 상품 기획, 글쓰기, 홍보 및 데이터 관리 등을 체험할 수 있어 개인 활동임에도 불구하고 전문성을 갖출 수 있게 됩니다. 지식 창업, 크라우드 펀딩, 전자책 출시, 커뮤니티 운영 등 디지털 상품을 기획하고 판매한 경험이 있거나 계획이 있다면 적극적으로 활용해 보기 바랍니다.

퍼포먼스
마케터에 대하여

마케팅팀의 영업 사원, 퍼포먼스 마케팅

퍼포먼스 마케팅은 유의미한 데이터를 발견하고 가공한 후 해당 데이터 기반으로 의사를 결정하는 성과 중심의 마케팅 기법을 말합니다. 퍼포먼스 마케터는 주어진 마케팅 예산 안에서 최대한의 효율을 내기 위해 광고 채널, 광고비, 소재 등을 수시로 모니터링하며 사소한 수치 변화에도 민감해야 합니다. 최근에는 AI의 고도화, 자동화 시스템, 개인정보보호 강화 등으로 퍼포먼스 마케터의 입지가 불안정하다는 일부 목소리도 있지만, 기업에서는 여전히 퍼포먼스 마케팅의 비중을 높이고 있습니다. 특히 즉각적인 성과를 증명해야 하는 스타트업, 신사업에서는 가장 각광 받는 분야입니다.

퍼포먼스 마케터는 제품이나 서비스를 고객에게 판매하고 이익을 창출하기 위해 노력합니다. 또한, 목표 달성을 위해 데이터 분석과 성과 측정을 중요시하며, 마케팅 전략과 광고를 통해 고객의 관심을 유도하고 구매로 이어지도록 하는 역할을 맡습니다. 이러한 이유로 퍼포먼스 마케터는 마케터 계의 영업사원으로도 불리웁니다. 퍼포먼스 마케터가 되기 위해서는 어떤 것을 준비해야 하는지 살펴보겠습니다.

퍼포먼스 마케터의 주요 업무

◆ 채널별 광고 세팅

퍼포먼스 마케터의 가장 중요한 업무는 광고 채널을 통해 성과를 창출하는 것으로, 각 광고 채널의 특성을 고려하여 적합한 광고를 설정해야 합니다. 광고의 종류와 채널은 다양하며, 퍼포먼스 마케터가 주로 관리하는 광고 형태로는 SA, DA, nCPI 광고, 리타깃팅 광고 등이 있습니다.

SA(Search AD: 검색 광고)

SA라고 불리는 키워드 검색 광고는 네이버 키워드 광고, 구글 키워드 광고, 다음 검색 광고 등이 있습니다. 간단히 설명하면 사용자가 포털 사이트에서 특정 키워드를 검색하면 해당 키워드와 관련된 콘텐츠가 네이버 파워링크, 구글 스폰서, 다음 프리미엄링크 영역에 노출됩니다. SA 광고는 키워드의 종류, 산업의 카테고리, 시즌, 시간대 등에 따라 키워드 단가가 상이합니다. 최소 70원부터 시작하여 최상단에 노출되기 위해서는 수백만 원까지 투자해야 할 수도 있습니다. 퍼포먼스 마케터는 이러한 요인을 고려하여 고효율 키워드를 선별하고 광고비를 최소화하면서도 높은 노출 순위를 유지할 수 있는 키워드를 지속적으로 발굴하는 것이 중요합니다.

▲ [구글 SA 노출화면 – 스폰서]　　　▲ [네이버 SA 노출화면 – 파워링크]

DA(Display AD: 이미지 및 동영상 광고)

　　DA는 이미지 또는 동영상을 활용하여 광고를 집행하는 것을 말합니다. 뷰티, 패션, 음식 등 제품 중심의 광고뿐만 아니라 카페 창업, 프랜차이즈, 가맹점 오픈 등 외식업 분야에도 적극적으로 활용됩니다. DA 광고는 포털사이트, 유튜브와 같은 동영상 플랫폼, 각종 사이트, 뉴스 콘텐츠 등을 통해 노출하는 것으로 배너 광고를 말합니다. 이미지, 동영상 등을 통해 직관적으로 메시지를 전달할 수 있으며, 고객의 반응이 실시간으로 발생합니다. 또한, 배너를 클릭하면 지정한 URL로 연결되며 이후 고객의 활동을 추적할 수 있습니다. 이와 같은 이유로 DA는 다른 채널에 비해 비교적 수월하게 데이터를 구축할 수 있는 장점이 있습니다. 하지만, DA는 비주얼 중심의 광고로써 브랜드에 관심이 없는 고객도 단순한 호기심으로 배너를 클릭할 가능성이 높습니다. 이로 인해 광고비가 추가로 발생하므로 무효한 클릭당 비용에 대해 고민해볼 필요가 있습니다.

nCPI 광고(Non-incentivized Cost Per Install, 비보상형 광고)

모바일 퍼포먼스 마케팅 시장은 보상형 광고(CPI)와 비보상형 광고(nCPI)로 구분됩니다. 보상형 광고는 사용자에게 보상을 제공하고 특정 결과를 얻는 광고 형태입니다. 사용자가 앱을 설치한 후 이모티콘, 쿠폰, 포인트 등의 보상을 제공하여 원하는 행동을 유도하는 방식이 이에 해당합니다. 비보상형 광고는 특별한 보상 없이 앱 설치나 앱 설치 후 행동을 유도하는 광고를 의미합니다.

퍼포먼스 마케터는 목표 달성을 위해 주로 비보상형 광고에 집중합니다. 보상형 광고는 보상을 제공하기 때문에 짧은 시간 내에 결과를 얻을 수 있는 장점이 있지만, 사용자 대부분이 보상만 받고 앱을 삭제하거나 가입을 탈퇴하는 등 이탈할 가능성이 있습니다. 또한, 보상을 제공해야 하므로 추가 비용이 발생합니다. 앱 순위를 급하게 올려야 하거나 다운로드 수, 회원 수를 늘려야 하는 경우가 아니라면 일반적으로 비보상형 광고에 집중하는 것이 좋습니다.

nCPI 광고는 보상형 광고와는 다릅니다. 사용자들은 광고를 통해 서비스를 알게 되지만, 필요에 의해 자발적으로 앱을 다운로드하는 경우가 대부분이어서 실제로 서비스를 활용할 가능성이 큽니다. 앱 다운로드나 회원가입 이후에도 주기적으로 서비스에 접속할 확률이 높아 재방문율이 높고, 충성 고객으로 전환될 수도 있습니다. 다만, 보상형 광고와는 달리 즉각적인 보상 체계가 없어 장기적인 관점에서 꾸준한 모니터링과 문제 개선이 필요합니다. nCPI 매체는 산업과 예산에 따라 다양하므로 여러 업체와의 미팅을 통해 테스트를 진행하고 결정하는 것이 좋습니다.

리타깃팅 광고(Retargeting)

리타깃팅 광고는 한번 발생한 고객 데이터를 활용하여 지속적인 광고 노출을 통해 구매 가능성을 높이는 광고 기법이며, 리마케팅이라고도 불립니다. 고객이 사이트에 방문하거나 배너를 클릭하는 것과 같이 특정 행동을 하면 사용자의 브라우저에 쿠키가 생성됩니다. 이렇게 생성된 쿠키를 활용하여 리타깃팅 광고를 집행합니다. 포털사이트에서 〈마케팅 책〉을 검색한 뒤 SNS 채널을 켰더니 마케팅 책과 관련된 콘텐츠나 광고가 노출되는 것이 이에 해당합니다. 결국, 쿠키를 활용하여 지속적으로 상품을 노출하여 이탈한 고객을 재방문시키고, 구매를 유도하는 전략입니다.

리타깃팅 광고는 반복된 노출을 통해 구매 가능성을 높일 수 있는 반면, 지나치게 자주 노출될 경우 고객 피로도가 높아질 수 있습니다. 광고에 대한 반감이 브랜드로 이어질 수 있으니 광고 노출 시기와 기간 등을 적절하게 조율해야 합니다. 일부 플랫폼에서는 개인정보보호, 광고 차단 광고 상품 출시 등을 이유로 쿠키 사용을 중단하고 있습니다. 앞으로 쿠키 활용을 제한하는 곳이 늘어날 것으로 예상되는데요. 수시로 뜨는 광고에 피로가 누적된 유저 입장에서는 만족감이 높겠지만, 퍼포먼스 마케터는 그만큼 활용할 수 있는 데이터와 매체가 줄어드는 것이므로 일시적으로 성과가 낮아지는 현상을 맞이할 수 있습니다. 이에 따라 퍼포먼스 마케팅 시장에 큰 지각변동이 있을 것으로 예상되며 그동안 쿠키나 광고 매체에 의존했다면 새로운 방법을 강구해야 합니다.

◆ GA 활용 및 데이터 분석

퍼포먼스 마케터는 기본적으로 구글에서 지원하는 분석 툴인 GA를 다룰 수 있어야 합니다. 물론 자체적으로 지원하는 어드민(관리자) 페이지가 있을 수 있지만, 퍼포먼스 마케터가 GA*를 활용하는 이유는 다음과 같습니다.

먼저, 데이터 분석을 통해 마케팅 효과를 측정할 수 있습니다. GA는 다양한 데이터를 수집하고 분석할 수 있는 기능을 제공하므로 캠페인의 성과를 측정하고 개선점을 찾아내는 데 도움을 줍니다. 애널리틱스는 웹, ios, Android 등 다양한 디바이스 환경을 제공하여 비즈니스 목적에 맞는 이벤트를 정의하고 필요한 데이터를 추출하는 데 용이합니다. 또한, GA를 활용하면 목표를 달성하기 위한 전략을 수립하는 데 용이합니다. GA를 통해 수집한 데이터로 고객이 어떤 페이지에 자주 머무르고 어떤 페이지에서 이탈하는지 등 고객의 행동을 파악할 수 있기 때문입니다. 이를 통해 홈페이지 UIUX 개선, 이벤트 페이지 변경 등을 통해 마케팅 목표를 달성하기 위한 전략을 수립할 수 있습니다. 마지막으로 GA는 효율적인 마케팅 예산을 책정할 수 있도록 도와줍니다. GA를 통해 캠페인의 성과를 분석하면 어떤 캠페인이 효과가 있는지, 어떤 채널이 가장 높은 효율을 달성했는지를 파악할 수 있습니다. 이를 바탕으로 효율 캠페인, 효율 채널을 정리하여 마케팅 예산을 효율적으로 배분할 수 있습니다.

이처럼 GA는 퍼포먼스 마케터가 마케팅 전략을 수립하고 관리하는 데 도움을 주므로 퍼포먼스 마케터라면 GA를 반드시 사용해야 합니다. 그렇다면 GA를 어떻게 활용할 수 있을까요? GA를 실무에 적용하는 방법은 다음과 같습니다.

‣ GA를 설치하고 계정을 생성한다.

★　GA: Google Analytics, 구글 애널리틱스, 구글에서 제공하는 웹 분석 툴로써 웹사이트 성능을 개선하고 마케팅 전략을 수립하는데 필요한 도구.

- 웹사이트에 GA 태그를 추가한다.
- 데이터 수집을 시작한다(최대 1주, 최대 1개월 소요).
- 어떤 데이터를 활용할 것인지 정의하여 마케팅 효과를 측정한다.
- 확보된 데이터를 바탕으로 전략과 개선사항을 수집한다.
- 효율 데이터 및 채널을 구분하여 마케팅 예산을 책정한다.

GA를 원활하게 활용하기 위해서는 분석하고자 하는 홈페이지 또는 앱과 연동시키는 작업이 필요합니다. 퍼포먼스 마케터가 코딩, 개발 기술을 보유하고 있다면 직접 수행할 수도 있지만, 개발 지식이 부족하다면 개발자의 도움을 받아 작업하면 됩니다. 대부분의 마케터는 개발자를 통해 작업을 진행합니다. 최근에는 구글 애널리틱스와 관련하여 다양한 온·오프라인 강의가 많이 개설되고 있습니다. 유튜브 무료 동영상을 통해서도 충분히 기본기를 다질 수 있습니다. 다만, GA 툴을 잘 다룰 수 있다고 해서 모두가 훌륭한 퍼포먼스 마케터가 되는 것은 아닙니다. 툴 활용 능력보다 더욱 중요한 건 어떤 데이터를 활용할 것인지, 데이터를 통해 어떤 의사결정을 할 것인지와 같은 활용 목적입니다. 방법론에 함몰되지 말고 데이터를 바라보는 다양한 관점을 고려하여 접근하기 바랍니다.

◆ 신규 광고 채널 발굴 및 테스트 광고

퍼포먼스 마케터에게 신규 광고 채널 발굴은 매우 중요한 업무 중 하나입니다. 기존 광고 채널의 성과가 저조하거나 새로운 마케팅 전략을 수립해야 할 때 신규 광고 채널을 활용해야 하기 때문입니다. 이 외에도 신규 광고 채널이 중요한 이유는 다음과 같습니다.

신규 고객 및 수익원 창출

퍼포먼스 마케터는 신규 광고 채널을 확보하기 위해 테스트 광고를 진행합니다. 이때 성공적인 결과를 얻으면 새로운 효율 채널을 발견할 수 있게 됩니다. 기존 채널 및 고객을 벗어나 새로운 시장을 발견할 수 있으며, 이에 따라 새로운 수익원을 창출할 수 있게 됩니다. 또한, 기존 채널에 의존하지 않고 새로운 시장으로 타깃팅을 확장할 수 있습니다. 더욱 다양한 데이터를 바탕으로 고객 행동을 분석할 수 있으며, 마케팅 전략을 최적화해 나갈 수 있게 도와줍니다.

경쟁 우위 확보

경쟁사와 동일한 채널에 광고를 집행하고 있다면 가격 경쟁이 심화되거나 기존 고객을 빼앗길 위험이 있습니다. 이럴 때 퍼포먼스 마케터는 경쟁력을 확보할 수 있도록 다른 브랜드가 진입하지 않은 신규 채널을 발굴하여 선점 효과를 누릴 수 있도록 해야 합니다. 신규 채널을 통해 경쟁 우위를 확보하는 것뿐만 아니라 지나친 경쟁을 피할 수 있습니다.

대체 채널 확보

마케팅 환경은 한치 앞도 예측할 수 없는 변화 그 자체입니다. 어제까지만 해도 고효율을 달성했던 채널이 정부의 제재, 산업의 변화, 서비스 폐쇄 등 여러 환경적 요인으로 하루아침에 저효율 채널로 변하거나 아예 사라질 수도 있습니다. 퍼포먼스 마케터는 이러한 부득이한 상황에 대처하고, 목표 성과를 달성하기 위해 대체 채널을 확보해야 합니다. 이를 위해 테스트 광고를 돌리는 것을 게을리해서는 안됩니다. 퍼포먼스 마케터가 신규 광고 채널을 발굴할 때는 여러 가지 사항을 고려해야 합니다. 다음과 같은 항목을 바탕으로 적절한 광고 채널을 발굴한다면 마케팅 성과를 높일 수 있을 것입니다.

광고 채널 특성	TVC 및 라디오 광고 등 레거시 광고는 대중적인 광고 채널이지만 비용이 막대하고 특정 타깃을 공략하기 어렵습니다. 반면, SNS는 낮은 비용으로 진행할 수 있지만 타깃팅이 매우 세분화되어 광고 효과가 제한적일 수 있습니다.
타깃 고객 특성	젊은 층을 타깃으로 하는 광고라면 SNS 광고나 인플루언서 협찬이 효율적일 수 있습니다. 반면, 시니어를 대상으로 하는 마케팅이라면 트로트 프로그램, 일일드라마 등을 활용할 수 있습니다.
마케팅 목표	브랜드 인지도를 높이기 위한 목적이라면 대중적인 광고 채널에 노출 빈도를 높이는 것이 효율적입니다. 반면, 브랜드 호감도나 신뢰도를 개선하기 위한 것이라면 자극적인 광고는 자제하고 소비자의 공감을 살 수 있는 감성 마케팅, 체험형 이벤트 등이 적합합니다.
마케팅 예산	마케팅 예산이 넉넉하면 다양한 광고 채널을 적극적으로 활용할 수 있지만, 예산이 부족하다면 효율 채널에 집중하거나 광고 단가가 낮은 SNS를 중심으로 활용해야 합니다.
마케팅 성과 지표	성과 기준이 무엇인지에 따라 필요한 채널이 다릅니다. 광고 클릭률을 높이기 위한 광고라면 검색 광고를 이용하는 것이 좋으며, 앱 순위를 올리기 위한 것이라면 CPI, nCPI를 활용하는 것이 좋습니다.

퍼포먼스 마케터에게 필요한 능력

◆ 데이터 분석 능력

퍼포먼스 마케터는 데이터를 바탕으로 의사결정을 해야 하는 직무입니다. 관리자 페이지 및 대시보드, GA, 서드파티* 등을 활용하여 데이터를 취합하고 이를 바탕으로 유의미한 결과를 도출해야 하므로 데이터 분석 능력이 요구됩니다. 특히 퍼포먼스 마케터는 데이터를 바탕으로 성과를 측정할 수 있어야 합니다. 효율 채널, 효율 캠페인, 효율 매체 등을 평가하여 성과가 좋은 캠페인은 확장하고, 성과가 좋지 않은 캠페인은 축소하는 등의 조치를 통해 제한된 마케팅 예산을 효율

★ 서드파트: 3rd Party, 프로그래밍을 도와주는 라이브러리를 만드는 외부 생산자

적으로 운용해야 하기 때문입니다.

또한, 퍼포먼스 마케터는 데이터 분석을 통해 투자의 효과를 측정해야 합니다. 투자 대비 수익율(ROI) 또는 광고비 대비 매출액(ROAS)를 측정하고 효율에 따라 마케팅 예산을 배분하여 목표 성과를 달성할 수 있도록 해야 합니다. 이를 위해 마케팅 트렌드를 예측하고 캠페인을 최적화할 수 있도록 하며, 데이터를 기반으로 캠페인을 최적화하여 효율적인 예산 할당과 더 나은 결과를 달성할 수 있도록 해야 합니다.

마지막으로 퍼포먼스 마케터는 데이터를 통해 의사결정을 할 수 있어야 합니다. 데이터는 가상의 결과가 아닌 실제 상황을 반영하기 때문에 더욱 정확한 결과를 얻을 수 있습니다. 새로운 광고를 세팅할 때 기존 데이터를 활용하여 타깃, 광고비, 채널 등을 설정하면 더욱 효율적으로 광고를 집행할 수 있을 것입니다. 특히 퍼포먼스 마케터는 타 마케팅과 달리 마케터의 경험이나 감에 의존하는 것을 경계해야 합니다. 예를 들어, 퍼포먼스 마케터가 특정 광고 플랫폼에 대한 좋은 경험이 있다면 그 플랫폼을 선호할 수 있습니다. 하지만 이러한 이유로 무조건 그 플랫폼을 사용해서는 안 됩니다. 다른 플랫폼이 더 효과적일 수도 있기 때문입니다. 감이나 경험은 데이터에 기반하지 않기 때문에 신뢰할 수 없으므로 퍼포먼스 마케터가 특정 광고 플랫폼이 효과적이라고 느끼더라도 실제로는 그렇지 않을 수도 있다는 것을 알아야 합니다. 따라서 퍼포먼스 마케터는 감이나 경험에 의존하지 않고 데이터를 기반으로 의사결정을 해야 합니다. 그래야만 마케팅을 최적화하고 목표를 달성할 수 있다는 것을 잊지 마세요.

◆ 툴 활용 능력

퍼포먼스 마케터는 마케팅 툴, 데이터 툴을 활용하여 데이터를 취합해야 합니다. 따라서 다양한 마케팅 툴과 소프트웨어를 활용하는 것은 데이터 분석과 성과 측정에 있어서 큰 도움을 줄 수 있습니다.

◆ 데이터 관리

퍼포먼스 마케터는 툴을 사용하여 마케팅 데이터를 수집하고 관리할 수 있어야 합니다. 이를 통해 필요한 데이터를 추출하고 정리하여 분석에 활용해야 합니다. 각종 마케팅 툴 및 데이터 툴을 통해 수집된 데이터를 바탕으로 보고서를 제작하여 의사 결정을 지원할 수도 있습니다. 궁극적으로 퍼포먼스 마케터는 유의미한 데이터를 발견하고 재가공하며, 보고서나 표, 그래프 등 시각화를 통해 경영진이나 팀장 등과 소통하며 전략적인 결정을 내릴 수 있도록 도와야 합니다.

▼ [데이터 툴의 종류]

GA (Google Analytics)		
NA (Naver Analytics)		
네이버 광고 센터	▶ 키워드 검색 광고 ▶ 쇼핑 검색 광고 ▶ 브랜드 검색 광고 ▶ 지역 소상공인 광고 ▶ 스마트 채널	▶ 사이트 검색 광고 ▶ 콘텐츠 검색 광고 ▶ 플레이스 광고 ▶ 디스플레이 광고
Meta Studio	▶ 페이스북	▶ 인스타그램

카카오 비지니스	▶ 카카오 채널	▶ 카카오 비즈보드
	▶ 디스플레이 광고	▶ 동영상 광고
	▶ 스폰서드 보드	▶ 채널 메시지
	▶ 알림톡/친구톡/상담톡	▶ 키워드 광고
	▶ 브랜드 검색 광고 그 외 다수	
Python (파이썬)		
Admin (어드민, 자체 관리자 페이지)		

퍼포먼스 마케터 준비하기

퍼포먼스 마케터를 준비할 때 자격증과 광고 운영 경험이 있다면 유리합니다. 일부 기업이나 채용 담당자는 해당 분야에 대한 지식과 역량을 입증하기 위해 자격증을 요구할 수 있으며, 자격증을 취득함으로써 자신의 전문성을 강화하고 경쟁력을 높일 수도 있습니다. 또한, 개인 SNS를 활용하거나 부트캠프와 같은 활동을 통해 광고를 집행해본 경험이 있다면 적극적으로 어필하여 합격률을 높이세요.

◆ 퍼포먼스 마케팅 자격증 취득

구글 애널리틱스 자격증(GAIQ)

구글 애널리틱스 자격증은 웹 사이트 및 앱의 데이터를 분석하여 마케팅 성과를 평가하는 데 사용되는 도구입니다. 구글 애널리틱스 자격증을 취득하면 데이터 분석 및 마케팅 최적화에 대한 전문 지식을 증명할 수 있습니다.

메타 블루프린트

페이스북과 인스타그램을 포함한 페이스북 제품군의 광고 및 마케팅 플랫폼에 대한 공식 교육 및 자격증 프로그램입니다. 자격증 취득 후 페이스북, 인스타그램의 광고 도구와 전략을 효과적으로 활용할 수 있고 광고 성과를 최적화하는 작업을 학습할 수 있습니다. 특히 실무자 수준의 전문 지식을 갖춰야만 취득할 수 있는 자격증이므로 채용 과정에서 많은 도움을 줄 것입니다.

검색 광고 마케터

한국정보통신진흥협회(KAIT)에서 운영하는 민간 자격증으로 GAIQ와 더불어 가장 많이 취득하는 자격증 중 하나입니다. 특히 네이버, 카카오 등 국내 검색 광고 시스템 실무 내용을 반영하기 때문에 실무에 바로 활용할 수 있으며, 광고 대행사 취업 준비에 용이하고 AE 실무능력 향상에 도움이 됩니다. 온라인 비지니스 및 디지털 마케팅, 검색 광고 실무 활용, 검색 광고 활용 전략 총 3개의 과목으로 구성되어 있으며, 객관식 40문항, 단답식 20문항으로 100점 만점 중 70점 취득 시 합격할 수 있습니다.

SQL 개발자 자격(SQLD)

퍼포먼스 마케터라면 스스로 데이터를 재가공할 수도 있지만, 개발자와의 긴밀한 커뮤니케이션을 진행해야 합니다. 이때 SQL과 같은 개발 언어를 조금이라도 알고 있다면 원활하게 업무를 리드할 수 있으므로 취득하면 좋습니다. SQL 개발자(SQLD)와 SQL 전문가(SQLP)로 나뉘며, SQLP는 전공자에게도 어려운 수준이므로 마케터의 경우 SQLD(개발자)만 취득해도 좋습니다.

◆ 광고 운영 경험

퍼포먼스 마케팅 관련 자격증이 없어도 실제로 광고를 운영해 본 경험이 있다면 좋은 무기를 확보한 것입니다. 기업에서 활동한 경험이라면 더할 나위 없겠지만, 개인 SNS 채널을 활용하여 충분한 인사이트를 얻을 수 있습니다.

네이버 광고

네이버에서 지원하는 광고 상품을 직접 관리해 본 경험을 활용할 수 있습니다. 최근에는 개인이 운영하는 블로그의 노출량을 확보하기 위해 파워링크(검색 광고)나 파워 콘텐츠 광고를 집행하기도 합니다. 키워드 검색 광고는 최소 금액 70원부터 광고 집행이 가능해 소액으로 충분히 유관 경험을 쌓을 수 있습니다.

메타(페이스북 및 인스타그램) 광고

네이버와 마찬가지로 페이스북, 인스타그램의 개인 유저도 비지니스 채널로 변환하여 얼마든지 광고를 집행할 수 있습니다. 당장 제품이나 서비스를 판매하지 않더라도 개인을 알리는 차원의 퍼스널 브랜딩 광고를 집행하는 경우가 많아지고 있습니다. 광고비는 임의로 지정 가능하여 부담 없는 금액으로 시작할 수 있습니다. 트래픽, 도달, 노출 등 광고 목적에 따라 결과 값이 상이하므로 이를 바탕으로 다양한 인사이트를 쌓을 수 있습니다.

플랫폼을 활용한 유료 광고 집행 경험

비지니스 광고 채널 외에도 텀블벅, 크몽, 숨고 등 다양한 플랫폼에서 광고를 집행한 경험이 있다면 적극적으로 활용해 보세요. 판매자 계정이 있다면 데이터를 확인할 수 있는 관리자 페이지를 지원합니다. 판매자 대시보드를 통해 다양한 데이터를 확인할 수 있고, 여러 기능을 사용하여 퍼포먼스 마케터에게 필요한 경험을 쌓을 수 있습니다.

부트 캠프

요즘 마케팅 부트 캠프의 커리큘럼은 실무와 매우 유사합니다. 일부 프로그램에서는 비용을 투입하여 실제 회사에서 광고를 집행하는 것과 같은 경험을 쌓을 수 있습니다. 광고 집행을 위한 계정 생성부터 광고 소재 기획, 광고 소재 제작, 업로드 및 성과 분석 등 퍼포먼스 마케터의 업무를 미리 체험해 볼 수 있어 많은 예비 마케터분들이 선호하는 항목입니다. 직무 경험이 없어도 부트 캠프를 통해 실무와 유사한 경험으로 전문성을 쌓을 수 있으니 본인의 실력과 목적에 맞는 프로그램은 활용해 보세요.

브랜드
마케터에 대하여

브랜드의 살림꾼, 브랜드 마케팅

브랜드 마케터는 기업이나 조직의 브랜드에 관련된 마케팅 전략과 활동을 계획, 실행, 관리하는 역할을 수행합니다. 브랜드의 가치와 이미지를 구축하고 유지하기 위해 다양한 작업을 수행하기 때문에 실제 마케팅 필드에서는 퍼포먼스 마케팅, 콘텐츠 마케팅 등 타 마케팅보다 상위 개념의 업무로 간주하는 경향이 있습니다. 아무래도 브랜드를 책임져야 하는 위치이기 때문이죠. 브랜드 마케터는 브랜드 전반에 거쳐 거의 모든 것에 관여하고 책임지기 때문에 저는 브랜드 마케터를 브랜드의 살림꾼이라고 비유합니다. 여기서는 브랜드 마케터가 무슨 일을 하는지, 브랜드 마케터가 되기 위해서는 어떤 준비를 해야 하는지 알아보겠습니다.

브랜드 마케터의 주요 업무

브랜드 마케터는 성공적인 브랜드 활동을 수행하기 위해 많은 업무를 주도해야 합니다. 다양한 업무가 있지만 이 책에서는 크게 브랜드 전략 개발, 소비자 조사, 브랜드 커뮤니케이션 세 가지로 설명하겠습니다.

◆ 브랜드 전략 개발

브랜드 마케터는 기업의 비전 및 미션, 목표, 고객 인사이트 등을 고려하여 브랜드의 전략을 구축해야 합니다. 예전에는 한 번 정한 브랜드 전략을 수정하기가 어려워 전략 수립 과정이 복잡했고 준비 기간도 상당했습니다. 최근에는 프로젝트 형식의 업무를 지향하는 곳이 많아지고 있으며 의사결정 또한 간소화되는 추세이므로 브랜드 마케터는 기존 전략을 고집하는 태도보다는 상황과 때에 따라 수정하거나 변경, 보완하는 등 유연하게 대처하는 자세가 필요합니다. 브랜드 마케터가 전략을 개발하는 단계는 다음과 같습니다.

시장 조사 및 경쟁사 분석

브랜드 마케터는 시장 조사와 경쟁사 분석을 통해 브랜드 경쟁력을 확보해야 합니다. 이 단계에서는 산업의 트렌드, 소비자의 소비 패턴, 경쟁사의 최신 동향 등을 바탕으로 기회를 포착합니다. 예전에는 빅데이터에 많은 공을 들였다면, 최근에는 개인화되어 가는 트렌드에 따라 스몰 데이터*를 중점으로 시장을 파악하는 추세입니다. 브랜드 마케터는 최대한 많은 데이터를 취합하고, 이를 바탕으로 유의미한 시사점을 발견하여 브랜드 마케팅 전략의 토대를 구축해야 합니다. 또한, 경쟁사의 약점과 강점을 면밀하게 분석하여 기회와 위협을 식별할 수 있는 눈을 기르는 것도 중요합니다.

★ 스몰 데이터: Small Data, 개인의 취향이나 건강, 생활 양식 등을 파악할 수 있는 '작은 정보'를 뜻함.

브랜드 컨셉 기획 및 전략 수립

시장 조사를 통해 경쟁사 분석, 시장 가능성을 확인한 브랜드 마케터는 브랜드 컨셉과 전략을 수립해야 합니다. 브랜드 컨셉은 브랜드의 정체성을 나타내는 것이므로 앞으로 전개해야 할 방향성을 제시할 수 있어야 합니다. 예를 들어 도넛 브랜드를 론칭한다고 가정할 때, 어떤 컨셉으로 접근할 것인지를 결정하는 것이 브랜드 마케터의 역할입니다. 같은 도넛 브랜드라 하더라도 레트로 컨셉, 세련된 컨셉, 미국 본토 컨셉, 한국 전통미를 가미한 컨셉 등 다양한 컨셉이 있고, 어떤 컨셉을 결정하는지에 따라 타깃 고객, 매장 위치, 마케팅 채널 등이 달라질 수 있습니다. 그러므로 브랜드 마케터는 시장 조사를 통해 체득한 데이터와 자료를 바탕으로 경쟁력 있는 브랜드를 만들기 위한 선택을 할 수 있어야 합니다. 또한, 브랜드 컨셉을 결정한 이후에는 브랜드 전략을 수립합니다. 브랜드 목표와 이를 달성할 방법을 제시해야 하는데, 이는 브랜드 마케터가 개인적으로 진행하는 것보다 유관 부서와의 미팅을 통해 함께 결정하는 것이 좋습니다. 그래야 목표를 하달받은 다른 직원도 도전의식과 주인의식을 갖고 업무에 참여할 수 있기 때문입니다. 이를 위해 브랜드 마케터는 전체 기간 달성해야 할 목표를 설정한 뒤 분기별, 시즌별, 월별 등 기간별 목표로 쪼개는 작업을 진행해야 합니다.

브랜드 전략 실행

브랜드 전략을 수립한 후에는 이를 실행해야 합니다. 브랜드 실행에는 브랜드 로고, 슬로건, 디자인 개발, 홍보 및 마케팅 활동 등이 포함됩니다. 이 단계에서는 디자이너, 개발자, 마케팅 실무자 등 여러 협업자와의 소통이 주를 이룹니다. 실행 단계에서는 추상적인 아이디어를 구체적인 제품과 서비스로 변환합니다. 그래서 디자인 작업의 비중이 매우 높습니다. 브랜드 로고, 제품, 패키지 등은 디자이너의 역량이 매우 중요하지만, 브랜드 마케터는 브랜드의 정체성을 자세히 나타내면서 컨셉을 헤치지 않도록 확실히 가이드해야 합니다. 이때는 최대한 많은 디자인 레퍼런스와 참고자료를 준비하여 디자이너에게 전달하는 것이 좋습니다.

또한, 유형의 제품이나 서비스가 출시된 이후에는 많은 고객에게 홍보하기 위한 마케팅 활동이 필요합니다. 규모가 작은 회사라면 브랜드 마케터가 마케팅 실무까지 겸하기도 하지만, 규모가 큰 회사라면 퍼포먼스 마케터, 콘텐츠 마케터, 바이럴 마케터 등 실무자와 함께 마케팅 채널, 예산, 일정 등을 결정하는 것이 좋습니다. 마케팅 예산이 넉넉하지 않다면 타깃 고객을 뾰족하게 설정하며 고효율 채널을 중심으로 접근하는 등의 전략으로 실행하는 것이 좋습니다. 브랜드 실행은 브랜드 전략을 성공적으로 구현하는 데 매우 중요한 단계입니다. 따라서 브랜드 마케터는 브랜드 실행 단계에서 브랜드 컨셉을 정확히 반영하고, 고객의 니즈를 충족하는 제품과 서비스를 개발할 수 있도록 노력해야 합니다.

◆ 소비자 조사

브랜드 마케터는 그 누구보다 고객의 소리에 귀 기울여야 합니다. 브랜드 존재 이유를 발견하고, 많은 고객에게 다가가기 위함입니다. 그래서 브랜드 마케터가 가장 큰 노력을 할애하는 부분이 바로 소비자 조사입니다. 소비자 조사를 통해 고객의 소리를 직접적으로 들을 수 있고 이를 바탕으로 마케팅 계획을 구체화 할 수 있습니다. 소비자 조사는 회사의 규모와 제품 및 서비스의 특징에 따라 상이하게 진행합니다. 규모가 큰 회사라면 신 제품을 출시할 때마다 진행하거나 시즌마다 진행하기도 합니다. 규모가 작은 곳에서는 간단한 설문 조사나 투표를 통해서 진행하기도 합니다. 소비자 조사는 회사 규모, 마케팅 예산, 마케팅 방향성 등을 고려하여 선정해야 하며 크게 설문 조사, 스몰 데이터(Small Data) 활용, FGI(Focus Group Interview) 세 가지로 나눌 수 있습니다.

설문 조사

설문 조사는 브랜드와 관련한 데이터를 얻기 위해 문제를 내어 묻는 가장 전통적인 조사 방법입니다. 과거에는 설문지를 출력하여 오프라인에서 무작위로 고객의 의견을 취합해야 했다면, 최근에는 온라인을 통해 진행하는 경우가 많습니다. 설문 조사는 다음과 같은 장단점이 있습니다.

장점	단점
▸ 간편하고 빠르게 데이터를 수집할 수 있음 ▸ 많은 사람들의 의견을 한 번에 수집할 수 있음 ▸ 데이터를 분석하기 쉬움	▸ 정확도와 응답률이 낮을 수 있음 ▸ 특정 타깃을 설정하기 어려우며 응답 결과가 편향될 확률이 높음 ▸ 브랜드 파워에 따라 참여율이 결정되므로 일정한 모수 확보가 어려움

스몰 데이터(Small Data) 활용

스몰 데이터는 말 그대로 빅 데이터와 상반되는 뜻으로 SNS 인사이트, 홈페이지 가입 고객, 뉴스레터 데이터 등 내부 데이터를 자체적으로 활용하는 것입니다. 스몰 데이터는 기존 고객 데이터를 활용하여 타깃의 연령, 성별, 지역 등을 유추할 수 있고 더 나아가 브랜드에 대한 선호도, 아쉬운 점을 알 수 있습니다. 브랜드 마케터가 스몰 데이터에 집중하면 로열티 높은 충성 고객을 확보할 수 있고, 신규 고객을 유치하는 데에도 용이합니다. 다만, 브랜드 인지도나 트래픽이 낮다면 데이터 표본에 제한이 있습니다. 이때 스몰 데이터를 지나치게 신뢰한다면 정확도가 떨어질 수 있으니 다른 조사 방법과 병행하여 표본과 정확도를 올리는 것이 좋습니다.

- ▶ 페이스북 및 인스타그램 인사이트
- ▶ 홈페이지 대시보드(가입자수, 유입자수, 이탈수 등)
- ▶ GA(Google Analytics)
- ▶ 네이버 키워드 검색량(브랜드명, 브랜드 관련 키워드)
- ▶ 유튜브 스튜디오
- ▶ 이메일 수신 및 회신율
- ▶ 뉴스레터 열람율 및 피드백
- ▶ 블로그 후기
- ▶ 카페 및 온라인 커뮤니티 여론
- ▶ 그 외
  - 온라인 리뷰와 평판 : 제품이나 서비스에 대한 온라인 리뷰와 평판 데이터 분석을 활용한 제품 또는 마케팅 전략 개선에 활용.
  - 고객 서비스 대화 데이터 : 고객과의 대화 기록 분석을 통해 서비스 품질 향상에 활용.
  - 구매 패턴 데이터 : 고객 구매 패턴 분석을 통해 어떤 제품이나 서비스에 관심이 있는지, 어떤 요인이 구매 결정에 영향을 미치는지 등을 파악할 수 있음. 이를 통해 개인 맞춤형 마케팅 전략 구축에 활용.
  - 고객 위치 데이터 : 고객의 위치 데이터를 활용하여 지리적인 특성에 따른 소비 행태 파악. 이를 통해 특정 지역이나 지리적 세그먼트에 맞춘 마케팅 전략을 수립할 수 있음.

FGI(Focus Group Interview)

FGI는 소규모의 소비자 그룹을 대상으로 심층 인터뷰를 진행하는 방법입니다. 마케팅 규모, 브랜드 크기에 따라 다르지만, 최소 2~3명부터 진행할 수 있으며 최대 인원 제한이 없습니다. 인터뷰 규모가 작다면 회사 내부 인력으로 진행하기도 합니다. 예를 들어, 소수 고객을 회사에 초대하여 회의실에서 인터뷰를 진행하거나 제품 및 서비스에 대한 솔직한 후기를 듣는 것이죠. 반대로 규모가 큰 경우에는 외부 대행업체를 통해 진행하는 것이 일반적입니다. 다양한 FGI 대행업체가 있다는 것은 그만큼 수요가 있다는 것을 뜻합니다. FGI는 다음과 같은 장단점이 있습니다.

장점	단점
특정 주제에 대한 밀도 높은 조사가 가능함.	비용이 매우 높음.
장기간에 거쳐 고객과의 소통을 통해 디테일한 정보를 얻을 수 있음.	인터뷰 고객의 취향 및 성향, 성격 등 개인의 의존도가 높음.
고객의 의견을 직접적으로 들을 수 있음.	특정 고객이 강력하게 의견을 내세울 경우 다른 고객 또한 이에 수긍하는 경향이 있음.

FGI는 특정 주제에 대해 면밀한 데이터를 확보할 수 있어 신사업 진출, 신메뉴 출시, 브랜드 정체성 변경 등 이슈성이 큰 경우에 주로 활용합니다. 그러나 단가가 매우 높고 인터뷰 고객의 취향 및 성향, 성격 등에 의존도가 높다는 단점이 있습니다. 따라서 FGI를 진행할 때는 다음과 같은 사항을 고려해야 합니다.

‣ FGI의 목적과 목표를 명확히 설정해야 합니다.
‣ FGI의 대상을 잘 선정해야 합니다.
‣ FGI의 진행 방법을 잘 설계해야 합니다.
‣ FGI의 결과를 잘 분석해야 합니다.

FGI는 브랜드 마케터에게 중요한 도구이지만, 잘못 사용하면 오히려 브랜드에 악영향을 미칠 수 있습니다. 따라서 브랜드 마케터는 비즈니스 목적과 방향성에 맞게 활용하는 자세가 필요합니다.

◆ 브랜드 커뮤니케이션

브랜드 마케터는 브랜드와 관련된 모든 커뮤니케이션 활동을 관리해야 합니다. 커뮤니케이션 활동에는 내부 직원과의 소통, 광고 메시지, 뉴스 보도자료, 웹사이트, SNS 콘텐츠, 이벤트 배너 등 내외부 고객에게 노출되는 모든 커뮤니티가 이에 해당합니다. 브랜드 마케터는 브랜드의 메시지가 동일하게 전달되고 있는지 확인해야 하고 소비자와 친밀한 관계를 구축할 수 있도록 노력해야 합니다. 아무리 잘 만들어진 제품이나 서비스라 할지라도 브랜드 커뮤니케이션의 주파수가 맞지 않는다면 하루 아침에 사라지는 것이 요즘 브랜드의 현실입니다. 예를 들어 친환경 소재만 취급하는 의류 브랜드에서 플라스틱 재질의 패키지를 사용한다면 소비자의 감동은 사라질 것입니다. 그러므로 브랜드 마케터는 브랜드 모니터링 작업을 통해 고객이 브랜드의 메시지를 충분히 이해하고 있는지, 마케팅 활동이 계획대로 진행되고 있는지 등을 평가해야 합니다.

브랜드 마케터에게 필요한 능력

브랜드 마케터는 브랜드를 책임져야 하는 위치인만큼 커뮤니케이션 스킬, 기획력, 리더십 등 보다 거시적 관점의 능력이 필요합니다. 특히 이 세 가지는 자격증처럼 공부한다고 하루아침에 얻어지는 것들이 아닌 만큼 많은 경험과 과정이 필요합니다. 또한, 브랜드 마케터의 역할 특성상 다양한 마케팅 실무 경험과 브랜드 운영 노하우가 있어야만 브랜드 마케터로 활동할 수 있기 때문에 천천히 과정을 습득하고 경력을 쌓으면 브랜드 마케터의 기회가 주어질 것입니다. 이때 좋은 브랜드 마케터가 되기 위해서는 지금부터 커뮤니케이션 스킬, 기획력, 리더십을 쌓기 위한 다양한 경험과 과정을 쌓아야 합니다.

◆ 커뮤니케이션 스킬

브랜드 마케터는 브랜드 컨셉, 전략 등을 실행하기 위해 다양한 부서와 협업해야 합니다. 대략적인 협업 부서와 협업 내용은 다음과 같습니다.

팀명	협업 내용
디자인팀	포스터, 배너, 브로슈어 등 디자인물 제작
기획팀	이벤트, 프로모션, 기획전 등 브랜드 이슈 생성
개발팀	이벤트 등을 진행하기 위한 기술 구현
영업팀	브랜드 활동을 통해 목표를 달성하기 위한 실적 관리
운영팀/CS팀	브랜드 활동에 동반되는 매장 직원 교육 및 고객 응대
재무팀	마케팅 예산 책정, 광고비 입금 요청 등
인사팀/총무팀	장/단기적 인원 충력 시, 채용공고 및 업무 환경 세팅

브랜드 마케터는 디자인팀부터 기획팀, 개발팀은 물론이고 재무팀이나 인사 총무팀까지 거의 모든 팀과 협업하기 때문에 커뮤니케이션 능력이 매우 중요합니다. 특히 브랜드 마케터는 마케팅 예산 조정, 기획전 일정 변경, 신규 인원 채용 등 중요한 이슈를 수행해야 하는 만큼 실무자와 간단한 협의보다 각 부서의 리더와 협업하는 경우가 많아 소통 방식에 유념해야 합니다. 각 부서의 리더들은 선호하는 업무 방법과 의사소통 성향이 있습니다. 커뮤니케이션을 제대로 하지 못한다면 원하는 결과를 달성하기 어려우므로 원활한 소통과 성과 달성을 위해서는 커뮤니케이션 능력은 필수입니다. 이 외에도 브랜드 마케터는 고객과의 소통에도 힘써야 합니다. 커뮤니케이션 스킬은 브랜드와 고객 사이의 관계를 구축하고 유지하는 데 중요한 역할을 합니다. 브랜드 마케터는 고객의 니즈를 파악하고 이를 브랜드의 스토리와 연계하여 고객에게 효과적으로 전달할 수 있도록 고객과 적극적으로 소통하고, 고객의 입장에서 생각하는 능력이 필요합니다.

◆ 기획력

브랜드 마케터는 시장 조사, 소비자 조사, 경쟁사 조사 등 다양한 자료를 바탕으로 브랜드가 나아가야 할 방향을 설정하고 컨셉 및 전략을 수립합니다. 이를 실현하기 위해서는 액션플랜*을 기획하여 체계적으로 관리해야 합니다. 이처럼 브랜드 마케터는 브랜드의 시작과 끝을 기획하는 사람이라고 볼 수 있습니다. 브랜드가 경쟁력을 갖추고 꾸준히 시장에 살아남기 위해서는 브랜드 마케터의 기획력이 중요합니다.

기획력은 브랜드의 현황을 냉철하게 평가하고, 목표를 달성하기 위해 현실 가능한 세부 계획을 기획하는 능력을 말합니다. 예를 들어, 4~50대에 국한되어 있던 브랜드를 2~30대 고객층으로 확장해야 한다고 가정하겠습니다. 이 경우 브랜드 마케너는 단순히 'MZ세대를 위한 프로모션'이라는 아이디어에 그치지 않고, 타깃을 공략하기 위해서는 어떤 채널, 어떤 메시지, 어떤 이미지, 어떤 모델로 접근해야 하는지 세부 내용을 포함해야 합니다.

많은 사람이 아이디어를 제시하는 것을 기획으로 착각하는 경우가 많습니다. 하지만 진정한 기획은 단순히 아이디에서 멈춰서는 안 됩니다. 프로젝트가 실행되고 완결되어 유의미한 결과를 만들어 내는 것이 진정한 기획임을 기억해야 합니다. 기획력을 키우기 위해서는 아이디어를 내는 것뿐만 아니라 실제로 진행될 수 있도록 전 과정에 참여해 보는 것을 추천합니다. 또한, 다양한 분야에 관심을 가지고 시장의 변화를 꾸준히 관찰하는 것도 기획력을 키우는 데 도움이 됩니다. 기획력은 브랜드 마케터에게 필요한 가장 중요한 능력 중 하나이므로 기획력을 키우기 위해 노력한다면 좋은 브랜드 마케터가 될 수 있을 것입니다.

★ 액션플랜: Action Plan, 기획한 내용을 실현하기 위한 실행 계획서

◆ **리더십**

브랜드 마케터는 브랜드의 방향성을 결정하고 이를 실현하기 위해 다양한 업무를 수행합니다. 이 과정에서 브랜드 마케터는 대표, 임원진, 각 유관 부서와의 여러 회의를 거치게 되며, 타 부서의 반대 의견은 물론 의사결정권자와의 치열한 대립도 고사해야 합니다. 이러한 환경 속에서 브랜드 마케터는 본인의 의견을 지속적으로 설명하고 설득하기 위해 리더십이 필요합니다.

리더십은 브랜드 마케터가 자신의 의견을 명확하고 일관성 있게 설명하고 설득하며, 브랜드 마케터가 결정한 방향대로 업무를 이끌어갈 수 있는 능력입니다. 그렇기에 브랜드 마케터가 성공적으로 업무를 수행하기 위해서는 반드시 리더십이 있어야 합니다. 리더십을 키우기 위해서는 다양한 경험을 쌓는 것이 좋습니다. 리더십 교육을 받거나 멘토와 함께 일하며 직접 체득하는 것도 하나의 방법이 될 수 있고, 리더십 책을 통해 방법론을 익히고 리더십 관련 워크숍에 참여하는 것도 좋습니다. 이 외에도 리더십을 키우기 위해서는 리더십의 중요성을 인식하고 리더십을 발휘할 기회를 적극적으로 찾아야 합니다. 또한, 자신감 있는 행동을 바탕으로 다른 사람들을 존중하는 자세를 가져야 합니다.

브랜드 마케터 준비하기

브랜드 마케터는 브랜드 방향성을 설립하고, 목표를 설정하기 위해 마케팅 전략을 구축해야 합니다. 이 과정에서 콘텐츠 마케터부터 퍼포먼스 마케터, 바이럴 마케터 등 각 실무 담당자와 소통할 일이 많으므로 마케팅 실무에 대한 경험이 있다면 업무를 명확하게 지시할 수 있고 커뮤니케이션이 원활하게 도와줍니다. 그러므로 다양한 마케팅 실무 경험이 있는 마케터가 브랜드 마케터로 업무를 확장하는 경우가 많습니다. 이미 다양한 마케팅 분야에서 쌓은 경험을 활용한다면 브랜드 마케팅 역량을 강화하며 업무 범위를 확장하기 유리하기 때문입니다. 이처럼 마케팅 실무 경험이 다양하다면 브랜드 마케팅 분야에서 유리한 위치에 서게 될 수 있으므로 그동안의 노력과 경험을 바탕으로 브랜드 마케터로서의 역량을 강화하기 바랍니다. 마케팅 경험이 없거나 부족한 경우에는 다음과 같은 개인의 노력을 통해 기회를 만들어갈 수 있습니다.

◆ 적극적인 프로젝트 참여

현재 회사에 다니고 있다면 해당 리소스를 적극적으로 활용해 보세요. 실제 업무를 활용하는 것만큼 좋은 기회는 없습니다. 처음부터 브랜딩이나 브랜드 마케팅 등 큰 역할을 기대해서는 안 됩니다. 브랜드 마케터가 되기 위해 당장의 성과를 만드는 것은 불가능합니다. 처음에는 작은 역할로 시작하는 것이 현실적입니다. 예를 들어, 브랜드 마케터가 브랜드 컬러를 결정해야 한다면 여기에 활용할 수 있는 무드보드를 만든다거나 벤치마킹할 만한 브랜드 자료를 취합하는 것에서부터 시작할 수 있습니다. 이처럼 메인 업무를 서포트하는 것을 시작으로 점차 본인의 영역을 확장한다면 브랜드 전략, 브랜드 커뮤니케이션, 포지셔닝 등의 업무를 실제로 경험하고 이해할 수 있을 것입니다.

◆ 교육 및 자기계발

불과 몇 년 전까지만 하더라도 회사에서 경험을 쌓는 것 외에는 실무를 경험할 기회가 없었습니다. 하지만 최근에는 롱블랙, 커리어리, 퍼블리, 브런치와 같은 플랫폼 뿐만 아니라 책, 네크워킹, 챌린지, 커뮤니티 등을 통해 간접 경험을 얼마든지 쌓을 수 있습니다. 이를 적극적으로 활용하여 본인의 역량을 키우는 것도 좋은 방법입니다.

최근에는 각 분야의 전문가들이 '퍼스널 브랜딩'을 위해 개인 SNS 활동을 적극적으로 하고 있습니다. 그들이 진행하는 멘토링 프로그램이나 커뮤니티, 챌린지에 참여하여 지식을 쌓고 네트워크를 구축하여 실력을 쌓을 수 있습니다. 또한, 매주 한 가지 주제에 대해 소통하고 토론하는 커피챗 그룹이 많이 등장하고 있습니다. 커피값만 내면 다양한 사람들과 교류할 수 있고 인사이트를 얻을 수도 있으니 브랜드 마케터와 관련한 주제가 있다면 적극적으로 참여해 보세요. 특히 실무자의 경험을 바탕으로 현실적인 내용을 다루고 있는 채널이 많으므로 이를 잘 활용하면 브랜드 마케터가 되기 위한 다양한 사전 지식과 간접 경험을 쌓을 수 있습니다.

다만, 콘텐츠를 많이 보고 여러 모임에 참여한다고 해서 실력이 느는 것은 아닙니다. 인풋(Input)이 있다면 반드시 아웃풋(Output)이 있어야 합니다. 오프라인 세미나에 참석했다면 단순히 참여하는 것에 만족할 것이 아니라 세미나에서 무엇을 얻었는지, 브랜드 마케터가 되기 위해 어떤 노력이 필요한지 등 정보를 실행에 옮겨야 합니다. 이처럼 실무자의 이야기를 통해서 본인이 무엇을 느꼈고, 어떤 점을 알게 됐는지, 추후 브랜드 마케터가 된 이후에 어떤 식으로 활용할 것인지 등 본인의 시사점을 발견해 보기 바랍니다.

◆ 자기 주도적인 브랜드 스터디

평소 관심이 있거나 입사하고 싶은 브랜드를 선정하여 스터디합니다. 시장 분석, 목표 설정, 마케팅 믹스 전략 구성 등 앞에서 설명한 브랜드 마케터가 수행하는 업무를 스스로 해보는 것입니다. 탬버린즈 브랜드에 관심이 있다고 가정해 보겠습니다. 탬버린즈의 경쟁사 분석을 시작으로 핸드크림 제품별 목표를 세우며 이 목표를 달성하기 위해서는 어떤 마케팅 전략이 필요한지를 기획해 봅니다. 현업과 100% 똑같지는 않지만, 유사 경험을 통해 창의력과 문제 해결 능력을 강화할 수 있습니다. 더 나아가 기획이 구체적일수록 실제 업무에 활용할 수 있는 경험을 얻을 수도 있습니다. 이는 추후 회사에 지원할 때 좋은 동기가 될 것입니다.

다만, 유사 경험을 쌓는다고 해서 브랜드 마케터가 되는 데 필요한 모든 역량을 갖출 수 있는 것은 아닙니다. 브랜드 마케터는 시장 분석, 목표 설정, 마케팅 믹스 전략 구성 등 다양한 업무를 수행해야 하므로 실제 경험을 쌓고 마케터로서의 역량을 키워야 합니다. 그러므로 유사 경험을 쌓는 것과 더불어 마케팅 관련 서적을 읽거나 강의를 수강하는 등 다양한 방법으로 마케팅 지식을 쌓고 역량을 키우는 것이 필요합니다. 브랜드 마케터가 되기 위해서는 많은 노력과 시간이 필요하지만, 열정과 노력을 갖고 꾸준히 노력한다면 브랜드 마케터라는 꿈을 이룰 수 있을 것입니다.

팀장님이
갑자기 기획안을
써오라고 합니다

한 번에 통과되는 기획안 쓰는 방법

"오늘 회의 내용 정리해서 기획안으로 제출해 줘."

"기획안 먼저 보내주시면 디자인 작업 들어가겠습니다."

"원활한 면접 진행을 위해 본인이 직접 제작한 기획안 1개를 선택하여 보내주세요."

마케터로 일을 하다 보면 위와 같이 기획안과 관련된 다양한 문의와 요청을 한번쯤은 받게 됩니다. 저는 마케터 2년 차 때 첫 기획 업무를 맡았습니다. 서포터즈 진행 관련 기획안을 제출하라는 지시를 받았죠. 당시 '마케터가 기획자도 아닌데 기획안을 왜 써야 하지?'라는 생각이었어요. 해보지 않은 일에 대한 경계심과 더불어 잘 해내야 한다는 압박이 불만으로 표출되었던 것입니다. 그렇게 며칠을 툴툴거리고 있던 저를 팀장님께서 부르더니 "마케팅은 처음과 끝이야. 일을 만들고 완벽하게 끝내기 위해서는 길라잡이가 필요해. 그게 바로 기획안이 되는 거지."라는 말씀을 해주셨습니다. 그 말을 듣고 저는 마케터에게 기획력이 왜 필요한지 알게 되었습니다. 그 이후로 지금까지 수백 개의 기획안을 작성했고, 현재도 매주 최소 1개 이상의 기획안을 작성하고 있습니다. 매번 기획안을 작성할 때마다 성공적인 마케팅 결과를 얻기 위해서는 기획안을 잘 써야 한다는 것을 느낍니다. 여기서는 한 번에 통과하는 기획안 작성 방법에 대해 공유합니다. 본격적인 내용에 앞서 기획안이 필요한 이유에 대해 간단히 알아보겠습니다.

◆ 기획안이 필요한 이유

미팅할 때 명함을 건네며 본인을 소개하듯이 기획안은 일을 진행하는 데에 있어 필요한 최소한의 정보입니다. 또한, 회사의 커뮤니케이션 단위는 말(구두)이 아닌 문서(Text)입니다. 마케터는 협업이 많은 직무인 만큼 원활한 협업 요청과 의사소통을 위해 꼭 필요한 것이 바로 기획안입니다. 그리고 일을 실행할 때 100% 계획대로 되는 경우는 거의 없습니다. 변화하는 환경 속에서 본래 기획 의도를 잃지 않고 방향성을 체크할 때 기획안만큼 명확한 것이 없죠. 마지막으로 마케터는 단순히 아이디어를 제안하는 사람이 아닙니다. 아이디어를 실제화하여 결과를 만들어야 하는 사람입니다. 그 과정에서 협업과 의견 조율이 이루어지며 결국 기획자이자 PM(Project Manager)이 되어 완결지어야 합니다. 이를 위해서는 일정 관리, 체크리스트는 필수이며 이러한 일련의 과정과 필요 사항을 기록한 것이 기획안입니다.

기획안이 있는 경우	• 상사, 동료의 객관적인 평가가 가능하다. • 추상적인 아이디어의 실행 가능 여부를 파악할 수 있다. • 내가 어떤 일을 기획했는지 회고할 때 용이하며, 추후 이력서, 자기소개서, 포트폴리오를 쉽게 업데이트할 수 있다. • 타 부서와의 협업에 용이하며 일정 및 업무 조율에 효율적이다. • 정확한 목표와 예산을 설정할 수 있어 사업성을 점검할 수 있다. • 업무 진행률과 일정 파악이 가능하다.
기획안이 없는 경우	• 상사와 동료의 객관적인 컨펌을 받을 수 없다. • 아이디어 제안만 하게 되어 완결과 진행 이력은 없는 사람으로 낙인찍히기 쉽다. • 어떤 일을 기획했는지 기억하기 어려우므로 서류 업데이트에 많은 어려움을 겪는다. • 추상적인 목표와 성과 측정으로 전문성이 결여된다. • 타 부서의 도움을 요청하기가 어렵고, 업무 우선순위에서 밀려난다. • 일이 어느 정도 진행됐는지 확인할 척도가 없다.

이처럼 일을 완결짓기 위해 기획안은 꼭 필요합니다. 이를 바탕으로 기획안을 제작할 때 체크해야 할 4가지 필수 원칙에 대해 알아보겠습니다.

기획안 제작 시 반드시 알아야 할 4가지 원칙

◆ 기획안을 컨펌하는 사람 즉, 상사의 입장에 맞춰 작성하자

기획안을 작성하는 사람은 마케터이지만, 기획안을 검토하고 컨펌하는 사람은 상사입니다. 그래서 한 번에 통과하기 위해서는 내가 하고 싶은 말이 아니라 상사가 원하는 내용을 반영하여 제작해야 합니다. 상사가 일반적으로 어떤 것을 중요하게 생각하는지를 고려하면 쉽게 정리할 수 있습니다. 과정, 결과, 형식, 내용, 전체적인 그림, 디테일 중에서 어떤 것을 가장 중요하게 생각하는지 고려해야 합니다. 또한, 상사가 어떤 유형의 문서를 선호하는지(파워포인트, 워드, 노선 등)도 파악해야 합니다. 이렇게 상사의 선호와 성향을 파악하면 더욱 효율적으로 접근할 수 있을 것입니다. 또한, 상사는 실무자보다 시간이 매우 부족합니다. 다양한 회의 및 업무 협조 요청으로 인해 시간이 부족한데다가 지루하거나 핵심이 없는 보고서를 열정적으로 읽어주지는 않습니다. 좋은 평가를 받기 위해서는 핵심을 담은 기획안을 작성해야 합니다.

◆ 기획안 구성은 결론부터 제시하자

기획안을 구성할 때 결론을 먼저 제시하는 것이 좋습니다. 보고서의 핵심인 '일을 진행해야 하는 이유'를 명확히 설명할 수 있기 때문입니다. 목적이 타당하면 기획안이 컨펌되어 실제 업무로 이어질 확률이 높습니다. 따라서 기획안 작성 시 목적을 명확히 제시하여 해당 일에 대한 필요성을 강조하는 것이 좋습니다. 또한, 두괄식 구조로 목적이나 예상 결과 등을 문서 앞에 배치하여 작성합니다. 그러면 일의 방향성과 목적을 명확히 제시할 수 있으며, 상사도 이를 염두에 두고 내용을 검토하기 편리합니다. 마지막으로 지나치게 많은 텍스트의 양은 읽는 이로 하여 금 피로감을 줄 수 있습니다. 이를 보완하기 위해서는 결론과 함께 이를 뒷받침하는 표, 디자인 자료, 이미지 등을 적절히 추가하여 문서를 끝까지 읽을 수 있도록 해야 합니다.

◆ 모든 항목은 중요도가 높은 순에서 낮은 순으로 구성하자

기획안의 모든 항목이나 목차는 중요도가 높은 순서부터 낮은 순서로 구성하는 것이 좋습니다. 중요한 업무나 내용을 먼저 보고할 경우, 컨펌자의 관심을 끌고 기획 의도를 설명하고 설득하는 데에 유리합니다. 중요도가 높은 순서부터 배치한 경우를 살펴보겠습니다.

1) 자사 브랜드 마케팅 현황 및 문제점

2) 브랜드 마케팅 전략

3) SNS 활성화를 위한 인플루언서 마케팅

이렇게 중요한 업무부터 순서대로 나열함으로써, 기획안의 가치를 인식하는 데 도움이 되며 상사의 동의를 얻기 쉬울 것입니다. 큰 범주의 업무를 먼저 설명한 다음 세부적인 요소를 설명할 때도 방향성을 이해하기 쉽습니다. 반대로 중요도 가 낮은 순서부터 배치한 경우를 살펴보겠습니다.

1) SNS 활성화를 위한 인플루언서 마케팅

2) 브랜드 마케팅 전략

3) 자사 브랜드 마케팅 현황 및 문제점

이렇게 중요도가 낮은 업무부터 나열하면 보는 이로 하여금 '자잘한 일로 무 슨 기획안까지 만들어?'라는 인식을 줄 수 있으며, 주요 업무는 어필하기 어려운 단점이 있습니다. 중요한 항목을 위로 배치함으로써 보는 이로 하여금 '이 사람이 이렇게 중요한 일을 하고 있구나'라는 인식을 줄 수 있으며, 기획안뿐만 아니라 실 제 업무를 진행할 때도 상사의 적극적인 지지를 받을 수 있습니다. 또한, 문서의 항목 순서뿐만 아니라 예산과 같이 금액을 보고하는 항목에서도 중요한 업무(비 용이 많이 드는 항목)부터 보고하는 습관을 들이길 바랍니다.

◆ 제목은 기획안의 목적을 한 문장으로 압축시켜야 한다

가끔 기획안을 보면 제목이 너무 긴 문서를 마주할 때가 있습니다. '신규 고 객 유입 확보와 매출 증대를 위한 바이럴 마케팅 진행 계획서'라든지, '2분기 대비 3분기 매출 증대를 위한 마케팅 전략 진행 계획서'와 같이 지나치게 긴 제목은 문서를 읽기도 전에 지치게 만들고 신뢰성을 떨어뜨릴 수 있습니다. 제목은 기획안의 핵심 목표를 함축적으로 나타내는 이름표와 같기 때문에 기획안의 목적을 한 문장으로 압축시킬 수 있는 원샷 문장으로 구성하는 것이 좋습니다. 제목 설정이 어렵거나 적합한 제목을 찾기 어렵다면 기획안을 작성한 본인이 기획안 세부 내용을 정확하게 이해하지 못했거나 목적을 제대로 파악하지 못했을 가능성이 큽니다. 이럴 경우, 기획안 내용을 꼼꼼히 살펴보고 어떤 내용을 담은 문서인지를 정확히 파악해 보기 바랍니다.

> [핵심 목표를 함축시킨, 좋은 제목의 예]
> - 00년 마케팅 전략 계획서
> - 3분기 바이럴 마케팅 진행 기획서
> - 경쟁사 분석 보고서
> - 서포터즈 운영 계획서
> - 신메뉴 출시 기획안

이와 같이 시점, 목적, 채널 등을 함축적으로 담은 짧은 제목으로 구성해 보세요. 어쩔 수 없이 긴 제목을 써야 할 때에는 〈00년 마케팅 전략 계획서 - 바이럴 마케팅 경쟁력 강화 포인트〉와 같이 부제를 사용해도 좋습니다.

◆ 기획안 본문 구성은 WWWHI 구조에 맞추자

기획안을 작성하는 이유는 크게 세 가지로 나눌 수 있습니다. 첫째, 새로운 프로젝트를 시작하는 경우입니다. 이때 기획안은 사업성 검토, 기획 의도, 예상 기대 및 위험성 등을 평가하는 지표가 됩니다. 둘째, 상사에게 컨펌을 받아야 하는 경우입니다. 기획안을 통해 상사의 승인과 동의를 얻어야 해당 프로젝트를 진행할 수 있습니다. 셋째, 협업이 필요한 경우입니다. 기획안을 통해 프로젝트의 목표, 방향성, 계획 등을 명확하게 공유하여 협업을 원활하게 진행할 수 있습니다. 이러한 목적을 충족시키기 위해서는 아래 5가지 질문에 스스로 대답할 수 있어야 합니다.

WHAT	프로젝트의 목표는 무엇인가요?
	프로젝트를 시작하는 이유와 원하는 결과를 명확하게 정의해야 합니다.
WHY	왜 해야 하나요? 어떤 문제를 해결하고자 하는가요?
	프로젝트를 통해 해결하고자 하는 문제 또는 개선해야 할 부분을 정확히 파악해야 합니다.
WHEN	어떤 일정과 마일스톤을 설정할 것인가요?
	프로젝트의 일정과 중요한 단계를 설정하여 목표 달성을 위한 로드맵을 구체화해야 합니다.
HOW	어떤 전략과 방법을 사용할 것인가요?
	프로젝트를 위해 사용할 전략, 방법, 접근 방식 등을 구체적으로 계획해야 합니다.
IF	그래서 어떤 결과를 낼 수 있나요? 이걸 하면 뭐가 좋나요?
	프로젝트의 예상 목표나 기대효과를 예상하여 프로젝트의 필요성을 설명할 수 있어야 합니다.

위 질문들에 스스로 대답하여 기획안을 작성하면 상사의 컨펌을 받을 수 있고, 협업이 필요한 상황에서도 프로젝트의 목표와 계획을 명확히 공유할 수 있습니다.

◆ 기획안에 반드시 포함해야 할 6가지 항목

한 번에 통과하는 기획안을 만들기 위해서는 다음 6가지 항목은 반드시 포함해야 합니다. 이 항목을 포함하여 기획안을 작성하면 프로젝트의 목표와 방향성을 명확히 전달하고, 일정과 업무의 효율성을 관리하며, 기대효과와 성과를 측정할 수 있는 기준을 제공할 수 있습니다.

목적 및 방향성	프로젝트의 목표와 그를 달성하기 위한 기획안의 방향성을 명확하게 제시해야 합니다. 목표와 목적을 구체적으로 설명하고, 프로젝트가 어떤 가치를 창출하고자 하는지를 명확히 전달해야 합니다.
기간	이벤트 진행 기간, 홈페이지 리뉴얼 기간 등 프로젝트 기간에 대한 계획을 포함해야 합니다. 프로젝트의 시작과 끝을 명시하고, 각 단계의 일정과 마일스톤을 설정하여 목표 달성을 위한 시간 관리를 체계적으로 진행해야 합니다.
진행 방법 (메커니즘)	프로젝트를 진행하는 방법과 메커니즘을 상세히 설명해야 합니다. 프로젝트의 접근 방식, 프로세스, 팀 구성, 역할과 책임 등을 명확히 정의하여 프로젝트가 원활하게 진행될 수 있도록 해야 합니다.
마케팅 채널 및 예산	프로젝트에서 활용할 마케팅 채널과 예산을 명시해야 합니다. 어떤 채널을 통해 타깃 대상에게 접근하고 어떻게 홍보 및 마케팅을 진행할 것인지를 구체적으로 기술하고, 그에 따른 예산을 계획해야 합니다.
업무 별 세부 일정	프로젝트를 위해 수행할 업무들을 세부적으로 나누고, 각 업무의 일정을 명시해야 합니다. 프로젝트에 참여하는 팀원들이 업무를 수행할 때 필요한 일정과 기한을 명확하게 정의하여 업무의 효율성과 협업을 강화해야 합니다. 주로 간트차트를 통해 다양한 업무와 일정을 효율적으로 관리합니다.
기대효과(KPI)	프로젝트의 기대효과와 성과를 명시하고, 이를 측정할 수 있는 KPI(Key Performance Indicator)를 설정해야 합니다. 프로젝트가 어떤 가치를 창출하고 어떤 성과를 달성하고자 하는지를 명확하게 제시하고, 성과 측정을 위한 지표와 방법을 설정해야 합니다.

마케팅 예산은 어떻게 짜야 하는 걸까요?

마케터의 고유 권한, 마케팅 예산

마케팅 예산은 마케터의 고유 권한임을 이해하고 예산을 낭비하지 않으면서 마케팅 목표를 달성할 수 있도록 계획해야 합니다. 마케터는 전체 KPI를 달성하기 위해 다양한 마케팅 활동을 기획하고 진행합니다. 비용이 들지 않는 활동도 있지만, 유료 광고, 인플루언서 마케팅, MD 상품 제작 등 비용이 필요한 활동이 더 많습니다. 예산이 넉넉하면 문제가 되지 않지만, 대체로 정해진 예산 내에서 계획해야 합니다. 이처럼 한정된 예산으로 목표를 달성하기 위해서는 마케팅 목표 및 성과, 마케팅 채널 등을 고려한 예산 관리가 꼭 필요합니다. 그리고 더욱 효율적으로 관리하기 위해서는 다음 3단계 과정이 필요합니다. 이해하기 쉽게 은행 거래로 비유하여 설명하겠습니다.

통장 조회하기 = 과거 성과 분석하기

우리는 생활비를 잘 관리하기 위해 가계부나 용돈 기입장 등을 기록합니다.

기록된 내용을 살펴보며 언제, 어디서, 무엇을 구매했는지와 같이 지출 내역을 확인한 뒤 식비, 쇼핑, 문화생활 등의 소비 패턴을 분석합니다. 각 항목에 대해 적절히 소비했는지를 분석함과 동시에 월 예산을 초과했다면 다음 달에는 절약할 수 있도록 지출 계획을 세워야 할 것이고, 예산이 남았다면 차액을 다음달로 이월하거나 저축 통장에 넣어둘 수도 있습니다. 이와 마찬가지로 마케팅 예산도 제한된 자원을 효율적으로 활용하기 위해 과거에 진행한 프로젝트의 기획안이나 성과 보고서를 분석해야 합니다. 이때 기획안이나 성과 보고서가 가계부의 역할을 하게 됩니다. 어떤 채널을 사용했는지, 광고비를 얼마나 사용했는지, 그 채널에 대한 성과는 어땠는지 등 마케팅 채널의 종류, 성과, 예산을 확인해야 합니다. 이렇게 얻은 과거 데이터를 기반으로 성과가 좋았던 채널은 계속 활용하고, 성과가 좋지 않은 채널은 중단해야 합니다. 이렇게 하면 목표한 성과를 달성하기 위해 성과가 좋은 채널에 집중할 수 있을 것입니다.

은행 알아보기 = 업체 및 채널 알아보기

새로운 투자 목표나 지출 계획이 생겼을 때 신중하게 분석한 뒤 가장 적합한 은행을 선택하여 상담 후 계약을 진행합니다. 어떤 은행의 금리가 높고 혜택이 좋은지 꼼꼼하게 조사하고, 그중에서 우리에게 가장 유리한 곳을 선택할 수 있도록 하는 것이죠. 마케팅 예산도 마찬가지입니다. 새로운 마케팅 목표가 생겼을 때 무작정 광고를 계약하기 보다는 효율적이고 노출 가능성이 큰 채널을 우선으로 검토합니다. 그다음 AS 가능 여부, 담당자의 피드백 속도 등을 고려하여 채널을 선정한 후 담당자와 대면 미팅을 통해 진행 여부를 결정합니다. 추가로 1,000만 원의 바이럴 마케팅 예산이 생겼다고 가정해 봅시다. 마케터는 이 추가 예산을 활용하여 새로운 채널에 마케팅 예산을 분배해야 합니다. 기존 채널의 광고비를 증액하는 것도 가능하지만, 빠른 성과를 얻기 위해 새로운 채널을 확대하는 것도 중요합니다. 따라서 마케터는 여러 바이럴 마케팅 업체와의 미팅을 통해 비교 분석을 진행하고 가장 적합한 업체를 선택합니다. 이러한 분석 과정은 다음과 같이 비교 분석표를 활용하여 가장 효율적인 업체를 찾는 것입니다.

▼ [참고자료 : 바이럴 업체 비교 분석 표]

업체	단가(원, 블로그 1개당)	진행 조건	특이사항
A	150,000	노출 순위 보장 X	AS 안 됨
B	200,000	노출 순위 5위 보장, 기간 보장은 X	AS 최초 1회에 한해 진행
C	300,000	노출 순위 1페이지 내 보장, 한 달 보장	업로드 전 원고 사전 공유O, 기간 못 채울 시 AS 무한 가능

A 업체는 단가가 가장 저렴하지만 노출 순위와 AS 보장이 없는 업체입니다. 목표 순위에 안정적으로 도달한다면 가장 경제적인 선택일 수 있지만, 노출 순위에 도달하지 못했을 때 보상을 받을 방법이 없어 매우 위험한 조건입니다. B 업체는 노출 순위는 5위까지 보장하지만 노출 기간은 보장하지 않습니다. 따라서 장기간 홍보보다는 일회성 홍보가 필요한 경우에 고려해볼 수 있는 조건입니다. C 업체는 단가가 가장 높지만 노출 순위와 노출 기간이 보장됩니다. 또한, 컨텐츠 발행 전 사전 원고를 공유할 수 있어 원고 수정도 원활하게 이루어질 것입니다. 계약된 기간을 채우지 못해도 무한한 AS가 가능하므로 리스크를 최소화할 수 있습니다. 종합적으로 분석해볼 때 C 업체는 단가는 가장 높지만, 진행 조건과 특이사항을 고려할 때 가장 안전하게 진행할 수 있는 업체로 예상됩니다. 이처럼 마케터는 단순히 단가만 고려하는 것이 아니라 미팅을 통해 복합적으로 분석한 내용을 고려하여 진행 여부를 결정하는 것이 좋습니다.

통장 쪼개기 = 채널 나누기

생활비를 관리할 때 생활비 통장, 경조사 통장, 예금/적금 통장, 데이트 통장 등과 같이 목적에 맞게 통장을 쪼개는 경우가 많습니다. 이는 소득을 목적별로 분류하여 예산 내에서 합리적으로 소비하고 틈새 지출을 방지하기 위한 목적이 있습니다. 또한, 통장을 쪼개어두면 리스크를 분산시킬 수 있는 효과도 얻을 수 있습니다. 마케팅 예산도 같습니다. 광고의 목적에 따라 채널을 나눔으로써 한정된 예산을 효율적으로 관리하고 마케팅 채널에 대한 리스크를 분산시킬 수 있습니다. 한 채널에 모든 예산을 집중적으로 투입한다면 광고 효율이 저하되거나 노출이 중단될 경우 리스크를 관리하기 어렵습니다. 이미 모든 예산을 소진해버린 상황이기 때문입니다. 그러나 다양한 마케팅 채널을 운영하는 경우라면 한 곳에서 문제가 발생하더라도 다른 채널에서 이를 보완할 수 있으며 리스크를 관리할 수 있는 이점이 있습니다.

이처럼 광고 상품이나 마케팅 채널은 마케터 개인이 통제할 수 없는 부득이한 상황이 많습니다. 리스크를 분산시키며 목표한 성과를 달성하기 위해서는 마케팅 채널을 분리하여 진행하는 것이 필요합니다. 마케팅 예산과 채널을 분산하는 방법은 목표에 따라 달라지겠지만 다음과 같이 예산안을 바탕으로 구축할 수 있습니다.

▼ [마케팅 예산 구성 예시]

구분	항목	상세설명	수량	단가	합계
온라인 마케팅	자사 홈페이지	팝업창, 고객센터, 톡톡 홍보	실비		97,000
	마케팅	인스타그램, 페이스북, 블로그 업로드	–	–	–
	SNS 파워채널 광고	팔로워 100만 명, A사 1건 업로드	1	700,000	700,000
	카페 바이럴	회원 50만 명, B사 카페 게시글 3건 업로드	3	200,000	600,000
	메타 광고	인스타그램 스토리, 릴스 광고	실비		300,000
	인스타 인기 게시물 광고	인기게시물 (키워드 ***, 1페이지 및 20일 노출 보장)	1	400,000	400,000
합계					2,097,000
오프 라인 프로 모션	굿즈 증정 이벤트	협업사 협찬 건으로 발생 비용 없음	300	–	–
	해시태그 이벤트	#카페, #신상카페 해시태그 추가하여 후기 업로드 시 10명 선정하여 카페 5만 원 무료이용권 증정	10	50,000	500,000
합계					500,000
디자인	스튜디오 촬영	홍보물 제작을 위한 스튜디오 촬영	1	500,000	500,000
	매장 랩핑	VMD를 위한 매장 유리창 랩핑 제작	50	12,000	600,000
	예약 종이	사전 예약 확인증 제작	2,000	41	82,000
	POP 홍보물 제작	쇼케이스 상단 POP 노출	120	77	9,240
	포스터 제작	매장 내 프로모션 안내 포스터 제작	60	1,577	94,620
	네임택 3종 제작	쇼케이스 내 케이크 설명 네임택 제작	120	77	9,240
합계					1,295,100
총계					3,892,100

마케팅 예산표 작성하는 방법

마케팅 예산 항목을 구성하기 위해서는 마케팅 채널과 단가, 수량이 준비되어야 합니다. 앞서 설명한 과거 성과 분석하기, 마케팅 업체/채널 리스트업 하기, 채널 나누기 과정을 통해 수집한 데이터를 활용하면 됩니다. 다양한 데이터가 취합되었다면 프로젝트의 목표와 기간, 기타 참고 사항 등을 고려하여 마케팅 예산을 배분해 보세요. 저는 크게 '구분', '항목', '상세 설명', '수량', '단가', '합계' 항목을 활용하여 작성합니다.

◆ 구분하기

구분 항목을 채우기 위해서는 예산이 사용되는 목적에 맞게 분류해야 합니다. 예를 들어, 온라인 마케팅, 프로모션, 디자인, 기타 등의 구분을 설정하여 예산을 분류할 수 있습니다. 채널이 적으면 전체 채널을 나열하는 것도 가능하지만, 진행하는 채널이 많으면 분류하여 기록하는 것이 좋습니다. 목적이 같은 항목끼리 분류해두면 어떤 업무가 진행되는지를 빠르게 파악할 수 있기 때문입니다. 또한, 각 항목을 구분하였다면 각 항목에서 얼마를 사용했는지 확인할 수 있도록 전체 합계를 넣어주는 것이 좋습니다. 이렇게 하면 어느 채널에 얼마를 사용했는지 쉽게 확인할 수 있습니다.

◆ 항목/상세설명

온라인 마케팅, 프로모션, 디자인, 기타 등의 대분류를 설정한 후 각 항목에 소분류를 추가해야 합니다. 이 항목을 통해 진행하고자 하는 마케팅 채널을 명확히 기재하면 됩니다. 항목 대신에 채널, 광고, 상품 등의 단어를 사용하여 설명해도 됩니다. 예를 들어, 온라인 마케팅에는 자사 홈페이지, 자사 SNS, SNS 파워 채널, 카페 바이럴, 인스타그램 스폰서드 광고, 인스타그램 인기게시물 광고 등이 포함될 수 있습니다. 진행할 마케팅 채널을 선정했다면 각 항목을 구성하는 채널이 어떤 채널인지를 상세하게 설명해야 합니다. 마케터는 상세 설명 없이도 내용을 이해할 수 있을지도 모르지만, 의사결정권자는 어떤 내용인지 모르는 경우가 많습니다. 그러므로 어떤 채널인지, 어떤 이유로 예산을 사용하는지를 더욱 자세하게 설명한다면 설득력과 업무 속도를 높일 수 있습니다.

◆ 수량/단가/합계

예산에는 반드시 '어떤 채널에 얼마를 사용할 것인지'를 설명할 수 있어야 합니다. 설득력 있게 설명하기 위해서는 수량, 단가, 합계를 통해 설명하는 것이 좋습니다. 블로그 게시글 1개당 50,000원의 광고를 10개 진행한다면 수량은 10, 단가는 50,000원으로 합계는 총 500,000원으로 작성할 수 있습니다. 반면, CPC*나 CPM* 등 퍼포먼스 광고의 경우에는 고객이 실제로 클릭할 때 광고비가 책정되며, 같은 광고비를 투입하더라도 효율에 따라 단가가 변동하는 특징이 있습니다. 이런 경우에는 수량은 큰 의미가 없어 공란으로 기입하거나 수량과 단가의 셀을 합친 뒤 '실비*'로 표현해도 됩니다. 이러한 방식을 통해 예산 항목을 설명하면 어떤 채널에 얼마를 사용할 것인지를 명확하게 전달할 수 있습니다.

◆ 그 외 꿀팁

예산은 돈에 관한 것인 만큼 신중하게 다루어져야 합니다. 그 중 '단위' 표기에 대한 중요성도 잊지 마세요. 단위에 따라 수천, 수백만 원의 금액이 오고 갈 수

★ CPC: Cost Per Click, 광고주가 광고를 클릭한 횟수에 대해 지불하는 비용
★ CPM: Cost Per Mille, 광고가 1,000회 노출되는 데에 대해 광고주가 지불하는 비용
★ 실비: 이익이나 수당 등을 제외하고 실제로 드는 비용이라는 뜻으로, 실제 광고에 사용되는 광고비로 사용됨.

있으므로 정확한 단위를 기입하여 문제를 최소화해야 합니다. 취급하는 모든 항목이 같은 단위일 경우 표의 오른쪽 위에 단위를 적습니다. (단위: 원, VAT 별도)와 같이 예산 항목에 사용되는 단위와 VAT 부가세 포함 여부를 표기하는 것이 일반적입니다. 비용이 큰 경우에는 천 원, 만 원 등의 단위를 사용하기도 합니다. 단위에 따라 예산 전체가 달라질 수 있으므로 단위를 여러 번 검토하기 바랍니다. 또한, 각 구분별 총 합계액을 넣습니다. 마케팅 채널이 적거나 예산이 낮은 경우 항목별 사용한 금액을 쉽게 확인할 수 있지만, 대기업 및 유명 기업 등 여러 채널을 동시다발적으로 진행하는 경우에는 일일이 확인하기 어렵습니다. 이를 위해 구분별 분배된 예산 합계액을 넣습니다. 표의 맨 하단에는 모든 예산의 합계액을 넣어 세부 지출액 및 총 지출액도 확인할 수 있게 합니다.

마케팅 예산은 마케터 고유의 권한

연차가 낮은 신입이나 주니어의 경우, 어떤 채널에 얼마를 투입해야 하는지 결정하는 일은 매우 어렵고 부담스러울 수 있습니다. 또한, 마케팅 부서는 회사에서 거의 유일하게 막대한 예산을 책정하는 부서이기 때문에 다른 부서로부터 여러 요청과 비난을 받을 수도 있습니다. 그럴 때마다 다른 부서의 입김에 넘어가거나 본래 계획한 마케팅 예산을 변경하는 것은 피해야 합니다. 한 번 허용해주면 다른 부서의 요청을 일일이 수용해야 할 수도 있습니다. 마케팅 예산은 누구의 것도 아닌 마케터 본인의 고유한 권한이며, 마케팅 예산을 잘 활용하는 것은 마케팅 실력의 일부라는 것을 기억해야 합니다. 다른 부서의 요청이나 비판이 있더라도 마케팅 예산을 변경하지 말고, 자신의 계획과 전략을 충실히 수행해야 합니다. 이를 통해 마케팅 부서의 역할과 중요성을 다른 부서에 알리고, 효과적인 마케팅 활동을 지속할 수 있습니다.

물론, 공동의 목표를 달성하기 위해 다른 부서의 상황도 고려해야 합니다. 그러나 다른 부서의 요청과 입김에 일일이 대응하다 보면 마케터의 기획 의도와 목적을 상실할 수 있습니다. 마케터로서 중요한 것은 다른 부서의 요청을 수용하면서도 마케팅의 전략과 목표를 지키는 것입니다. 이를 위해 다른 부서와의 원활한 커뮤니케이션과 협력이 필요하지만, 마케터의 전략과 예산을 일일이 변경하거나 희생시키는 것은 바람직하지 않습니다. 마케터는 회사의 전략과 목표를 고려하면서 독립적으로 마케팅 예산을 책정하고 효과적인 마케팅 활동을 수행해야 합니다. 그러니 마케터는 다른 부서와의 조율을 통해 공동의 목표를 달성하되, 마케터의 기획 의도와 목적을 유지하여 회사의 성공에 기여할 수 있도록 해야 합니다.

실수하고 싶지 않아요

실수했을 때 상사에게 보고하는 요령

신입이나 주니어는 경험치가 부족하여 실수하는 것은 당연하고 실수를 통해 배우는 것들도 있습니다. 하지만 당사자는 실수에 대해 상사로부터 질책을 받는 것이 무섭고, 실망시킨 것 같아 미안하고, 주변 동료들에게 비난받을까 무서워 실수에 지나치게 엄격해질 때도 있습니다. 하지만 되려 실수하면 안된다는 강박이 몸과 마음을 굳게 만들어 일을 유연하게 대처하기가 매우 어려워집니다. 그러므로 '실수는 반드시 일어날 수밖에 없다.'는 자연의 섭리를 받아들이고, 실수를 절대하지 않겠다는 생각보다는 실수한 이후에 어떻게 대처할 것인지를 고민하는 것이 현명한 방법일 수 있습니다. 그럼 실수했을 때 현명하게 대처하는 요령에 대해 알아보겠습니다.

실수는 최대한 빨리 공유한다

일하던 중 실수를 발견하면 최대한 빨리 상사에게 보고합니다. 연차가 높을 수록 많은 경험과 지식을 갖추고 있어 이전 경험을 바탕으로 문제에 대한 예측과 대응 능력이 뛰어날 수 있습니다. 더 큰 피해를 막기 위해서는 상사에게 최대한 빨리 보고하는 것이 좋습니다. 상사는 자신의 경험과 지식을 토대로 문제를 해결하고 조치할 수 있으며, 신입이나 주니어에게 조언과 지도해 줄 수 있습니다. 마케팅 업무는 내외부적으로 영향을 줄 수 있는 업무들이 많습니다. 스스로 해결하기 위해 시간을 지체하면 더 큰 문제와 피해가 발생할 수 있으므로 문제를 조기에 인지하고 조직 전체의 원활한 업무 진행을 위해 빠르게 상사에게 보고하는 것이 좋습니다.

불안감을 조성하지 않는다

상사에게 실수를 보고할 때는 불안감을 조성하지 않는 것이 가장 중요합니다. 마케터가 할 수 있는 실수는 다양하며, 예산, 채널, 일정 등 중요한 업무를 담당하는 직무이기 때문에 불안감을 조성하면 심각한 분위기를 악화시킬 수 있습니다. 그러므로 같은 상황에 대해 보고할 때도 불안감을 유발할 수 있는 자극적인 단어나 비언어적인 요소는 최소화하는 것이 좋습니다.

예를 들어, 겁에 질린 듯한 표정으로 "팀장님, 프로모션 시작일이 2일밖에 남지 않았는데 포스터가 아직 도착하지 않아서 걱정됩니다. 포스터 없이 프로모션 시작 자체가 어려워 일정 자체를 변경해야 할 수도 있는데 어떡하죠?"라고 말하거나, 금방이라도 울 듯한 목소리로 "팀장님, 제가 포스터 제작 단가를 잘못 계산해서 200만 원 정도 손실이 날 것 같습니다. 제 월급에서 까주세요…"와 같은 표현은 극도의 불안감을 조성하는 사례입니다. 반면에 "팀장님, 이번에 진행할 프로모션에 대해 보고드릴 사항이 있습니다. 모든 항목은 문제없이 잘 준비되고 있는

데요. 포스터가 아직 도착하지 않은 상황입니다. 도착 전까지는 오프라인 홍보가 어려울 것으로 예상됩니다. 우선 포스터를 제외한 배너, SNS 홍보로 최대한 고객 모집에 힘 써 보겠습니다."와 같이 보고하거나, "팀장님, 저희가 사용하는 종이 재질의 원가 자체가 상향되어 200만 원이 추가로 청구될 것 같습니다. 이미 발주까지 들어간 상황이라 중단시키기에는 어려움이 있습니다. 상향된 제조가를 판매가나 배송비에 반영하여 최대한 손실 금액을 충당할 수 있도록 하겠습니다."와 같이 보고한다면 예기치 못한 문제나 실수가 발생한 상황임에도 불구하고 문제를 조기에 인지하고 대응할 수 있을 것입니다. 이처럼 실수나 문제 상황에 대해 보고할 때는 겁에 질린 듯한 표현이나 불안감을 조성하는 표현보다는 조심스럽게 사실을 전달하고, 어떻게 대응할 것인지에 대한 계획이나 대책을 제시하는 것이 좋습니다. 이를 통해 문제 상황을 최소화하고, 상사와의 의사소통을 원활하게 유지할 수 있습니다.

잘 진행되고 있는 업무부터 나열한다

실수를 보고할 때, 잘 진행되고 있는 업무부터 이야기한 후 실수를 보고하는 방식은 조금 더 원활한 소통을 도모할 수 있습니다. 이 방법은 실수를 보고할 때뿐만 아니라 상사에게 일반 업무를 보고할 때도 적용할 수 있습니다. 사람의 기억력은 일반적으로 뒤에 말보다는 앞에 말한 내용을 더 잘 기억하는 경향이 있습니다. 이러한 현상은 '초두 효과(Primacy Effect)'라고도 하는데, 처음에 들은 정보가 기억에 더 오래 남는 것을 의미합니다. 초두 효과를 활용하여 잘 진행되는 업무를 우선으로 이야기한 후에 실수를 보고하면 상사는 먼저 전체적인 업무 진행 상황을 인식한 후, 실수 보고를 받을 수 있어 더 원활한 소통과 이해가 이루어질 수 있습니다. 이 방식은 상사와의 의사소통을 효과적으로 관리하고, 문제 상황을 조기에 파악하여 대응하는 데에 도움을 줄 수 있습니다.

◆ 잘못된 보고의 예

"팀장님, 지난주 주요 업무에 대해 보고드리겠습니다. A 프로젝트 진행과 관련하여 가장 중요한 홍보 채널 중 하나인 S플랫폼의 업데이트 일정으로 인해 약 8시간 동안 광고 노출이 불가능했습니다. 특히 주말 피크타임에 발생한 이슈로, 이로 인해 약 200만 원가량 손실이 예상됩니다. 고객 불만도 다량으로 접수되었으며, CS 센터도 마비된 상황입니다. 반면에 고객 참여도는 높은 편입니다. 프로젝트 시작 2일 만에 고객 참여율이 120%를 넘어섰으며, SNS 후기도 200건 이상 올라온 것으로 보아, 이전에 진행한 바이럴 마케팅과 비교했을 때 더 좋은 성과를 보여주고 있습니다. 프로젝트 종료 전까지는 지속으로 모니터링하여 특이한 사항이 있으면 보고드리도록 하겠습니다."

◆ 좋은 보고의 예

"팀장님, 지난주 주요 업무에 대해 보고드리겠습니다. 프로젝트 A는 시작한 지 약 2일밖에 되지 않았음에도 고객 참여율이 120%를 넘어섰으며, SNS에서도 광고 없이도 자발적인 후기가 200개 이상 올라온 것으로 보아, 이전에 진행한 바이럴 마케팅에 비해 더 좋은 성과를 보여주고 있습니다. 다만, 주요 홍보 채널 중에서 가장 큰 비중을 차지하는 S플랫폼의 업데이트 일정으로 인해 약 8시간 동안 광고 노출이 되지 않는 상황이 발생했습니다. 이에 대해서는 저의 미숙한 점으로 인해 사전에 체크하지 못한 것이 원인이었습니다. 추후 같은 리스크가 발생하지 않도록 지속적인 모니터링을 통해 대비해 나갈 것입니다. 또한, S플랫폼 담당자와 협의하여 보상에 대한 논의를 진행 중에 있으며, 결정되는 대로 즉시 보고드리도록 하겠습니다."

어떤가요? 같은 상황을 보고하는 것임에도 불구하고 느낌이 사뭇 다르지 않나요? 잘못된 예의 경우 실수를 먼저 보고한 뒤 성과를 언급했습니다. 제가 보고를 받는 팀장의 입장이었다면 S플랫폼에 8시간이나 노출되지 못한 점과 손실액 200만 원 등 부정적인 이슈 때문에 고객 참여율 120%, SNS 후기 200개 등의 성과는 크게 와닿지 않을 것 같습니다. 좋은 예의 경우 잘 진행되고 있는 부분을 먼저 설명한 뒤 애로사항에 대해 설명했습니다. 분명 같은 상황임에도 불구하고 큰 문제로 인식되지 않습니다. 더불어 본인의 실수를 인정함과 동시에 문제 해결 방법도 설명하였기 때문에 크게 나쁘게 받아들여지지 않을 것입니다. 이처럼 앞서 설명한 선순위 효과를 잘 활용한다면 실수를 현명하게 대처할 수 있을 것입니다.

해결책 제안과 동시에 자문을 구한다

실수는 누구에게나 발생할 수 있습니다. 다만, 실력은 그 실수를 어떻게 다루느냐에 따라 차이가 나는 것뿐입니다. 다음은 인플루언서 섭외가 지연된 상황에서 팀장님께 보고하는 직원 A와 직원 B의 사례입니다. 이를 통해 실수를 대하는 자세에 대해 살펴봅시다.

◆ 직원 A의 보고 방법

직원 A: 팀장님, 인플루언서 섭외 건이 지연되어 이번 행사 초대가 불가해졌습니다.

팀장님: 무슨 인플루언서? 우리가 행사를 하고 있었나?

직원 A: 아, 저희 이번에 팝업 스토어를 통해 신메뉴 홍보 행사를 진행하고 있습니다.

팀장님: 인플루언서는 왜 못 온다고 하는데? 초대 인원 다 못 온다고 한 건가?

직원 A: 그건 아니고 가장 파급력이 큰 메가 인플루언서 3분이 못 오신다고 하십니다.

팀장님: 왜 못 온다고 하는데?

직원 A: 네?.. 그냥 못 온다는 답변을 받았는데요..?

팀장님: 다른 대안은 없나?

직원 A: 못 온다고 하는데 뭘 더 어떻게…?

팀장님: 광고비를 더 올려준다거나 VIP룸을 마련한다거나… 이런 추가적인 방안도 있을 텐데.

직원 A: 아뇨. 거기까지는 미처 생각하지 못했습니다.

팀장님: 자네는 보고할 준비가 안 된 것 같네. 이만 나가봐.

◆ **직원 B의 보고 방법**

직원 B: 팀장님, 이전에 말씀드렸던 프로젝트와 관련하여 인스타그램 인플루언서 섭외 건이 지연되어 오픈 행사에는 초대하지 못할 것 같습니다. 다만, 이전에 저희와 함께 작업했던 유튜버 중 OOO님이 시간이 가능하다고 해서 대체하고자 합니다. 구독자 수는 20만 명으로 댓글, 좋아요, 이벤트 참여율 등 고객 반응이 좋은 채널입니다. 이번 행사 반응이 좋으면 유튜브 채널도 프로모션 정식 광고 채널로 추가하면 좋을 것 같습니다. 혹시 팀장님께서는 반드시 인스타그램 인플루언서를 활용해야 한다고 생각하시는 걸까요? 또한 유튜브 채널 확장에 대해서는 어떻게 생각하시는지 말씀해주시면 마케팅 채널에 참고하겠습니다.

위 대화 내용만 보면 직원 A와 직원 B가 같은 상황을 보고하는지 모를 정도로 상황을 보고하는 데 큰 차이가 있습니다. 직원 A는 본인이 맡은 프로젝트에 대해 명확한 설명을 제공하지 못하고 있으며, 문제 상황도 제대로 전달하지 못한 것으로 보입니다. 상사 입장에서는 직원 A의 보고 내용에 대해 신뢰하기 어려울 것이며, 앞으로의 업무 지시도 소극적으로 이루어질 가능성이 있습니다. 직원 B의 경우 인스타그램 인플루언서를 초대하지 못하는 상황을 고려하여 유튜브 채널을 대안으로 제시했습니다. 더불어 초대하고자 하는 유튜브 채널의 특징에 대해서도 설명하였으며, 이번 행사를 테스트로 삼아 좋은 반응이 있으면 정식 광고 채널로 추가할 수 있다는 의견을 전달하였습니다. 이로써 담당자의 책임감과 창의성을 엿볼 수 있었습니다. 마지막으로 "팀장님께서는 인스타그램 인플루언서를 꼭 활용해야 한다고 생각하고 계실까요?"라는 질문이나 "유튜브 채널 확장에 대해서는 어떻게 생각하시는지 말씀해주시면 마케팅 채널에 참고하겠습니다."와 같은 자문을 구함으로써 팀장님의 의견을 적극적으로 활용하고자 하는 의지를 보여주었습니다. 이와 같은 자문이나 도움을 요청함으로써 우리는 한 배를 탄 동료라는 소속감을 느끼게 할 뿐만 아니라, 개인의 선택과 책임을 넘어 공동의 선택과 책임으로 만들어갈 수 있습니다. 특히 상사 입장에서는 본인이 의견을 준 프로젝트에 더 큰 관심과 지지를 보일 것입니다.

후회 없는
연봉 협상을 위한
치트키

첫 연봉 협상부터 연봉 15% 올린 노하우

　　직장을 다니는 이유는 자아실현, 성취감, 고객 만족 등 여러 가지가 있지만, 그중에서도 가장 중요한 이유는 바로 '돈'일 것입니다. 자기소개서 항목 중 지원동기에 대해서도 '지원동기가 어딨어. 그냥 돈 벌려고 다니는 거지.'라고 생각한 적도 있을 겁니다. 그만큼 연봉은 나의 노동력을 돈으로 등가교환하는 비즈니스이기 때문에 매우 중요한 요소입니다. 저는 첫 회사에서 매우 낮은 연봉으로 시작해 연봉 협상 시즌 때마다 최선을 다해 연봉을 올리려고 했습니다. 그 결과 첫 연봉 협상 시, 동기 최초, 사원 최초로 A등급을 받으며 한 번에 연봉 15%를 올릴 수 있었습니다. 특히 당시 저를 평가했던 팀장님은 팀원 평가에 매우 인색했기 때문에 더욱 큰 의미가 있습니다. 그런 팀장님에게 A등급을 받았다는 사실은 연봉 인상뿐만 아니라 자존감과 애사심 차원에서도 큰 동기부여가 되었습니다. 여기서는 그렇게 인색했던 팀장님께서도 A등급을 줄 수밖에 없었던 연봉 협상의 노하우를 공개하겠습니다.

연봉 협상 과정

먼저 연봉 협상을 준비하기 전에 연봉 협상 과정을 설명하겠습니다. 연봉 협상은 대부분 사전 안내, 평가, 통보 순으로 진행됩니다. 연봉 협상 대상자라면 사전 안내를 받은 즉시 연봉 협상에 필요한 자료를 취합하여 평가 단계에서 최대한 나의 성과와 기여도를 어필할 수 있도록 해야 합니다. 평가 단계에서 연봉이 결정되기 때문입니다. 연봉 협상 과정은 규모가 큰 회사일수록 더욱 세분화할 수 있으며, 규모가 작은 회사에서는 간결하게 진행될 수도 있습니다. 산업에 따라서도 달라질 수 있으니 상황에 맞게 유동적으로 대처하기 바랍니다.

◆ 사전 안내 : 연봉 협상 대상자 및 기간 안내

연말, 연초 시즌에 맞춰 인사 담당자 또는 각 팀의 팀장이 연봉 협상 대상자와 기간을 공지합니다. 주로 11월에 평가가 시작되고 12월에 협상 단계를 거쳐 새해가 되기 전에 업데이트된 연봉으로 근로계약서를 작성합니다. 통상적인 기준으로는 올해 1년 동안 진행한 업무를 평가하여 내년도 연봉을 산정하는 것이 정석입니다. 작년 5월에 입사했다면 올해 5월이 지나기 전에 연봉 협상을 하는 것이죠. 하지만 최근 많은 기업에서 평가 기간을 통일하고 있습니다. 연봉 협상 시즌을 통일하면 회사 입장에서는 협상을 한 번에 진행할 수 있어 업무 효율성이 높고, 연봉 협상 대상자의 이직 가능성을 낮출 수 있다는 이점이 있습니다. 연봉 협상 당사자는 연봉 협상 시즌이 통일되면 개인별로 진행할 때보다 연봉 협상을 준비할 시간이 확보되어 여러 자료를 취합해서 유리한 조건을 제시할 수 있습니다. 또한, 다른 회사의 연봉 수준을 파악하기 용이하므로 자신의 연봉이 적절한지 판단할 수 있습니다. 만약 연봉 협상 시즌을 통일하지 않고 개인의 입사 시점을 기준으로 한다면 연봉 협상 시기가 유연해진다는 장점이 있지만, 준비할 시간이 부족하고 다른 회사의 연봉 수준을 파악하기 어려울 수 있습니다. 따라서 이때는 다른 회사의 연봉 수준을 미리 파악하여 연봉 협상 전략을 구축해야 합니다. 이를 위해 자신의 성과와 기여도를 어필할 수 있는 자료를 준비하여 원하는 결과를 얻을 수 있도록 하는 것이 좋습니다. 이처럼 연봉 협상은 매우 중요한 절차이기 때문에 충분히 준비하고 임하는 것이 좋습니다.

◆ 평가

연봉 협상 대상자와 기간을 통보한 다음으로는 평가가 진행됩니다. 평가 시스템은 자체 평가, 팀원 평가, 팀장 평가로 진행됩니다. 회사마다 평가 항목당 중요도가 상이하며 백분율로 나눠 평가하게 됩니다. 예를 들어 자체 평가 30%, 팀원 평가 30%, 팀장 평가 40%의 비중으로 나눌 수 있습니다. 대부분 이와 같은 순서로 진행되지만, 규모가 작은 회사라면 팀장 평가로만 이루어지는 경우도 있고 대표자의 권한으로 연봉을 결정하는 곳도 있습니다. 따라서 회사마다 연봉 협상 과정이 다를 수 있으니 사전에 연봉 협상 과정을 파악하고 준비하는 것이 좋습니다.

◆ 자체 평가

자체 평가는 말 그대로 나의 업무와 성과에 대해 스스로 평가하는 것을 말합니다. 주관식이나 객관식 항목으로만 구성되거나 주관식과 객관식 모두 구성되기도 합니다. 각 항목이 요구하는 내용에 맞춰 본인을 평가하면 됩니다. 자체 평가를 할 때 가장 중요한 것은 한 해 동안 어떤 성과를 냈고, 어떤 문제점을 개선하였으며, 다음 해에는 어떠한 기여를 할 것인지를 설명하는 것입니다. 단순히 과거 성과만 나열하지 말고 미래에 대한 기대감을 심어줘야만 연봉 협상에 유리할 수 있다는 것을 기억해 주세요. 한편 자체 평가서를 작성할 때 "저는 스스로 칭찬하는 것이 어색해요.", "제가 한 일은 맞지만 잘난 척하는 것 같아서 민망해요."라며 스스로를 낮추는 경우가 많습니다. 하지만 연봉 협상에 있어서 소극적인 태도는 스스로 연봉을 낮추는 꼴입니다. 그러니 본인의 성과를 당당히 표현할 수 있어야 합니다. 연봉 협상은 나의 성과를 인정받고, 그에 상응하는 보상을 받는 과정입니다. 따라서 스스로의 성과를 당당히 표현하는 것이 중요합니다. 자신이 한 일은 맞지만 잘난 척하는 것 같아서 민망하다고 생각하는 분들은 잘난척 하는 것이 아니라 성과를 인정받고 싶은 것이라 생각해 보세요. 스스로의 성과를 당당히 표현할 수 있다면 연봉 협상에서 유리한 위치에 설 수 있을 것입니다. 이와 더불어 자체 평가서를 작성할 때 알아두면 좋은 팁을 설명하겠습니다.

과거, 현재, 미래 중심으로 나눠라

평가서 작성을 위해 지난 1년간 진행한 업무를 정리하면 정말 많은 일을 했을 것입니다. 모든 업무를 평가서에 작성하고 싶겠지만, 좋은 방법이 아닙니다. 본인의 성과를 임팩트있게 설명하는 것이 좋습니다. 그러려면 시점별로 설명하는 기술이 필요합니다. 본인의 업무를 과거, 현재, 미래로 나누어 설명하는 것입니다. 과거 업무를 통해 본인의 주요 성과와 역할을 설명할 수 있고, 현재 업무를 통해 본인의 필요성을 설명할 수 있습니다. 마지막으로 진행 예정 업무를 설명하여 앞으로 어떻게 기여할 것인지 어필할 수 있습니다. 이처럼 시점을 중심으로 업무 설명 기술을 활용하면 평가자의 피로도를 줄여줄 뿐만 아니라 본인의 성과를 더 효과적으로 설명할 수 있습니다.

[과거]

- 과거 업무 및 성과를 통해 팀 성과에 기여한 과정을 설명하는 것이 중요합니다.
- 지난 1년 동안 담당했던 업무 중 가장 성과가 좋았던 업무 위주로 설명해 보세요.

- 성과는 수치로 설명합니다. ~에 기여, ~에 참여와 같이 추상적인 설명보다는 50% 증대, 매출 2배 증가 등 숫자를 활용하세요. 수치로 설명할 수 없는 성과라면 성과 달성 과정을 통해 본인의 역할과 문제 해결 능력을 설명하는 것이 좋습니다.

[현재]

- 현재 진행하고 있는 업무를 통해 본인의 역할과 중요도를 어필하는 것이 중요합니다.
- 현재 진행하고 있는 업무가 팀 목표를 달성하는 데 있어 얼마나 중요한 일인지 자세히 설명합니다.
- 일이 진행되고 있다면 진척률에 대해 설명해 주세요(예: 약 80% 진행 중 or 2/3 진행 완료).

[미래]

- 미래에 대한 계획을 설명하여 자기계발, 업무 능력 향상에 대한 기대치를 자극하는 것이 중요합니다.
- 내년도 회사가 중요하게 생각하는 비즈니스 모델이 있다면 이에 도움이 될 활동을 계획해야 합니다.
- 내년도 전사 목표가 레거시(전통적인) 마케팅은 최소화하고 뉴미디어 확대라고 한다면 뉴미디어 시장 진출을 위한 마케팅 툴 습득, 인플루언서 리스트업, 영상 마케팅에 대한 경험을 쌓을 거라는 개인적 차원의 목표와 의지를 설명하는 것이 필요합니다.

평가 기간		평가 일자	
소속		성명	
직급		입사 일자	
담당 업무			
성과 요약			
목표 설정과 달성			
역량 개발			
문제 해결 및 능동성			
내년도 목표 및 개선사항			
평가자 의견			
특이사항			

이처럼 시점을 중심으로 업무를 설명하는 기술을 활용하면 평가자의 피로도를 줄이고 본인의 성과를 더 효과적으로 설명할 수 있습니다.

◆ 팀원 평가

내가 속한 팀원이 나를 평가하는 것이 팀원 평가입니다. 팀원으로서 좋은 시너지를 내고 있는지, 협업에 적극적인지, 함께 일하고 싶은 동료인지를 파악하기 위한 질문지로 구성되어 있으며 등급 또는 점수로 평가합니다. 팀원 평가는 팀원들 간의 협업과 소통을 증진시키고, 팀의 목표 달성에 기여하는 데 중요한 역할을 합니다. 팀원 평가를 통해 팀원들은 서로의 장점과 단점을 파악하고, 협업 방식을 개선하기도 합니다. 또한, 팀원 평가는 팀원들의 동기부여를 높이고, 팀의 생산성을 향상시키는 데 도움이 됩니다. 팀원 평가 항목은 다음과 같습니다.

[평가 항목 예시]

[   ] 000은 본인이 맡은 바에 책임을 다하는 동료인가요?

[   ] 000은 회의 참석 시, 적극적으로 아이디어를 내는 편인가요?

[   ] 000은 필요한 업무를 요청할 때 적극적으로 나서는 편인가요?

[   ] 내년에도 000와 같은 팀을 하고 싶나요?

[   ] 000은 성과를 개선하거나 실력을 키우기 위해 적극적으로 노력하는
          동료인가요??

도리몬's Tip **팀원 평가와 비슷한 협업 부서 평가**

팀원 평가와 동시에 협업 부서 평가도 함께 진행되는 회사도 있습니다. 나와 같은 팀은 아니지만, 함께 협업하는 구성원이 나를 평가하는 것이 협업 부서 평가입니다. 마케터는 디자이너, 개발자, 기획자 등이 평가를 하게 됩니다. 평가자를 인사팀에서 지정하기도 하며 연봉 협상 대상자가 직접 지정하는 경우도 있습니다. 저는 평가자를 직접 선택하였고, 협업이 가장 많았던 디자이너와 영업 사원을 선택했습니다. 이처럼 나의 업무와 성과를 잘 알고 있는 사람을 선택하는 것이 좋습니다.

평가 항목은 팀원 평가와 비슷한 수준으로 구성됩니다. 다만, 성과에 대한 직접적인 질문보다 협업 관련 질문이 많은 비중을 차지합니다. 협업 부서 평가는 팀원 평가와 함께 연봉 협상 대상자의 연봉을 결정하는 데 중요한 역할을 합니다. 따라서 평가자가 협업 부서 평가를 객관적이고 공정하게 진행할 수 있도록 인사팀에서 지원해야 합니다. 협업 부서 평가를 잘 활용하면 팀원 평가와 함께 연봉 협상 대상자의 연봉을 합리적으로 결정할 수 있습니다.

[평가 항목 예시]

[　　] ○○○는 협업에 대한 태도가 적극적인 동료인가요?

[　　] ○○○는 공동의 목적을 달성하기 위해 적극적으로 아이디어를 제안하는 동료인가요?

[　　] ○○○는 공동 목표를 달성하기 위해 소통을 원활하게 하는 동료인가요?

[　　] ○○○는 협업할 때 발생하는 문제를 해결하기 위해 적극적으로 나서는 동료인가요?

[　　] ○○○는 협업 시, 진행 상황이나 과정 등을 공유하기 위해 노력하는 동료인가요?

◆ 팀장 평가

팀장 평가는 내가 속한 팀의 장이 나를 평가하는 항목입니다. 아마 모든 평가 항목 중에서 가장 중요한 항목일 것입니다. 그 누구보다 나의 역할과 책임에 대해 잘 알고 있는 사람이기 때문입니다. 또한, 성과 평가, 인성 평가, 팀워크 평가, 팀 기여 평가 등 복합적으로 평가되는 항목이므로 잘 준비해야 합니다. 팀장 평가는 팀원의 업무 성과와 팀워크, 인성을 종합적으로 평가하는 항목입니다. 따라서 팀 장 평가를 잘 받기 위해서는 업무 성과는 물론이고 적극적인 팀 업무 참여, 성실한 태도 등 평소 습관을 잘 들여야 합니다.

▼ [팀장 인사평가표]

담당			

평가기간	20 년 월 일 ~ 20 년 월 일						
평가자	소 속		직 책		성 명		(인)
대상자	소 속		직 책		성 명		
	입사일자		담당업무				

평가내용			고과점수	비고
목표달성도	업무의 양	목표가 구체적으로 설정되어 있는가?	☐5 ☐4 ☐3 ☐2 ☐1	
		주어진 자원을 효과적으로 활용하였는가?	☐5 ☐4 ☐3 ☐2 ☐1	
		예상치 못한 문제에 대처한 경험이 있는가?	☐5 ☐4 ☐3 ☐2 ☐1	
	준수도	업무를 정확하게 이해하고 실행하였는가?	☐5 ☐4 ☐3 ☐2 ☐1	
		시간을 효율적으로 분배하고 관리하였는가?	☐5 ☐4 ☐3 ☐2 ☐1	
		새로운 도전 과제를 발견하였거나 실행하였는가?	☐5 ☐4 ☐3 ☐2 ☐1	

협업 능력	팀워크	다른 팀원들과 협력하여 공동 목표를 달성하였는가?	□5	□4	□3	□2	□1	
		팀 내 갈등을 조정하고 해결하였는가?	□5	□4	□3	□2	□1	
	자기 주도성	팀원 혹은 타팀과의 의사소통이 원활한가?	□5	□4	□3	□2	□1	
		목표 달성을 위하 의견을 전달할 수 있는가?	□5	□4	□3	□2	□1	
		스스로 목표를 설정하고 실행할 수 있는가?	□5	□4	□3	□2	□1	
	창의성	창의적인 아이디어를 제시하는가?	□5	□4	□3	□2	□1	
		관행을 벗어나 혁신적은 사고력을 보였는가?	□5	□4	□3	□2	□1	
		문제를 발견하고 새로운 해결 방법을 제시하는가?	□5	□4	□3	□2	□1	
리더십	의사 결정 능력	팀에게 명확한 비전을 제시하였는가?	□5	□4	□3	□2	□1	
		동료들의 업무능력 향상을 독려할 수 있는가?	□5	□4	□3	□2	□1	
		팀원들을 이끌고 조직을 효과적으로 운영하는가?	□5	□4	□3	□2	□1	
		팀원들에게 적시에 피드백을 제공하는가?	□5	□4	□3	□2	□1	
		내린 결론은 타당한 정도인가?	□5	□4	□3	□2	□1	
		더 나은 팀 운영을 위해 아이디어를 제시하는가?	□5	□4	□3	□2	□1	

▪ 종합평가

구분	배점	평점	종합판단
목표 달성 능력			
협업 능력			
리더십			
합계			

팀장은 먼저 진행한 자체 평가, 팀원 및 협업 부서 평가를 바탕으로 위와 같은

평가표를 활용하여 최종 평가를 진행합니다. 팀장 평가는 연봉 인상률, 평가 등급 등을 최종적으로 판단하는 데 가장 큰 역할을 하는 단계인 만큼 팀장의 성향을 최대한 빠르게 분석하여 효율적으로 접근하는 전략이 필요합니다. 팀장 평가를 잘 받기 위해서는 팀장의 업무 스타일, 성격, 업무 성향 등을 파악하여 그에 맞는 전략을 세워야 합니다. 업무 스타일이 꼼꼼한 팀장이라면 중간보고, 체크리스트 등을 활용하여 꼼꼼하게 업무를 처리하고 있다는 것을 보여주어야 합니다. 또한, 성격이 급한 팀장이라면 완성도보다는 속도에 초점을 맞춰 업무를 빠르게 처리하고 있다는 것을 보여주어야 합니다. 이처럼 팀장의 성향을 분석하고 그에 맞는 전략을 세운다면 만족스러운 팀장 평가를 받을 수 있습니다.

◆ 협상 (=통보) 및 최종 사인

모든 평가가 완료되면 회사에서는 연봉 협상 대상자에게 최종 등급과 연봉 인상률 등을 통보합니다. 통보 이후 약 일주일간 이의 신청을 한 대상자에 한해 재협상을 진행하게 되며 이 기간까지 모두 지난 후에는 새로운 근로계약서에 사인합니다. 새로운 조건의 근로계약서에 사인하게 되면 번복할 수 없습니다. 그러므로 면밀히 살펴보기 바랍니다.

 이의 신청하면 불이익이 있나요?

평가 결과에 대해 납득할 수 없다면 이의 신청을 해야 합니다. 이의 신청을 한다고 해서 무조건 불이익이 있지는 않습니다. 이러한 이유로 불이익이 있는 회사라면 근본적으로 문제가 있는 곳이라고 생각합니다. 본인의 성과와 노력에 비해 불합리한 수준의 평가를 받았거나 평가 과정이 불공정했다면 이의 신청하여 정당한 피드백을 받는 것이 좋습니다. 본인의 평가가 어떤 기준으로 이루어졌는지를 알고 있어야 정당하게 수긍하고 업무에 집중할 수 있기 때문입니다. 다만, 이의 신청할 경우 팀장이나 인사 담당자 혹은 대표(또는 C레벨)와 추가 면담을 할 수도 있습니다. 이때 그저 감정을 앞세우거나 억울함만 표출한다면 좋은 결과로 이어지기 어렵습니다. 불합리한 결과에 대한 근거 자료, 설득하기 위한 논리, 객관적 지표 등을 준비하여 개선의 여지를 마련해야 합니다. 어떠한 준비도 없이 불만만 털어놓는다면 오히려 부정적인 평가를 받을 수 있으니 주의하기 바랍니다. 연봉 협상은 나의 성과를 인정받고, 그에 상응하는 보상을 받는 과정입니다. 따라서 평가 결과에 대해 납득할 수 없다면 이의 신청을 하는 것이 좋습니다. 이의 신청을 통해 정당한 피드백을 받고, 본인의 평가가 어떤 기준으로 이루어졌는지 알 수 있다면 연봉 협상을 더 효과적으로 진행할 수 있을 것입니다.

연봉 협상에서 승리하는 방법

연봉 협상을 잘하는 방법은 여러 가지가 있습니다. 그중에서 다음과 같은 다섯 가지 방법을 소개합니다.

◆ 첫째, 무에서 유를 창조한 것을 강조한다

기존에 회사에서 진행하지 않았던 프로젝트를 새롭게 진행한 것이 있다면 이를 집중적으로 공략하는 것이 필요합니다. 무에서 유를 창조한 것이기 때문에 작은 성과라도 눈에 띌 수밖에 없습니다. 이를 놓치지 않고 무기로 활용하는 전략이 필요합니다. 저도 이 방법을 활용하여 연봉을 높일 수 있었습니다. 제가 이직 후 처음으로 담당했던 업무는 '숙박 서포터즈'였습니다. 입사 당시 서포터즈 마케팅을 전혀 하고 있지 않기 때문에 제가 진행하면서 만든 성과 모두 최초 성과를 달성하게 된 셈입니다. 예상했던 것보다 성과가 낮아도 비교할 수 있는 대상이나 과거 데이터가 없는 상태이기 때문에 더욱 큰 성과처럼 어필할 수 있었습니다. 새로운 업무를 진행하면서 성과를 낸 것은 매우 좋은 경험입니다. 이 경험을 통해 본인의 역량을 어필할 좋은 기회가 될 수 있습니다. 또한, 새로운 업무를 진행하면서 쌓은 노하우는 향후 다른 업무를 진행할 때도 도움이 될 수 있습니다. 그러므로 본인이 진행한 업무가 새로운 업무였다면 이를 최대한 활용하여 본인의 역량을 적극적으로 설명하기 바랍니다.

◆ 둘째, 숫자가 개선된 것을 강조한다

본인의 능력으로 인해 숫자가 개선된 경험은 좋은 기회가 될 수 있습니다. 예를 들어 매출이 1억 5천만 원 정도 규모의 채널을 3억 8천만 원까지 증대시킨 경우가 이에 해당합니다. 매출 개선처럼 대단한 성과가 아니어도 됩니다. 광고 단가를 개선한 사례도 활용할 수 있습니다. 평균 CPC 단가 500원인 광고 채널을 평균 100원 이하로 개선한 경우 등이 이에 해당합니다. 특히 마케터는 매출, 광고 성과, ROAS, ROI, CTR 등 매 순간 숫자와 싸워야 합니다. 숫자와 싸워 이긴 사례가 많으면 회사에서 나의 가치를 인정해줄 뿐만 아니라, 연봉 협상에서 나의 요구를 받아들일 가능성도 큽니다. 아주 작은 성과라도 스스로 개선한 사례가 있다면 적극 활용해 보세요.

◆ 셋째, 전임자 대비 성과가 개선된 것을 강조한다

전임자와 비교했을 때 본인의 성과가 더 좋다면 매우 좋은 재료가 될 수 있습니다. 특히 해당 업무에 대해 전임자가 본인보다 경력이 높거나 경험이 많은 경우라면 더욱 유리하게 작용합니다. 저 또한 전임자와의 비교 전략을 사용하여 좋은 평가를 얻을 수 있었습니다. 숙박 서포터즈 업무만 진행하던 중, 갑자기 팀장님께서 블로그 상위노출 관리 업무를 추가로 지시하셨습니다. 기존에 담당하던 대리님께서 효율을 잘 내지 못했기 때문에 저와 같은 업무를 지시하여 테스트를 진행하고 싶었던 것이었습니다. 블로그 상위노출 업무는 처음이었지만 숙박 서포터즈콘텐츠와 메커니즘은 비슷하다고 생각하여 제목, 사진, 본문 등을 세심하게 관리하였고 그 결과 전임자 대비 약 300% 이상의 효율을 개선할 수 있었습니다. 이 결과를 바탕으로 전임자는 다른 업무를 배정받게 되었고, 저는 전임자의 모든 업무를 인수인계 받으며 업무 범위를 넓힐 수 있었습니다. 이 모든 과정을 자기평가서에 상세하게 기록하였고, 특히 '전임자 대비 약 300% 효율 개선'이라는 문구를 통해 이례적인 평가를 얻을 수 있었습니다. 이처럼 누군가와 비교했을 때 본인이 경쟁우위를 달성한 경험이 있다면 최대한 활용해야 합니다. 때에 따라 전임자에 대한 죄책감도 들 수 있지만 회사는 비즈니스를 하는 곳이므로 나의 성과를 객관적으로 평가 받고 이를 연봉 인상으로 보상받는 것이 중요하다고 생각합니다.

◆ 넷째, 포트폴리오를 통해 결과를 시각적으로 강조한다

자체 평가서를 포트폴리오로 만들어 제출한다면 보다 유리한 위치에서 연봉 협상을 할 수 있습니다. 사실 연봉 협상은 면접 전형과 비슷한 시스템이라고 생각합니다. 면접의 경우 지원자의 서류를 검토하여 능력치에 따라 적당한 보상을 산정하여 계약을 체결합니다. 이때 성과를 한눈에 볼 수 있는 포트폴리오가 매우 중요한 역할을 합니다. 연봉 협상 또한 직원의 성과를 검토하여 과거에 대한 노력과 미래에 대한 기대치를 바탕으로 인상률을 결정합니다. 이 과정에서 가시적으로 설득할 수 있는 포트폴리오를 제출한다면 상사가 연봉 인상률을 결정할 때 참고할 수 있는 좋은 자료가 될 것입니다. 물론 자기평가서를 통해 본인의 성과를 일목정연하게 설명했을 것입니다. 하지만 글자로만 나열된 자료는 성과의 임팩트를 전달하기 부족할 수 있습니다. 글쓰기에 소질이 없거나 요약을 잘 못한다면 더욱 큰 어려움이 있을 것입니다. 단순히 글자로만 설명한 자료를 넘어 시각적으로 참고할 수 있는 자료를 활용하면 상사는 해당 직원의 성과에 대해 한 번 더 생각할 것이고 직원의 간절함을 느낄 수도 있습니다. 또한, 이처럼 적극적인 자세로 연봉 협상을 대하는 직원이라면 추후 어떤 일을 하더라도 적극적으로 참여할 것이라는 기대감도 연봉 협상에 긍정적으로 작용할 것입니다.

그렇다면 연봉 협상 포트폴리오는 어떻게 만들어야 할까요? 이력서와 자기소개서를 바탕으로 포트폴리오로 만들듯이 자기평가서에 중점적으로 기술한 업무와 성과를 시각적 자료로 만들면 됩니다. 글자로만 설명했던 평가 내용을 배너, 포스터, 매장 사진 등 눈으로 확인할 수 있는 이미지 자료로 제출하는 것이 좋고 자기평가서에 기술하지 못했지만, 어필이 필요한 업무가 있다면 이 또한 함께 녹여 보세요. 이처럼 자기평가서를 포트폴리오로 만들어 제출하는 것은 연봉 협상에서 매우 효과적인 전략입니다. 자기평가서를 통해 본인의 성과를 자세히 설명할 수 있고, 포트폴리오를 통해 성과를 시각적으로 보여줄 수 있기 때문입니다. 이 두 가지를 함께 활용하면 상사가 본인의 성과를 더 잘 이해할 수 있고, 연봉 인상률을 높여줄 가능성이 높아집니다. 다만, 공기업이나 대기업 등 연봉 협상 시스템이 철저하거나 보수적이라면 해당 프로세스에 맞춰 준비할 것을 권장합니다. 이 경우에는 포트폴리오를 제출하는 것이 오히려 역효과를 낼 수 있기 때문입니다.

◆ 다섯째, 내 연봉이 시장에서 어느 정도 수준인지 파악한다

내 연봉이 시장에서 어느 정도 수준인지 파악하면 나의 연봉 인상률을 요구할 때 적절한 수준을 요구할 수 있습니다. 또한, 나의 연봉 수준을 알아두면 회사가 내게 얼마나 가치를 두고 있는지 파악할 수 있습니다. 내 연봉이 업무의 범위와 책임강도 대비 적절한지, 너무 적은지 알 수 있으므로 연봉 협상에서 요구할 수 있는 금액의 범위를 정하기 용이합니다. 시장 연봉을 파악하는 방법은 다음과 같습니다.

잡코리아, 사람인 활용하기

온라인 구인 사이트에서 연봉 정보를 검색합니다. 사람인, 잡코리아, 원티드 등 온라인 구인 사이트에서 연봉 정보를 검색할 수 있습니다. 이때 연봉 정보를 제공하는 회사의 규모, 업종, 직무 등을 고려하여 검색해야 합니다.

블라인드 (https://www.teamblind.com/kr)

이직하고자 하는 회사의 정보가 궁금하다면 게시글을 작성하여 댓글을 받아보는 것을 추천합니다. 회사 인증을 해야 하는 시스템으로 운영되기 때문에 보다 정확한 최신 정보를 습득할 수 있으며, 대략적인 연봉 정보를 알기에도 용이합니다. 하지만 댓글 작성자의 직급이나 직무에 따라 연봉 범위가 상이할 수 있으니 100% 믿는 것보다 참고 자료로 활용하기 바랍니다.

올댓컴퍼니 (https://allthatcompany.com)

연봉 정보가 궁금할 때 활용할 수 있는 사이트입니다. 회사명을 입력하면 기간별 월평균 급여, 입사자, 퇴사자, 총 인원 등을 파악할 수 있습니다. 다만, 국민연금공단 사업장 정보조회 데이터를 기반으로 추출된 추정값이므로 실제 급여 및 인원이 다를 수 있으므로 참고용으로만 이용하는 것을 추천합니다.

원티드 인사이트 (https://insight.wanted.co.kr/)

예전에는 크레딧잡으로 운영되었으나 현재 원티드에서 인수하여 원티드 인사이트로 운영중인 곳입니다. 올댓컴퍼니와 비슷한 서비스로 예상 평균 연봉, 인원수, 총매출액 등을 파악할 수 있으나, 이 또한 올댓컴퍼니와 마찬가지로 참고용으로만 확인하기를 바랍니다. 사실 무엇보다 주변 동료에게 연봉을 물어보는 것이 가장 정확하지만, 연봉 누설은 계약 해지의 이유가 될 수 있으므로 추천하지 않습니다. 이때 헤트헌터를 활용하는 것을 추천합니다. 헤드헌터는 다양한 기업의 연봉 정보를 가지고 있어 산업, 연차, 업무 등을 고려하여 연봉 수준을 정확히 파악할 수 있습니다.

경력은 있는데
물경력이라
불안해요

물경력에서 불경력으로 만드는 현실적 방법

그동안 많은 주니어 마케터 및 취업 준비생을 컨설팅하면서 느낀 것은 물경력에 대한 불안함이 상당히 높다는 것이었습니다. 매년 지원자들의 스펙은 높아지고, 회사는 더 높은 수준의 스펙을 기대하게 됩니다. 이처럼 높은 기대에 미치지 못할까봐 불안함을 느끼게 되는 것이죠. 물경력이란 연차는 쌓이는데 연차 대비 직급이 낮거나 실력을 갖추지 못한 경우를 말합니다. 경력을 잘 관리하지 못한다면 실력은 멈춘 상태에서 시간만 흐르고, 연차 대비 실력을 인정받지 못해 연봉 협상이나 이직에 걸림돌이 될 수 있습니다. 여기에서는 물경력의 종류와 현실적인 물경력 관리 방법을 이야기하겠습니다. 본인 경력에 경쟁력이 없어 고민이거나 이직을 앞두고 물경력 때문에 걱정하고 있는 분들은 체크해 보기 바랍니다.

물경력의 종류

경력의 종류에 따라 물경력이 될 수 있습니다. 마케팅하다가 영업직으로 이직한 경우, 마케터로서의 경력은 물경력이 될 수 있습니다. 경력의 기간에 따라서 도 물경력이 될 수 있습니다. 10년 이상 경력이 있는 사람이 새로운 분야로 전향한다면 기존의 경력은 인정받기 어려워 물경력이 될 수 있습니다. 이처럼 경력을 인정하는 기준에 따라 수년의 경력도 물경력이 될 수 있습니다. 저는 이뿐만 아니라 경력을 평가하는 기준에 따라 절대적 물경력, 상대적 물경력, 무매력 물경력으로도 평가할 수 있다고 생각합니다.

종류	절대적 물경력	상대적 물경력	무매력 물경력
설명	연차, 직급 대비 실력이 부족하여 누가 봐도 경쟁력이 떨어지는 경우	특정 연차나 인물과 비교했을 때 상대적으로 실력이 부족한 경우	경력 자체가 매력적이지 않은 경우
특징	• 신입 마케터와 비교했을 때 하는 일에 큰 차이가 없음 • n년 전 과거 업무와 현재 업무에 차이가 없음	• 스스로 능력이 부족하다고 자책하는 경우가 많음 • 타인이 평가할 때에는 큰 문제가 없는 경우가 많음 • 산업을 변경하거나 회사를 옮기면 해소될 가능성이 높음	• 익숙한 일만 고집하는 안전 지향성일 확률이 높음 • 새로운 도전을 무서워하거나 의도적으로 기피하는 경향이 있음
주의점	• 편한 업무 환경에 지나치게 익숙해져 자기계발의 필요성을 못 느끼는 경우가 많음 • 팀장 직급이 되어도 팀장 역할을 못할 가능성이 높음 • 고인물이 될 가능성 높음	• 자기부정, 자기혐오에 빠질 가능성이 있음 • 본인 업무 및 성과에 대한 객관적 평가가 부족하고 타인과 비교하는 습관이 생길 수 있음	• 무매력을 넘어 무기력으로 이어질 위험이 있음 • 이 구간이 길어질수록 산업을 이동하거나 이직을 하고 싶어도 회사에서 원하지 않는 경우가 많아짐 • 공무원으로 빠지는 경우가 있음
예시	마케팅 경력이 10년 차지만, 마케팅에 대한 전문성이 부족한 경우	10년의 마케팅 경력이 있지만, 동종 업계에서 5년 경력의 마케터보다 실력이 부족한 경우	마케팅 분야에서 더이상 성장할 가능성이 없는 경우
해결 방안	연차에 맞는 실력을 갖추기 위해 꾸준히 자기계발을 해야 함	다른 사람과 비교하지 말고 자신의 실력을 향상하기 위한 노력이 필요함	경력에 대한 매력을 높이기 위해 다양한 경험을 쌓고 새로운 기술을 습득해야 함

◆ 절대적 물경력

절대적 물경력은 연차에 비해 실력이 부족한 경우에 해당합니다. 연차나 직급은 높지만, 역할은 신입 마케터나 팀원들과 큰 차이가 없습니다. 또한, N년 전 과거 업무와 비교했을 때 현재 업무와 큰 차이가 없어 팀장 직급이 되어도 팀원을 관리할 역량이 부족하고 리더십이 부족할 수 있습니다. 더불어 편한 업무 환경에 익숙해질 경우 이직이나 커리어패스 관리에 대한 필요성 자체를 느끼지 못해 자기계발에 소홀해질 확률이 높습니다. 이런 경우에는 고인물이라고 불리우는 장기 근속자가 될 확률이 높으며 연봉 협상이나 이직 시 가장 많은 어려움을 겪게 될 것입니다.

◆ 상대적 물경력

상대적 물경력은 연차에 비해 실력이 부족하지는 않지만, 다른 사람과 비교했을 때 실력이 부족한 경우를 말합니다. 특정 연차나 인물과 비교했을 때 물경력이 되는 경우가 많습니다. 상대적 물경력의 특징은 스스로 물경력으로 생각하는 반면, 타인이 볼 때는 큰 문제가 없는 경우가 이에 해당합니다. 산업이나 회사를 이동하여 비교적 쉽게 물경력을 해소할 수 있습니다. 다만, 물경력으로 평가하는 과정에서 자기부정이나 자기혐오에 빠질 위험이 있고, 본인의 능력을 과소평가하며 타인과 비교하는 습관이 생길 수 있습니다. 이때는 본인의 능력을 객관적으로 바라볼 수 있는 시야와 때로는 타인의 평가를 믿고 받아들이는 자세가 필요합니다. 역설적이게도 상대적 물경력에 해당하는 사람 중 대부분이 일잘러에 해당합니다.

◆ 무매력 물경력

무매력 물경력은 연차와 직급을 떠나 능력이나 성과가 매력이 없는 경우를 말합니다. 이 경우는 연차에 비해 실력이 부족한 절대적 물경력이나, 다른 사람과 비교했을 때 실력이 부족한 상대적 물경력과는 달리, 본인은 물경력이라고 생각하지 않을 수 있습니다. 하지만 다른 사람의 눈에는 물경력으로 보일 수 있어 무기력해질 위험이 있습니다. 무매력 물경력을 가진 사람은 새로운 도전을 두려워하지 않고, 꾸준히 자기계발을 하는 것이 중요합니다. 또한, 자신의 능력이나 성과를 매력적으로 보이도록 노력해야 합니다.

네비게이션 작동시키기

운전할 때 최종 목적지에 최대한 빠르게 도착하기 위해서는 네비게이션을 통해 노선을 확인하는 것이 좋습니다. 물경력 또한 비슷합니다. 물경력을 최대한 피하고 커리어패스를 설정하기 위해서는 현재 나의 위치를 파악하고 목적지를 입력하는 것이 좋습니다. 우선 앞에서 설명한 3가지 물경력 종류 중에서 내가 어디에 해당하는지를 면밀히 분석해 보세요. 막연히 '나는 물경력일 것이야.'라며 불안해하는 것보다 정확히 어떤 물경력에 해당하는지 알고 있을 때 구체적인 해결방법을 찾을 수 있을 것입니다. 실제로 제가 직무 상담을 할 때, 이 과정에서 생각보다 많은 분이 물경력이 아님을 깨닫게 되는 경우가 많습니다. 객관적으로 볼 때 물경력이 아닌데도 불구하고 다른 사람들과 비교하다보니 막연히 불안했던 것입니다. 다시 말해 스스로 만든 물경력의 덫에 걸리지 않기 위해서는 나의 위치를 정확하게 파악하는 것이 중요합니다. 물경력에 해당한다면 물경력을 탈피하기 위한 계획을 세워야 합니다. 단순히 '물경력은 안 좋은 것이다.', '물경력은 피해야 한다.'와 같은 추상적인 계획을 세워서는 안 됩니다. 명확히 어떤 경험이 필요하고 어떤 돌파구를 만들 것인지와 같은 구체적인 방안이 필요합니다. 다음과 같은 방법을 통해 물경력을 관리하기 바랍니다.

나만의 물경력 기준 세우기

물경력을 탈피하기 위해서는 나만의 물경력 기준을 세우는 것에서부터 출발해야 합니다. 나만의 기준이 없는 채로 다른 사람의 이야기를 듣게 되면 얕은 조언에도 쉽게 불안해질 수 있고 좋지 않은 선택을 할 확률이 높습니다. 저 또한 이직이 잦은 편이었기 때문에 수많은 사람의 충고를 들어야 했습니다. 저만의 기준이 없을 때는 남의 의견에 의존하기 바빴습니다. 지금 생각하면 이직이 필요한 순간에는 다른 팀원들이 일을 잘한다고 칭찬한다는 이유로 몇 년 이상 버티기도 했고, 정작 버텨야 할 때는 동료들의 조언을 핑계 삼아 퇴사하기를 반복하기도 했습니다. 물론 지금은 웃으면서 말할 수 있지만, 당시에는 조언을 해준 다른 사람을 원망하기도 하고 미워하기도 했습니다. 하지만 그 누구도 나의 선택을 대신 책임져주지 않습니다. 스스로 감당해야 합니다. 다른 사람의 얕은 조언에 흔들리지 않고 현명한 선택을 하기 위해서는 나만의 물경력 기준을 명확하게 세워야 합니다.

221

◆ 본업보다 다른 업무를 더 많이 한다

본업보다 다른 업무를 많이 할 때 물경력이 될 확률이 매우 높습니다. 현실적으로 본인의 주요 업무보다 다른 업무를 하는 시간이 더 많은 경우 장기적으로 보면 실력이 저하되고 성과가 없어지기 때문입니다. 마케터는 기획 업무, 마케팅 채널 및 광고 셋팅 업무, 신제품 개발 참여 등의 업무를 주로 해야 하는데 디자인 제작 업무나 CS, 단순 경비 처리와 같이 마케팅과 관련 없는 업무를 하는 비중이 높다면 물경력 시그널일 수 있습니다.

◆ 팀원의 업무 수준과 차이가 없다

본인의 연차나 직급이 더 높음에도 불구하고 아래 팀원이나 후배 직원과의 업무 수준에 차이가 없다면 물경력을 의심해봐야 합니다. 통상적으로 직급이 높아지거나 연차가 쌓이면 자연스럽게 상위의 업무를 맡게 되는데 직급이나 연차만 높아지고 담당 업무가 팀원과 큰 차이가 없다면 개인 성장이 불가능할 뿐만 아니라 다른 마케터와 비교했을 때 경쟁력을 갖출 수 없게 됩니다. 물론 처음에는 편할 수 있습니다. 승진해도 하던 일이 똑같다면 큰 부담감 없이 일할 수 있기 때문입니다. 하지만 장기적 관점에서 볼 때 회사도 직원도 절대 좋은 환경은 아닙니다.

◆ 다른 사람들과 비교했을 때 경쟁력이 없다

물경력의 위험 요소 중 하나는 나의 위치와 능력을 객관적으로 판단하기 어렵다는 것입니다. 물경력을 관리하고 나의 능력을 객관적으로 판단하기 위해서는 내가 할 수 있는 업무와 자격 요건을 파악해야 합니다. 이를 위해 채용 공고를 활용하여 경쟁력을 확인하는 것입니다. 방법은 다음과 같습니다.

❶ 채용 사이트에 접속한다.
❷ 나와 비슷한 직무, 연차의 채용 공고를 클릭한다.
❸ 업무 내용, 자격 요건, 우대 사항을 분석한다.

위와 같이 채용 공고와 나를 비교했을 때 경쟁력이 없다고 판단되면 그때는 물경력 시그널이라고 생각합니다. 업무 내용 중에서 내가 할 수 있는 업무가 없거나 부족한 경우, 자격 요건에 해당하는 것이 없는 경우, 우대를 받을 수 있는 조건이 없다면 물경력일 가능성이 큽니다. 이때는 경력 계발이나 성과 개선, 자기계발 등에 투자하여 실력을 쌓으려는 노력이 필요합니다. 반대로 업무 내용 중 내가 할 수 있는 업무가 많거나 자격 요건에 충분히 해당하는 경우에는 경쟁력이 있는 상황입니다.

이처럼 채용 사이트에 접속하여 나와 비슷한 직무, 연차의 자격 요건을 분석하는 것은 물경력을 탈피하기 위한 좋은 방법입니다. 이를 통해 나의 위치와 능력을 객관적으로 판단하고, 부족한 부분을 보완할 수 있습니다. 물론 산업이나 회사마다 요구하는 역량이 다르기 때문에 약간의 차이는 있을 수 있습니다. 대체로 특정 연차에 기대하는 수준은 거의 비슷하므로 이를 잘 활용하면 나의 경쟁력과 시장성을 파악할 수 있는 좋은 방법이라고 생각합니다.

물경력 벗어나기

현재 내가 물경력이라는 것을 알게 되었다면 겸허히 받아들이고 이를 개선하기 위한 노력하는 자세가 필요합니다. 사실 물경력이 위험한 이유는 물경력을 인정하지 않기 때문입니다. 물경력을 인정하지 않는다면 나의 능력과 성과를 향상시킬 수 없으므로 실력 있는 마케터로 성장하기 어려울 것입니다. 반면, 나의 위치와 능력을 객관적으로 판단하고 부족한 부분을 보완한다면 더 좋은 마케터 커리어를 만들어갈 수 있습니다. 다음 단계를 통해 물경력으로 벗어나 마케팅 실력을 쌓기 바랍니다.

◆ 커리어 로드맵 그리기

물경력을 잘 관리하기 위해서는 커리어 로드맵을 구체적으로 그려보는 것이 좋습니다. 이를 통해 내가 원하는 이상향과 목표를 명확히 하고, 이를 달성하기 위한 구체적인 계획을 세울 수 있습니다. 현재, 1년 후, 3년 후 본인이 원하는 모습을 적고, 본인이 최종적으로 원하는 목표를 적습니다. 이렇게 최종 꿈을 쪼개다 보면 해야 할 일이 명확하게 보일 것입니다.

이처럼 마케터로서 물경력을 탈피하고 경력을 관리하기 위해 커리어 로드맵을 쓰다보면 목표를 달성하기 이전에 지금 당장 해야 할 업무가 있습니다. 저는 '나만의 브랜드 차리기'라는 최종 목표를 수행하기 위해서는 지금 당장 일일 보고서 작성하기, 스토리보드 초안 만들기 등 사소한 일부터 해야 했습니다. 현재 내가 해야 할 업무를 수행하다보면 실력이 쌓이고 더 많은 기회를 얻을 수 있을 것입니다. 요즘은 노션, 피그마 등 편리하게 사용할 수 있는 업무 툴이 많지만, 커리어 로드맵을 그릴 때는 A4용지나 큰 연습장을 꺼내 기록하는 것이 좋습니다. 그래야 아무런 제약이나 부담 없이 본인이 원하는 이상향을 솔직하게 적어볼 수 있고, 실제로 기록하면서 그 꿈을 실현하기 위한 다짐이 더욱 커질 수 있기 때문입니다.

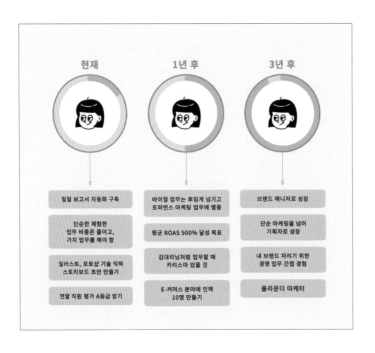

이처럼 커리어 로드맵을 그려보면 막연하고 추상적이었던 커리어를 보다 희망적이고 계획적인 태도로 바라볼 수 있습니다. 1년 후, 3년 후 원하는 내가 되기

위해서 어떤 노력과 어떤 결정을 해야 하는지 알 수 있습니다. 또한, 최종 목표를 달성하기 위해서 어떤 경험이 부족하고 어떤 역량을 쌓아야 하는지를 고민해볼 수도 있습니다. 이 기준을 바탕으로 회사를 그만둘 것인지, 조금 더 버텨볼 것인지에 대해서도 결정하기 쉬워질 것입니다. 나무만 바라보고 있으면 나무 주변의 아주 작은 일에도 예민하게 반응하게 됩니다. 반면, 숲을 볼 수 있다면 어떤 자극이 있어도 나무가 자라는 데 필요한 과정이라고 생각할 수 있는 여유가 생깁니다. 커리어 관리 또한 나무가 아닌 숲을 바라볼 수 있어야 건강하게 오래 일할 수 있습니다.

◆ 통제 영역 구분하기

물경력의 위험 요소 중 하나는 통제할 수 없는 영역에 너무 많은 에너지를 쏟는 것입니다. 나의 능력과 성과를 향상하기 위해서는 통제할 수 있는 영역에 집중해야 합니다. 통제할 수 있는 영역으로는 내가 할 수 있는 업무, 내가 습득할 수 있는 기술, 내가 쌓을 수 있는 경험 등이 있습니다.

▸ 일일보고서 자동화 구축
▸ 단순한 체험단 업무 비중 줄이기
▸ 기획 업무 늘리기
▸ 일러스트, 포토샵 기술 익힌 뒤 스토리보드 초안 만들기

위 업무는 통제 가능한 업무입니다. 나의 의지만 있다면 언제든 시도할 수 있는 것들이므로 계획을 갖춰 시도하면 됩니다. 반면, 연말 직원 평가 A등급 받기는 내가 통제할 수 없는 영역이자 나의 의지대로 바꿀 수 있는 일이 아닙니다. 통제할 수 없는 영역은 인풋을 아무리 많이 넣어도 아웃풋이 불확실하여 시간 대비 효율이 떨어집니다. 그러므로 비교적 결과가 보장되는 통제 가능한 영역에 더 큰 비

중을 두어 투자하는 것이 좋습니다. 쉽게 말해 직원 평가 A를 받기 위해 팀장이나 팀원에게 지나치게 잘 보이려고 애쓰는 것보다 일일 보고서 자동화 구축, 기획 업무 늘리기 등 내가 통제할 수 있는 영역에 투자하는 것이 좋은 결과를 얻을 수 있는 확률이 높다는 것입니다. 이 외에도 다양한 통제 불가의 영역이 있을 수 있습니다. 팀장님이 단순 업무만 지시하는 것, 마케팅 외 다른 업무의 비중이 늘어가고 있는 것 등이 이에 해당합니다. 이는 아무리 내가 열심히 노력해도 쉽게 바뀔 수 있는 영역이 아닙니다. 이런 경우에는 팀장, 인사 담당자 등 내부 인력과의 면담을 통해 본인의 고충을 털어놓으며 조언을 구하는 노력이 필요합니다. 100% 원하는 답을 얻지 못해도 누군가에게 이야기하는 것만으로도 큰 해방감을 느낄 수 있습니다.

만약, 여러 이유로 내부적으로 문제 개선이 힘든 경우에는 외부 면담을 통한 조언도 하나의 방법이 될 수 있습니다. 커리어 대화 연결 플랫폼 커피챗을 활용하여 롤모델과의 면담을 진행할 수도 있고, 평상시에 관심 있는 마케터나 선배가 있다면 SNS DM을 통해 대화를 나눠볼 수도 있습니다. 이런 노력이 필요한 이유는 여유가 없는 상태에서의 우발적 퇴사는 후회를 동반할 수 있고, 후회가 지속되면 물경력과 동시에 무기력에 빠질 수 있기 때문입니다. 때로는 나와 전혀 관련 없는 제3자의 의견이 위로가 될 수도 있고, 객관적 의견이 도움이 될 때도 많습니다. 이처럼 물경력의 원인이 본인의 실력인지 혹은 본인이 통제할 수 없는 요인들로 인한 것인지 파악하는 것은 매우 중요합니다. 물경력의 원인을 제대로 파악해야 해결 방법을 찾을 수 있기 때문입니다. 물경력의 원인이 본인의 실력 부족이라면 실력 향상을 위해 노력해야 합니다. 반면, 물경력의 원인이 본인이 통제할 수 없는 요인들로 인한 것이라면 해당 요인들을 개선하기 위해 노력해야 할 것입니다.

도리몬's Tip **이키가이로 토이 프로젝트 주제 찾기** ☆

만약 물경력을 탈피할 기회를 회사에서 찾을 수 없는 경우라면 회사 밖에서 스스로 기회를 만드는 것도 좋은 방법입니다. 이때 이키가이(Ikigai)를 활용한다면 더 쉽게 시작할 수 있습니다. 이키가이는 사람의 목적 의식, 삶의 이유를 부여하는 것을 가리키는 일본식 개념이며 이미 여러 유튜버나 크리에이터분들이 활용하는 방법을 설명할 정도로 유명합니다. 좋아하는 것, 잘하는 것, 세상이 필요한 것, 돈이 되는 것을 모두 포함하는 주제를 선택한다면 단순 토이 프로젝트를 넘어 이직, 취업, 수익화 활동 등에 큰 도움이 될 수 있습니다. 저는 다음과 같은 이키가이를 통해 도리몬 채널을 운영하는 데 힌트를 얻었습니다.

▸ **좋아하는 것:** 사람들 앞에서 말하는 것, 다른 사람의 고민을 들어주는 것
▸ **잘하는 것:** 마케팅, 기획, 아이디어 내기
▸ **세상이 필요한 것:** 마케팅 잘하는 방법, 취업하는 방법, 나를 지키는 방법
▸ **돈이 되는 것:** 컨설팅, 직무 상담, 마케팅 강의, 퍼스널 브랜딩 강연

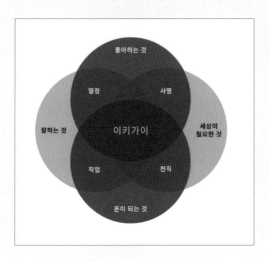

제 적성에 딱이에요,
마케터로
성공하고 싶어요

#일잘러마케터 #마케터로우뚝서기 #성공마케팅

파트3에서는 모두가 함께 일하고 싶은, 일 잘하는 마케터로 성장하기 위한 내용을 다루었습니다. 마케팅을 보다 다양한 관점에서 바라봐야 하는 이유에서부터 커뮤니케이션 방법, 실무에 바로 적용할 수 있는 아이디어 수집 방법, 쉽게 배우는 브랜딩 등 능력을 갖춘 마케터로 성장하기 위한 방법을 알려드립니다. 마케터로서의 커리어 패스가 고민이 된다면 이 책을 통해 역량을 향상시키고 성공적인 커리어를 쌓을 수 있는 힌트를 찾기 바랍니다.

마케팅(만)
하지 마세요

마케터가 아닌 PM이 되어야 하는 이유

저는 제 수업을 듣는 학생들이나 후배들에게 '마케팅만 하지 말라.'고 강조합니다. 현대의 업무 환경은 다양한 도구와 AI 기술 발전으로 더욱 다양해지고 있습니다. 오직 마케팅 업무에만 집중하면 자동화 기술에 대체될 위험이 큽니다. 그러므로 나만의 경쟁력을 확보하고 대체 불가능한 핵심적인 역할 수행을 위해 프로젝트 관리 능력을 키우는 마케터로 성장해야 합니다. 저는 연차가 쌓일수록 마케터와 프로젝트 매니저(PM) 간의 유사성을 느꼈습니다. 이를 활용해 마케팅을 넘어 기획 마케터 또는 PM으로 성장하기 위해 다양한 노력을 했습니다. PM 역량을 키운 후 이전과는 다른 업무 범위와 의사결정 권한을 얻게 되었고, 이직 및 연봉 협상 시에도 원하는 결과를 얻을 수 있었습니다. 업무 평가 개선은 물론 주변 평판도 긍정적으로 변했습니다. 현재 다니고 있는 회사에서 성장의 한계를 느끼거나 업무에 대한 불만이 있다면 PM으로서의 역량을 개발해 보는 것도 좋습니다.

PM은 무엇인가요?

PM은 'Project Manager'의 약자로, 프로젝트를 계획, 조직, 관리하여 완료하는 역할 수행 전문가를 말합니다. 몇 년 전까지는 주로 IT 산업에서 찾아볼 수 있었지만, 현재는 산업 종류와 상관없이 다양한 분야에서 PM의 필요성이 높아졌습니다. PM의 핵심 업무에 대해 알아보고 PM과 마케터 사이의 관계를 쉽게 이해해 보겠습니다.

◆ 기획 및 조직 관리

PM의 가장 중요한 업무는 프로젝트 목표와 범위를 정의하고, 작업 일정과 마일스톤*을 계획하는 것입니다. 성공적인 프로젝트 진행을 위해 인력, 프로그램, 장비 등을 파악하여 작업 진행에 필요한 환경을 조성하는 것 또한 PM의 역할입니다. 다시 말해 프로젝트의 시작을 알리는 스타터라고 생각하면 됩니다.

◆ 팀별 역할 관리

PM은 프로젝트를 원활하게 완결 짓기 위해 적재적소의 인력을 배치해야 합니다. 이 과정에서 단순히 누가 일할지를 정하는 것을 넘어 어떤 일을, 언제까지 완료해야 하는지와 같이 각 팀원의 역할과 책임을 명확하게 정의할 수 있어야 합니다. 그러기 위해서는 평소 어떤 팀이 무슨 일을 하고, 각 팀원이 어떤 성향을 지니고 있는지 면밀하게 파악하고 있어야 합니다. 더불어 모든 구성원이 최상의 성과를 낼 수 있도록 롤모델 역할을 수행해야 할 때도 있습니다.

★　마일스톤: 단계 또는 계약상 필요한 주요 이벤트의 종료 또는 시작을 정의하는 전 공정 스케줄의 항목

◆ 일정 및 비용 관리

PM은 기한 내 프로젝트를 완료할 수 있도록 진척 상황을 수시로 모니터링합니다. 주어진 일정과 예산 안에서 프로젝트를 원활히 진행할 수 있도록 꼼꼼하게 관리하는 것은 물론, 일정이나 예산이 초과하는 등의 문제가 발생했을 때 조치할 수 있도록 여러 대비책을 마련하는 것도 PM의 주요 업무입니다.

◆ 커뮤니케이션 및 문제 해결 관리

PM은 혼자서 실무를 진행하는 것보다 상위 경영진, 고객, 팀원 등 이해관계자와의 소통을 통해 프로젝트를 관리하는 업무 비중이 높습니다. 그래서 이해관계자들 간에 정보 교환 및 의사소통이 원활하게 이루어지도록 조율하는 것이 매우 중요합니다. 만약 예상치 못한 문제나 위기 상황이 발생할 때 PM은 각 담당자에게 신속하게 알리고 대응책을 마련하여 실행할 수 있도록 해야 합니다.

이처럼 PM은 기획 능력, 리소스 관리, 문제 해결 능력 등 다양한 역량이 요구됩니다. 또한, 시간적 및 물질적 제약 안에서 최상의 결과물을 달성하여 프로젝트를 성공적으로 완수하는 역할을 합니다.

마케터와 PM의 평행이론

위와 같이 PM의 주요 업무만 보면 마케터와 전혀 관련 없는 것처럼 보일 수 있습니다. 하지만 마케터가 하는 일을 자세히 살펴보면 PM과 닮아있는 구성이 매우 많습니다.

◆ 기획 업무

마케터는 이벤트 및 프로모션 기획, 신메뉴 출시, 신사업 론칭 등 크고 작은 컨셉을 기획하는 사람입니다. 단순히 비주얼 컨셉만 기획하는 것이 아니라 포스터 촬영은 외부 스튜디오에서 촬영할 것인지, 내부에서 찍을 것인지, 스튜디오에서 촬영하면 어느 업체에 맡길 것인지, 촬영장은 누가 방문할 것인지 등 세부 기획업무가 동반됩니다. 또한, 마케터는 일을 진행하기 전에 기획안을 통해 최종 의사결정권자에게 보고하고, 유관 부서와 공유합니다. 이 과정에서 실행 과정에 필요한 리소스를 설정하고 어떤 부서의 도움이 필요한지 등 역할 관리도 해야 합니다.

◆ 일정 및 비용 관리

마케터는 주어진 일정과 비용을 효율적으로 활용하여 최종 목표를 달성하기 위해 노력해야 합니다. 인플루언서 섭외 비용, 인스타그램 스폰서드 광고비, 네이버 키워드 광고비 등 어떤 채널에 얼마의 비용을 투입할 것인지 고민하며, 업무를 단위별로 분할하여 정해진 기한 내에 완료할 수 있도록 지정하고 모니터링합니다. 이러한 역할은 제한된 일정과 예산 안에서 프로젝트를 완성해야 하는 프로젝트 매니저의 역할과 크게 다르지 않습니다.

◆ 커뮤니케이션

마케터가 혼자서 할 수 있는 일은 많지 않습니다. 기획 단계에서는 협업 부서와 의견을 조율하여 공동의 목표를 수립해야 하고, 실행 단계에서는 디자인팀, 영업팀, 운영팀, 개발팀 등 실무 지원을 받아야 합니다. 이 외에도 컨셉, 방향성, 일정 및 예산 등을 확정 짓기 위해서는 의사결정권자와의 소통이 필요한데, 이러한 모습은 흡사 프로젝트 매니저의 모습과도 같습니다.

◆ 위기 대응

마케터는 최전방에서 고객과 소통하기 위해 프로젝트를 기획하고 운영합니다. 이 과정에서 마케터의 기획 의도와는 다른 방향으로 진행되거나 일정 및 예산에 착오가 생기는 등 다양한 문제를 맞이하게 됩니다. 이때 마케터는 프로젝트를 기획한 책임자로서 문제를 해결하기 위해 직·간접적으로 리소스를 투입하고, 문제 발생 원인, 피해 규모 파악, 해결 방안, 예상 반응 등을 면밀히 분석하여 보고합니다. 위기 대응 또한 마케터의 역할이자 프로젝트 매니저의 역할입니다.

마케터가 PM이 되면 유리한 이유

마케터는 제품 또는 서비스의 마케팅 측면에 대한 전문성을 가지고 있는 사람으로, 고객의 니즈와 시장 동향을 이해하고 이를 기반으로 전략을 수립하는 능력이 있습니다. 이러한 마케팅 역량은 프로젝트 매니저로서 중요한 역할을 합니다. 마케터가 PM이 되면 아래와 같은 장점이 있습니다.

◆ 고객 중심적 비전

마케터 출신의 PM은 마케터로서의 경험과 지식을 활용하여 마케팅 전략과 비전을 프로젝트 계획 단계에 적용할 수 있습니다. 또한, 제품/서비스의 목표 시장, 경쟁 환경, 고객 세분화 등에 대한 통찰력이 있어 프로젝트 목표와 전략 수립을 수월하게 할 수 있으므로 거시적 관점에서 큰 그림을 그리는 데 유리합니다. 고객의 니즈와 요구사항에 대한 이해도도 높아 PM으로서 고객 관리와 의사소통 차원에서 우수한 역할을 수행할 수 있으므로 전반적인 만족도와 업무의 질이 높아질 수 있습니다.

◆ 데이터 활용 능력

마케터는 기본적으로 데이터 활용 능력이 뛰어납니다. 작게는 광고 운영에 대한 평가부터 성과 평가, 수익률 평가, 시장 점유율 분석 등 분석적인 역량이 있을수록 관리자 측면에서의 발전 가능성이 매우 큽니다. 특히 PM은 최종 의사결정 권자와 함께 프로젝트 목표와 방향성을 결정해야 하는데, 이때 데이터 활용 능력을 활용하면 충분한 설득력과 비전 구현이 가능합니다. 이 외에도 비즈니스 기획과 같은 고차원적인 업무 수행과 이에 따른 보상도 받을 수 있습니다.

이처럼 마케터와 PM은 분명히 다른 직무이지만 중첩되는 업무와 역할이 많습니다. 그래서 실제로 마케팅에서 PM으로 직무 변환에 성공한 사례도 많으며, 유사 경험을 활용하여 PM으로 업무 확장을 준비하는 마케터분들이 많습니다. 저 또한 PM 역할을 수행한 이후 새로운 기회를 마주할 수 있었습니다.

◆ 연봉 상승

저는 PM으로서의 프로젝트 관리 능력과 문제 해결 능력을 드러내어 연봉을 최대 20%까지 상승시킨 경험이 있습니다. 단순히 마케팅 실무자였다면 하지 못했을 경험입니다. 따라서 마케터가 PM이 되는 것은 연봉 협상에서 유리한 위치를 선점할 수 있습니다. PM은 프로젝트를 관리하고 문제를 해결하는 역할자로, 마케터가 PM으로 전환하면 자신의 가치를 잘 어필할 수 있을 뿐 아니라 프로젝트 관리 경험을 쌓아 커리어 성장에도 도움이 될 수 있습니다.

◆ 의사 결정력 강화

제가 PM이 되면서 가장 놀랐던 것은 바로 의사 결정권의 범위가 매우 다양하다는 점이었습니다. 단순히 마케팅 업무만 할 때는 기획자나 PM이 시키는 일만 해야 했는데, PM이 되니 제가 원하는 방향성과 일정, 컨셉 등을 결정하여 지시할 수 있었습니다. 또한, 프로젝트 책임자로서 직급이 높은 상사나 대표님과 의견을 나눌 기회가 많아집니다. 이전에는 상사의 말을 듣고 있기만 하거나 지시 사항 수행만 했는데 PM이 된 이후에는 저의 의견과 기획 의도를 당당하게 말할 수 있고, 이 과정에서 다양한 인사이트를 얻은 것은 물론이고 비즈니스 스킬 또한 얻을 수 있었습니다. 의사 결정권이 강화된다는 것은 업무 범위가 넓어지고 내가 직접 개입할 수 있는 일이 많아진다는 것을 뜻합니다. 승진 가능성 또한 높아지는 것이지요. PM이 되면 역할과 책임이 늘어남에 따라 보상도 개선될 수 있을 것입니다. 물론 스스로 결정한 것에 책임지는 것은 여전히 부담스럽습니다. 하지만 우리가 하는 일의 대부분은 내가 결정하지 않은 일에도 책임지는 것이 많습니다. 이를 미루어보면 PM이 된 이후에는 훨씬 높은 자기 효능감을 얻을 수 있었습니다.

PM 업무는 마케팅에만 초점을 두는 것이 아닌 조직의 전반적인 목표와 비즈니스 운영에 대한 이해도가 필요합니다. 현업에서도 PM은 마케터보다 상위에 위치하는 직무로 평가되고 있습니다. 회사의 비즈니스 모델, 고객 요구 사항, 경쟁 환경 등에 대한 깊은 이해를 바탕으로 PM은 전략 수립 및 의사 결정에 참여하며 긍정적인 영향력을 발휘할 수 있기 때문에 회사에서는 단순히 마케팅만 잘 하는 직원보다 PM 역량을 갖춘 마케터를 선호하는 것입니다. 효율적인 프로젝트 실행과 리소스 관리 능력 그리고 종합적인 비즈니스 이해와 의사 결정 등을 갖춘 마케터 출신의 PM이 된다면 보다 유리한 위치에서 다양한 기회를 만들 수 있을 것입니다.

마케터가 PM이 되는 방법

　PM은 업무의 범위와 책임을 지정해야 하는 만큼 각 팀의 업무 내용과 특성을 이해하고 있어야 합니다. 그래서 마케터, 기획자, 상품 기획자 등 PM과 연관성 있는 실무 경험을 쌓은 후 PM으로 직무 변환을 하거나 APM(Assist Project Manager)로써 PM의 업무를 보조하는 역할로 시작하는 것이 좋습니다. 여기서는 마케팅 업무 경험을 바탕으로 PM이 되기 위한 현실적인 방법을 알아보겠습니다.

◆ PM 역할 체험하기

프로젝트 기획서 작성하기

　PM의 역할은 프로젝트의 시작과 끝을 기획하고 책임져야 하는 것으로, 업무 진행 시 단순히 메모나 구두상으로 하게 되면 문제가 생길 수 있습니다. 그러므로 사소한 것도 기록해두어야 하며, 시간 단위로 업무 범위를 쪼개어 수시로 일의 진행 방향과 진척 정도를 점검해야 합니다. PM 업무를 간접적으로 체험하기 위해 가장 좋은 방법은 프로젝트 기획서를 만들어보는 것입니다. 이때 단순히 아이디어를 나열하거나 방향성을 설명하는 내용이 아닌, 정해진 일정과 예산 내에서 목표를 달성하기 위한 일련의 내용을 포함합니다. 크게 프로젝트 목표 세우기, 프로젝트 일정 및 비용 설정하기, 업무 범위 및 담당자 지정하기, 일정표 만들기, 예상되는 어려움 예측하기로 나눠 작성합니다.

프로젝트 목표 세우기

　PM은 프로젝트 단계별 진척도와 성공 여부를 분석하기 위한 목표를 세워야 합니다. 목표는 정량적으로 측정할 수 있고 수치로 표기할 수 있어야 합니다.

목표의 좋은 예	▶ 신규 브랜드 런칭을 통한 월매출 **1,200억 원** 확보
	▶ 애플리케이션 출시를 통한 온라인 회원 **200만 명** 확보
	▶ **MAU 1,000만 명** 확보 (*Monthly Active Users, 월간 활성 사용자)
	▶ AI 고객센터 자동화를 통한 CS 컴플레인 **42% 감소**
	▶ 월간 프로모션을 활용한 브랜드 검색량 **3배 증가**
목표의 안 좋은 예	▶ 신규 브랜드 런칭을 통한 인지도 개선
	▶ 애플리케이션 출시를 통한 온라인 회원 증대
	▶ 최대한 많은 MAU 확보
	▶ AI 고객센터 자동화를 통한 컴플레인 완화
	▶ 월간 프로모션을 활용한 브랜드 검색량 증가

위 표의 좋은 예는 명확히 판단할 수 있는 목표 수치가 있어 프로젝트가 종료된 이후 성공 여부를 분석하기 용이하고 프로젝트 진행 중일 때에는 단계별로 진척률을 파악하기 쉽습니다. 안 좋은 예는 인지도 개선, 온라인 회원 증대와 같은 추상적 표현으로 인해 프로젝트 성공 여부를 판단하기 어렵습니다. 이전 상황과 비교하여 더 나아졌는지 나빠졌는지는 알 수 있지만, 얼마나 개선되었고 얼마나 미달했는지 상세 성과는 파악하기 어렵습니다. 이러면 PM뿐만 아니라 협업하는 유관부서의 동기를 부여하기 어려우며 중간 점검 시 개선점을 찾기 어려울 수 있습니다.

프로젝트 비용 정하기

PM은 마케터와 마찬가지로 제한된 리소스를 효율적으로 활용하여 업무를 완수해야 합니다. 특히 비용은 한번 결정되면 변경하기 어려워 최대한 활용할 수 있는 범위 내에서 효율적으로 활용해야 합니다. 그러기 위해서는 프로젝트 진행에 필요한 모든 항목과 비용을 명확히 기재해두어야 합니다. 운영, 마케팅, 디자인, 개발 등 부서별 항목 및 비용 산출은 물론이고, 이 외에 동반되는 외주 및 하청업체 의뢰 비용, 스튜디오 촬영 비용, 부자재 구매 비용 등 프로젝트 진행에 필요한 사소한 것까지 포함해야 합니다. 실제 PM이 비용을 산정할 때는 각 부서 담당자에게 세부 항목과 각 항목당 예상 비용을 요청한 뒤 취합하는 순서로 진행합니다. 이 과정에서 예산을 초과하거나 예비비가 넉넉하다면 예산을 가감하기도 합니다. 스터디를 위한 프로젝트 기획안을 작성할 때에는 정확한 비용을 예측해서 작성하기보다 예산 편성에 필요한 부서와 업무 항목을 임의로 작성하는 것이 좋습니다.

▼ [참고자료] PM 예산표

		(단위: 원, VAT 별도)
운영 항목	인력비	10,000,000
	사무용품 구매비	1,000,000
	기타 경비	2,000,0000
총 예산		**13,000,000**
마케팅 항목	광고비	5,000,000
	프로모션 비용	3,000,000
	마케팅 툴 결제비	1,500,000
	인플루언서 섭외비	2,000,000
총 예산		**11,500,000**
디자인 항목	디자인 외주 인력비	7,000,000
	소프트웨어 구매비	1,500,000
	디자인 툴 구매비	1,000,000
	포스터 출력비	500,000
총 예산		**10,000,000**

	개발 인력비	15,000,000
개발 항목	서버 및 인프라 구축비	3,000,000
	개발 도구 구매비	2,000,000
총 예산		**20,000,000**

총 54,500,000원

업무 범위 및 담당자, 책임자 지정하기

PM 기획의 가장 큰 특징은 업무 범위와 담당자를 지정하는 것입니다. 하나의 프로젝트를 여러 사람이 동시다발로 진행하기 때문에 혼란을 방지하기 위해 꼭 필요한 항목입니다. 마케터는 기획안 제작 시 협업이 필요한 업무를 부서 단위로 기재하는 경우가 많지만, PM은 실무 담당자와 책임자까지 결정해야 합니다. 담당자와 책임자가 같은 인물일 수도 있고, 아닐 수도 있으니 잘 살펴봐야 합니다.

다음으로 업무의 범위를 정해야 합니다. 업무 경계가 명확하다면 나누지 않아도 문제가 없지만, 그렇지 않다면 크고 작은 오해가 생길 수 있습니다. 예를 들어, 디자인 제작이 가능한 마케터의 경우 디자인을 직접 제작을 해야 하는지, 디자인팀에 제작을 요청해야 하는지를 정해야 합니다. 이 과정에서 PM은 각 담당자의 의견을 듣고 효율적인 방향으로 진행될 수 있도록 결정합니다. 이것을 참고하여 가상의 담당자, 책임자, 업무 범위를 작성해 보세요.

일정표 만들기

PM 업무의 꽃은 일정 관리입니다. PM은 지라(JIRA), 구글 캘린더, 엑셀 시트, 노션 데이터 베이스 등 다양한 업무 툴을 활용하여 일정을 관리합니다. 산업 종류 및 업무 성향에 따라 일정 관리 툴을 결정하며, 최근에는 노션을 많이 활용하고 있습니다. 일정은 크게 프로젝트 전체 일정, 주요 일정, 세부 일정으로 나눌 수 있습니다. 전체 일정은 프로젝트 시작일과 종료일 등 전체 프로젝트의 흐름을 파악하기 위한 일정입니다. 주요 일정은 디자인 제작, 마케팅 홍보, 개발 착수 등 굵직굵직한 일정을 확인하기 위한 일정이며, 마지막으로 세부 일정은 일의 진척도와 진행 상황을 확인하기 위해 일 단위로 쪼갠 일정이라고 생각하면 됩니다. 다음 예를 살펴보겠습니다. 해당 일정은 업무 편의를 위해 통상적으로 활용하는 방법이라는 점 참고 바랍니다.

▼ [참고자료] 노션을 활용한 스케줄링

특히 세부 일정의 경우 모든 부서의 모든 업무를 한눈에 확인할 수 있는 스케줄 표가 좋습니다. 이를 위해 주로 간트 차트*를 활용하는 경우가 많습니다. 다만,

---

★ 간트 차트 : Gantt Chart 프로젝트 일정 관리를 위한 바(bar)형태의 도구로서, 각 업무별로 일정의 시작과 끝을 그래픽으로 표시하여 전체 일정을 한눈에 볼 수 있음.

간트 차트의 경우 주로 엑셀을 통해 생성하거나 수정하기 때문에 다소 번거로울 수 있습니다. 최근에는 이 과정을 간소화하기 위해 노션 데이터베이스 기능을 활용하는 경우가 늘어나고 있으니 활용해 보세요.

예상되는 어려움 예측하기

PM은 원활한 프로젝트 진행을 위해 위와 같은 항목을 포함한 기획안을 제작합니다. 이를 네비게이션 삼아 올바른 방향으로 진행되고 있는지, 초과하거나 모자란 것은 없는지 수시로 파악합니다. 꼼꼼하게 기획안을 작성하고 유관 부서와의 다양한 의견 취합을 하지만, 그럼에도 매 프로젝트마다 새로운 문제를 마주하게 됩니다. 이때 PM은 돌발 상황에 대비하고 피해를 최소화하기 위해 열린 마음으로 문제를 받아들일 수 있어야 합니다. 문제를 피하기만 하는 수동적 태도로는 유연하게 대처할 수 없고, 피해는 고스란히 비즈니스로 이어집니다. 그렇기 때문에 PM은 언제든 문제를 발견하고 해결할 수 있다는 마음을 가져야 할 것입니다. 스터디 단계에서부터 예상되는 어려움을 예측하고, 이에 대한 대응 메뉴얼을 만드는 습관을 들인다면 실제 PM이 된 이후에도 충분히 좋은 대처 능력을 발휘할 수 있을 것입니다.

▼ [(예) 예상되는 어려움 예측 표]

운영팀	예상문제:	운영 관리팀의 인력 부재로 현장 관리가 부족할 것 같다.
	해결방안→	손님이 몰리는 시간에 아르바이트를 고용하여 인력난 해소
	예상문제:	운영팀 내부 불화로 매장 지원이 힘들 것 같다.
	해결방안→	면담 및 상부 보고를 통한 근본적인 문제를 발견하고 단계별 해소
디자인팀	예상문제:	출력소 일정으로 인해 프로모션 기한 내 포스터 수령이 어려울 것 같다.
	해결방안→	사내 고급 프린터기 활용하여 자체 출력
	예상문제:	디자인 팀장의 퇴사로 인해 디자인팀 업무 관리가 힘들 것 같다.
	해결방안→	인수인계 체계화, 팀장 부사수를 임시 팀장으로 지정하여 업무 관리 요청
마케팅팀	예상문제:	광고 채널의 광고비 인상으로 인해 예산 초과 가능성이 있다.
	해결방안→	해당 광고 채널은 광고 중단, 효율 채널 위주로 예산 재편성
	예상문제:	인플루언서의 개인 사정으로 인해 행사 당일 참석이 불가할 것 같다.
	해결방안→	섭외 후보 리스트에서 가장 협조적인 인플루언서로 대체

　이처럼 부서별 예상되는 어려움과 대응법을 생각해두면 실제로 문제가 발생하더라도 당황하지 않고 처리할 수 있습니다. 개인 스터디에 활용할 때는 문제와 해결 방안을 상상하여 작성해도 좋지만, 실제 PM으로 활동하게 되면 각 부서 업무에 대한 이해도가 낮거나 세부 내용을 잘 모를 때는 업무 담당자나 책임자에게 예상되는 어려움과 대응법을 요청하여 취합하는 것도 방법입니다.

역 기획 스터디하기

　역 기획이란 이미 기존에 만들어져 있는 서비스를 역으로 어떻게 기획되었는지 분석하는 방식입니다. PM이나 기획자, UIUX 디자이너가 되기 위해 스터디 단계에서 가장 많이 활용하는 방법입니다. 어떤 직무에 따라 역 기획의 목적과 항목이 상이할 수 있으나 PM은 다음과 같은 단계로 분석해 보는 것이 좋습니다.

[1단계] 비즈니스 모델 분석

우선 비즈니스 모델을 분석하려면 어떤 서비스 혹은 제품을 분석할지 선택해야 합니다. 산업과 서비스 종류에는 제한이 없지만, 역 기획은 주로 애플리케이션이 많이 활용됩니다. 다양한 성공사례가 있고, 접근성이 용이하기 때문입니다. 편의를 위해 가상의 쇼핑 애플리케이션을 바탕으로 설명하겠습니다.

▶ **서비스명**: 도리몬 패션

▶ **주요 고객**: 2030 여성

▶ **종류**: 여성 전용 쇼핑 플랫폼 (앱 + 홈페이지)

▶ **비즈니스 모델**:
   1) 배너 광고
   2) 결제 수수료
   3) 제휴 마케팅
   4) 투자 유치
   5) 그 외

이처럼 플랫폼의 개요를 정의하는 것부터 역 기획이 시작됩니다. 이 과정에서 PM은 많은 산업군에서 왜 패션 사업을 선택했는지, 왜 2030 여성을 타깃으로 정했는지, 비즈니스 모델은 합리적인지와 같은 질문에 설명할 수 있는 기초 조사와 증거 자료를 만들어야 합니다. 가상 업무이지만 해당 항목에 대한 본인의 생각을 정리하는 것만으로도 큰 도움이 될 것입니다. 특히 비즈니스 모델을 분석하기 위해 다양한 방법론이 존재하지만, 이 책에서는 SWOT 분석과 경쟁사 분석으로 설명하겠습니다.

[2단계] SWOT 분석

SWOT 분석은 비즈니스 모델 분석에 필요한 중요한 도구 중 하나입니다. SWOT은 Strength(강점), Weaknesse(약점), Opportunity(기회), Threat(위협)의 약자로, 조직 또는 비즈니스의 내부 및 외부 환경을 평가하는 데 사용됩니다.

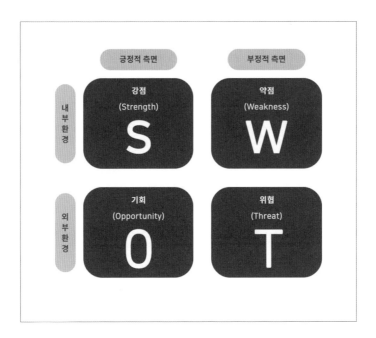

❶강점 강화 및 약점 보완: SWOT 분석은 조직의 강점과 약점을 식별하는 데 도움을 줍니다. 강점은 조직이 다른 경쟁 업체와 비교했을 때 상대적으로 우위에 있는 요소를 의미하며, 약점은 개선이 필요한 부분을 나타냅니다. 역 기획을 통해 스터디 하는 서비스의 강점 및 약점을 파악하여 경쟁력을 향상시킬 수 있습니다.

❷기회 식별: SWOT 분석은 조직이 현재 시장에서 발생하는 기회를 파악하는 데 도움을 줍니다. 기회는 외부 환경 변화에서도 올 수 있고, 내부 조직 변화에

서도 발견될 수 있습니다. 역 기획을 통해 기회를 발견할 수 있는 분석력을 갖춘다면 추후 PM 실무를 진행할 때 큰 도움이 될 것입니다.

❸위협 인식: SWOT 분석은 조직이 직면하는 위협 요인들을 인식하는 데 도움을 줍니다. 경쟁 업체의 활동, 시장 변동성, 법규제 변경 등으로 인해 발생할 수 있는 위협들에 대해 사전에 대비하고 대응 전략을 마련할 수 있는데, 역 기획을 통해 위협 요소를 발견할 수 있다면 이 또한 실무에 긍정적으로 작용할 것입니다.

▼ [SWOT 분석 예시]

- ▶ **강점** : 온라인 구매 활동이 용이한 타겟 확보 및 독보적 위치 (시장 점유율 55% 이상)
- ▶ **약점** : 2~30대 소비자 층이 대부분이므로, 결제 금액이 낮아 매출 규모는 크지 않은 편 (연 30억 원)
- ▶ **기회** : 패션 아이템 전체 구매 중 70% 이상이 온라인 및 플랫폼을 통해 발생
- ▶ **위협** : 중국 패션 플랫폼의 공격적인 마케팅 활동으로 인한 유효 고객 분산

[3단계] 경쟁사 분석

실제 PM 업무를 하게 되면 프로젝트 진행 여부를 판단하기 위해 SWOT 분석과 더불어 경쟁사 분석을 진행해야 합니다. 역 기획을 통해 경쟁사 분석을 진행한 경험이 있다면 추후 실무에 큰 도움이 될 것입니다. 경쟁사 분석은 가상의 패션 애플리케이션이 출시될 경우 경쟁하게 될 브랜드 최소 3개를 선정한 후 비즈니스 모델 분석과 동일하게 서비스명, 주요 고객, 종류, 비즈니스 모델을 분석해 보는 것입니다. 특히 비즈니스 모델 부분에 집중하여 분석하는 것이 좋으며, 이 과정에서 SWOT 분석에서 다루는 내용이 일부 연계될 수도 있으니 유의하기 바랍니다.

서비스명	주요고객	종류	비즈니스 모델	연 매출
패션 플리즈마	2040 여성	여성 전용 패션 플랫폼	배너 광고, 제휴 마케팅, 그 외 맞춤형 광고 솔루션 제공	13억 원
스타일링 마트	2030 여성	여대생을 위한 스타일링 및 쇼핑 플랫폼	결제 수수료, 제휴 마케팅, 투자 유치	22억 원
패션 라이프스타일	2025~2035 성인남녀	다양한 연령층을 위한 종합 패션 플랫폼	배너 광고, 결제 수수료, 제휴 마케팅, 투자 유치, 그 외 패션 컨설팅 등의 부가 서비스 제공	100억 원

[4단계] BI CI 분석

PM은 비즈니스의 전략과 방향성을 설정하는 데 큰 역할을 합니다. 이 과정에서 비즈니스 모델과 동시에 BI CI 분석까지 함께 진행한다면 거시적 관점에서의 경험을 얻을 수 있을 것입니다. BI는 Brand Identity의 약자로 제품의 특성을 시각적으로 디자인해 대외경쟁력 강화 및 차별화를 꾀하는 브랜드 이미지 통일화 작업을 의미하고, CI는 Corporate Identity의 약자로 자기 기업의 사회에 대한 사명, 역할, 비전 등을 명확히 하여 기업 이미지나 행동을 하나로 통일시키는 역할을 합니다. 방법은 간단합니다. 임의로 선정한 경쟁사 3곳의 BI CI를 분석하는 것입니다. 처음부터 홈페이지나 회사 소개서를 활용하여 분석하는 것이 아니라, 본인이 직접 느끼는 BI CI를 역으로 추적하는 것입니다. 경영 철학이나 창업자의 이념을 유추해볼 수도 있고, 브랜드의 Key Color나 톤 앤 매너에 대한 의미를 부여하는 것도 하나의 방법이 될 수 있습니다. BI CI를 분석한 이후 경쟁사의 홈페이지나 회사 소개서를 활용하여 본인이 생각했던 부분과 얼마나 일치하는지 확인해보며 기획력을 키울 수 있고, 반대로 생각지 못한 나만의 관점을 발견했다면 이 또한 좋은 스터디의 경험이 될 수 있습니다. 이 외에도 가상의 서비스를 생각하며 그 회사만의 BI CI를 직접 정하거나 인스타그램 톤 앤 매너, 브랜드 슬로건, 광고 모델 등을 기획하는 것도 PM으로서의 업무를 체험하는 방법입니다.

서비스명	Brand Identity	Corporate Identity	Key Color	브랜드 슬로건
도리몬 패션	도리몬 패션 캐릭터	여성의 자신감과 독립성을 존중하고 지지하는 메시지	Orange & Yellow	나의 철학, 나의 패션
패션 플리즈마	무지개 컬러의 플리즈마 로고	개인적인 스타일과 취향을 존중하는 가치	Green	나답게 바로 입기
스타일링 마트	여행 가방을 연상케하는 아이콘	다양한 패션 정보와 트렌드를 제공	Blue	우리는 옷이 아닌 스타일을 만든다
패션 라이프스타일	모던한 폰트의 타이포그라피 심볼	다양한 스타일과 맞춤형 경험을 제공하며 자유로움과 독립성을 존중	Red	청춘을 입다

[5단계] 작업 순서 및 소요기간 추적(간트 차트)

마지막으로 역 기획 스터디의 일환으로 작업 순서와 소요기간을 추적하여 간트 차트를 만들어보는 것입니다. 간트 차트는 앞에서도 설명했듯이 전체 일정과 세부 업무를 확인할 수 있는 일종의 표입니다. 단순히 표를 만드는 것이 아니라 임의로 선정한 서비스를 론칭하기 위한 작업 순서와 소요기간을 추적하는 것이 중요한 포인트입니다.

전체 과정을 요약하면 프로젝트 작업 항목을 리스트로 정리하고, 각 항목에 예상 소요 시간을 추정합니다. 그 이후 간트 차트 작성 도구를 활용하여 가로축에는 시간(일, 주, 월)을, 세로축에는 작업 항목을 표시합니다. 대표적인 간트 차트 작성 도구로는 Microsoft Excel, Google Sheets, 혹은 간트 차트 전용 소프트웨어가 있으며 최근에는 노션 데이터베이스나 피그마를 통해 만들기도 합니다. 각 작업 항목을 시작일과 종료일로 표시하여 작업 기간을 체크한뒤 각 업무의 시간 충돌을 피하기 위해 선행 작업과 후행 작업을 식별하고, 작업들 사이의 의존 관계를 설정합니다. 이렇게 해서 완성된 간트 차트를 팀과 공유하고, 프로젝트 진행 상황을 업데이트하며 시간 경과에 따라 조정합니다.

▼ [참고자료] 간트 차트

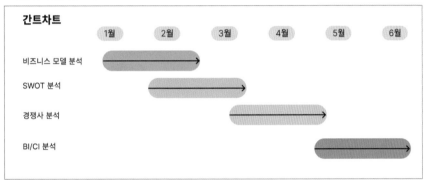

저는 다시 태어나도 스타트업(Start-up) 마케터입니다

스타트업 마케터가 일하는 방법

스타트업 마케터는 업무 범위도 다양하고 여러가지 일을 동시에 수행해야 합니다. '잡다한 일까지 하는 마케터'라는 뜻으로 '잡케터'로 부르기도 합니다. 제가 근무하던 회사들은 모두 스타트업 기반의 회사였으며, CS부터 택배 포장, 우편 발송, 디자인, 공사 현장 관리 등 마케팅과는 거리가 있는 일들까지도 도맡았습니다. 때로는 전문성이 부족해 보여 좌절감을 느낄 때도 있었습니다. 하지만 저는 다시 신입으로 돌아간다면 여전히 스타트업 마케터를 선택할 것입니다. 이미 안정된 회사에서는 느낄 수 없는 일의 속도감과 다양성이 매력적이기 때문이죠. 스타트업에서의 마케팅은 잡다한 일들이 많을 수도 있지만, 장기적인 관점에서 보면 그것은 회사를 알차게 운영하고 성장하기 위해 필요한 여러 가지 역할들의 조합으로 바라볼 수 있습니다. 따라서 스타트업 마케터는 회사의 살림꾼이자 초보자에게 필요한 네비게이션 역할이라고 생각합니다. 여기서는 제가 스타트업 마케터로 활동할 때 경험한 것을 기반으로 스타트업 마케터가 알아두면 좋을 내용을 공유합니다.

스타트업이 일하는 방법

스타트업은 말 그대로 설립한 지 얼마 되지 않은 '신생 창업기업'을 뜻합니다. 그만큼 다양한 가능성을 가지고 여러 테스트를 통해 히트 상품, 캐시 카우를 만들어가야 합니다. 이 과정에서 설립한지 오래된 기업과는 다른 3가지 특징이 있습니다.

◆ MVP로 빠르게 출시해요

스타트업에서 일하는 사람들은 완벽한 제품 1개를 출시하는 것보다 조금의 가능성만 보이면 즉시 출시하여 시장에서 테스트하는 것을 좋아합니다. 그래서 빠른 검증을 위해 속도감 있는 업무를 선호하죠. 이를 전문 용어로는 MVP(Minimum Viable Product)라고 부르며, 핵심 가치를 시장에 빠르게 전달하기 위해 가장 중요한 기능으로 구성된 제품의 기본 버전을 의미합니다. 다시 말해, 시장에 제품 출시를 위해 필요한 가장 최소한의 기능입니다. 그럼 MVP 출시 프로세스가 어떻게 되는지를 살펴보겠습니다.

▼ [MVP 출시 프로세스 미리보기]

❶단계 : 시장 조사

MVP의 핵심은 시장 조사에 있습니다. 특히 스타트업의 경우 뾰족한 강점이 있는 제품을 출시해야 하므로 고객이 필요로 하는, 불편해하는 점을 면밀하게 분석하는 것이 필요합니다. 기존 제품이나 경쟁사 리뷰를 분석하여 개선이 필요한 부분을 반영할 수도 있고, 요즘은 커뮤니티나 유튜브 댓글 등 고객 반응을 보다 쉽게 접할 수 있으므로 이를 적극적으로 활용하는 것도 하나의 방법이 될 수 있습니다.

❷단계 : 샘플 제작

MVP 출시의 목적은 최대한 빨리 시장에서 테스트 하는 것입니다. 그러므로 샘플이나 최소 수량을 제작하는 것이 용이합니다. 이때 대량 생산을 통한 원가 절감 차원에서는 불리할 수 있으나, 적은 비용으로 시장성을 테스트할 수 있다는 장점이 있습니다. 또한, 한 곳의 샘플 업체를 지정하여 주기적으로 거래를 진행한다면 최소 수량이나 단가 조율이 원만하여 수월하게 작업할 수도 있습니다.

❸단계 : 사전 고객 반응 조사

샘플이 제작된 이후에는 최소한의 가치를 증명하기 위해 1차 고객 반응을 조사하는 것이 좋습니다. 고객 반응을 조사하는 방법으로는 크게 내부 테스트, 베타 테스트, 사전 체험단 등이 있습니다. 내부 테스트는 내부 고객 즉, 직원을 대상으로 테스트하는 것입니다. 예를 들어 화장품이 출시되기 전에, 내부 직원에게 테스트 후기를 요청할 수 있습니다. 베타 테스트는 어떠한 제품을 상용화하기 전에 실시되는 테스트로 현재 제품이 지닌 결함, 불편사항, 그 외 제품 상용화 시의 가치 등 종합적인 사항을 평가하는 것입니다. 주로 애플리케이션, 홈페이지, 웹사이트 등이 해당합니다. 마지막으로 사전 체험단은 제품 출시 전, 체험단에 제품을 제공하여 사용 후기를 취합하는 것을 말합니다. 공식적으로 출시되기 이전이므로 외부에 노출되면 안 되는 정보가 일부 있을 수 있어 주로 충성고객을 대상으로 하는 경우가 많습니다.

❹단계 : 1차 출시

사전 고객 반응 조사를 통해 제품에 대한 의견을 취합했다면 제품을 보완하여 1차 출시합니다. 이때부터는 일반 소비자들이 구매할 수 있는 정식 출시를 말합니다. 예전에는 출시와 동시에 모든 채널에 등록하는 것이 일반적이었다면 최근에는 인스타그램 한정 판매, 인플루언서 우선 예약, 홈페이지 단독 프로모션 등 주요 채널에 우선 판매한 뒤 추후 각종 채널에 등록하는 것이 트렌드입니다.

❺단계 : 고객 피드백 수집·반영 및 N차 출시

1차 출시 이후 소진 기간, 판매량, 매출액, 고객 반응 등을 고려하여 이후 출시에 대한 계획을 세우게 됩니다. 1차 출시에서의 인사이트를 바탕으로 제작 수량, 가격, 패키지, 성분, 유통채널 등을 보완해야 합니다.

252

이처럼 스타트업에서는 가능성이 있는 제품이라면 최소 수량과 최소한의 기능을 갖춰 빠르게 출시합니다. 그러면서도 제품 기획과 출시, 고객 반응 분석, 유통채널 관리 등을 동시에 진행하면서 완성품을 만들어가는 것이 특징입니다.

◆ 린(Lean)하게 업무해요

'린'한다는 것은 불필요한 요소들을 제거하고 효과적으로 사업하는 방식으로, 도요타의 효율적인 제품 제조방식인 '린 제조방식'에서 착안하여 에릭 리스가 그의 저서 '린 스타트업'을 집필하며 유행하게 된 표현입니다. 앞에서 말한 MVP 출시와 비슷한 맥락으로, MVP가 제품이나 서비스 출시에 적합한 표현이라면 린한 업무 방식은 스타트업 직원들에게 적합한 표현이라고 할 수 있습니다. 스타트업에서 살아남기 위해서는 린 스타트업의 개념을 이해하고, 업무에 적용해야 합니다. 특성상 예산이나 일정이 넉넉하지 않은 경우가 많고, 다양한 변수가 존재하기 때문입니다. 예비 선수 없이 주전으로만 경기를 운영해야 하는 스포츠 경기와 비슷한 것이죠. 다양한 변수가 존재하지만 주어진 상황과 리소스만 활용하여 최대의 결과치를 내야 합니다. 그래서 스타트업에서는 빠르고 간결하게 소통하며 스스로 역할을 해내야 합니다. 그렇다면 어떻게 해야 린한 업무 방식을 습득할 수 있을까요? 팀장님이 SNS 운영인과 기획 업무를 지시했다고 가정해 보겠습니다. 이때 기획안을 바로 작성하는 것이 아니라 먼저 아래처럼 효과적으로 업무에 몰입할 수 있는 최소한의 자료를 수집해야 합니다.

▶ SNS는 어떤 채널을 말하는 것인가?

▶ 리뉴얼을 진행하는 목적은 무엇인가?

▶ 예산, 기간은 어느 정도인가?

▶ 특별히 원하는 컨셉이 있는가?

그다음 제출 기한을 확인합니다. 제출 기한이 5일 후라고 했을 때 5일째 제출하는 것이 아닌 아래와 같이 타임라인을 세워 업무에 접근하는 것이 좋습니다.

▶ 1일 차: 사전 자료 취합

▶ 2일 차: 리뉴얼 성공 사례 레퍼런스 모으기

▶ 3일 차: 1차 초안 제작 및 중간보고

▶ 4일 차: 팀장님 피드백 반영

▶ 5일 차: 수정본 최종 제출

이처럼 빠르고 간결하고 가볍게 업무를 시작하고, 살을 붙여가면서 완성하는 것이 스타트업에서 말하는 린한 업무 방식입니다.

◆ 모든 구성원이 의사결정에 참여해요

스타트업에서는 모든 구성원이 의사결정에 참여할 수 있고 의사결정권자가 될 수 있습니다. 경력이 낮은 경우, 이 점을 활용하면 다양한 경험과 인사이트를 쌓을 수 있습니다.

빠른 의사결정

스타트업은 빠른 시장 변화에 대응해야 하는 만큼 신속한 의사결정이 필요합니다. 중요한 결정을 위해 장기적인 회의나 복잡한 절차를 거칠 필요 없이 팀 내에서 빠르게 피드백과 대안을 결정하는 것이 큰 특징입니다. 전사 차원이나 팀 차원의 의사결정에 참여하다 보면 의사결정을 내리는 기준, 혹은 반려되는 이유, 설득하는 방법 등을 알게 됩니다. 이를 바탕으로 개인 업무에도 적용하며 좋은 결정을 내릴 수 있는 안목을 기를 수 있습니다. 실제로 스타트업에서 근무하는 사람들은 대체로 빠른 업무뿐만 아니라 의사결정이나 피드백 또한 빠른 편입니다. 이러한 업무 특성은 빠르게 의사를 결정하는 스타트업 환경의 영향을 받은 경우가 많습니다.

동기부여 및 책임

의사결정 과정에 참여하는 것은 구성원들에게 동기부여와 자기 책임감을 부여합니다. 특히 내가 달성해야 할 목표를 함께 결정한다는 것 자체가 큰 동기부여가 될 것이며, 공동의 목표를 달성하는 과정에서 기업 성장에 직접 기여할 수 있습니다. 이때 조직에 대한 주체성과 소속감을 느낄 수 있게 됩니다. 또한, 탑다운 형식의 의사결정을 진행하는 곳에서는 느낄 수 없는 자기 효능감도 느낄 수 있습니다. 스타트업은 대기업이나 설립 연수가 오래된 안정적인 기업보다 불안정성, 불확실성이 강하고 연봉이나 복지 또한 체계적이지 않은 곳이 많습니다. 이러한 물리적인 불만족을 의사결정권을 통해 해소할 수 있고, 잦은 퇴직이나 짧은 근속연수를 보완하는 방법이 될 수 있습니다. 실제로 스타트업에서 장기근속할 경우 물질적 보상보다 자기 주도권, 의사결정권이 큰 영향을 미치는 경우가 많습니다.

변화 대응력

하루아침에 서비스가 없어지기도 하는 만큼 스타트업에서 겪게 되는 변화와 속도는 예측 불가합니다. 그래서 스타트업에서는 변화 대응력을 그 무엇보다 중요하게 생각합니다. 이러한 대응력을 갖추기 위해 혁신적인 아이디어와 창의성을 중요시합니다. 그 아이디어와 창의성은 대표나 소수 임원진이 아닌 구성원에게서 나오는 경우가 많습니다. 그래서 스타트업에서는 모든 구성원이 의사결정에 자유롭게 참여하여 다양한 배경과 관점으로 문제를 해결하는 것을 당연하게 생각합니다. 제가 이직할 때 유리하게 작용한 점 중 하나가 바로 문제 해결 능력 즉, 변화 대응력이었습니다. 회사나 산업이 바뀌더라도 문제는 언제나 생길 것이고, 이 문제를 발 빠르게 해결할 수 있는 경험이 최종 합격에 긍정적인 영향을 미친 것입니다. 이처럼 스타트업에서의 변화 대응력은 개인 업무나 이직, 산업 변경 등에도 큰 도움이 될 것입니다.

255

▼ [한 눈에 보는 스타트업 마케터의 장단점]

장점	단점
업무의 다양성	제한된 리소스
• 특정 마케팅만 하는 것이 아니라 마케팅 중에서도 퍼포먼스, 바이럴, 콘텐츠, 기획 등 다양한 업무를 배울 수 있음. • 마케팅 업무 외에도 운영, 영업, 개발, 인사 등 여러 부서와 협업하거나 타팀의 업무를 일부 진행하는 등 새로운 업무 경험에 대한 기회가 많음.	• 인력, 예산, 일정 등 자원이 한정적임. • 부족한 예산으로 인해 프로젝트가 중단되거나 다른 회사에 투자금을 받고 권한을 넘기는 경우가 많음.
자율성	불확실성과 변동성
• 구성원의 연령대가 비교적 낮으며 특유의 자유로운 조직문화를 경험할 수 있음. • 자율 출퇴근제, 재택근무 등을 적극적으로 활용하는 회사가 늘어나고 있음에 따라 물리적 업무 환경 또한 자유로운 경우가 많음.	• 비즈니스 모델과 수익성에 대해 수많은 검증 과정이 필요함. • 이 과정에서 부서 변동이나 직무 이동, 파견 등 수많은 변동이 동반됨.
성장 속도	전문성 결여
• 제품 수명 주기로 따지면 도입기, 성장기에 위치하는 경우가 많으므로 일정 수준까지의 폭발적인 성장을 경험할 수 있음. • 회사에 따라 다르지만 이 때 스톡옵션이나 인센티브 등 보상에 대한 처우 개선도 기대해볼 수 있음.	• 보고서, 제안서 등 기본적인 문서 양식이 없는 곳이 많고 보고 시스템, 인사 관리 시스템 등이 미숙한 곳이 많음. • 다양한 업무를 동시에 해야하므로 깊이감이 없고 전문성이 부족할 수 있음.
영향력	부정확한 데이터의 한계
• 각 구성원의 개성과 업무 영향력이 매우 강함. • 자유롭게 소통하며 함께 의사결정하는 구조로 인해 연차가 낮거나 나이가 어린 직원도 충분히 존재감을 표출할 수 있음.	• 스타트업 서비스 특성상 확보할 수 있는 데이터 모수가 작아 데이터에 대한 신뢰도가 떨어짐. • 부정확한 데이터로 인해 좋지 않은 의사결정을 할 수 있는 확률이 높음.
멀티테스킹	잦은 수정 요청
• 한 번에 다양한 업무를 수행해야 하기 때문에 멀티테스킹 능력이 발달함. • 멀티테스킹 능력을 잘 활용한다면 퍼스널 브랜딩, 창업, 독립 등 개인 프로젝트 진행 시 높은 확률로 성공할 수 있음.	• 변화와 변동이 많은 곳이다보니 잦은 수정 요청 사항이 동반됨. • 특히 업무 종료 직전에도 수정사항이 들어올 정도로 요청 사항이 잦은 편.

□ 주어진 일만 수행하는 것보다 스스로 일을 벌이는 것을 좋아한다.

□ 스스로 목표를 세우고 이를 달성하기 위해 동기부여 하는 것을 좋아한다.

□ 업무 계획을 세우고 실행하는 데 있어서 어려움을 느끼지 않는다.

□ 외부 자극에 의존하지 않고, 스스로 원하는 방식으로 일을 추진하며 결과를 만들어 낼 때 희열을 느낀다.

□ 일이 잘 풀리지 않을 때, 상황을 탓하는 것 보다 문제를 정의하고 해결방법을 찾는 것에 능숙하다.

□ 상사의 지시나 감독 없이도 목표한 바를 이루기 위해 묵묵히 일하며 책임을 지는 것을 무서워하지 않는다.

□ 성장에 대한 욕구가 강한 편이다.

□ 본인이 맡은 일은 비교당하거나 지적받지 않기 위해 꾸준히 공부한다.

□ 새로운 일을 맡았을 때 두려움보다 해내고 싶은 모험심이 생긴다.

□ 반복되는 일만 할 때, 안정감보다 트렌드에 뒤처질까 조바심이 든다.

함께 일하고 싶은 마케터에게만 있는 C의 유전자

Communication의 중요성

사회 초년생 시절, 처음 마케팅 업무를 시작했을 때 놀랐던 기억이 있습니다. 카피 문구를 기획하고 광고 크리에이티브를 구상하거나 많은 사람 앞에서 PPT 파일을 켜놓고 멋지게 발표하는 모습 등 상상했던 것과는 달리 실제로는 다른 부서에 업무 요청을 해야 했고, 협업을 해야만 일이 진행되기 때문에 디자인팀부터 개발팀, 운영팀, 영업팀 등 거치지 않은 부서가 없을 정도였기 때문입니다. 마케팅팀에서 몇 개월 동안 준비한 아이디어가 타 팀에서 반대하거나 업무 지원이 어려워서 잠시 중단된 적도 있습니다. 이러한 상황 속에 경쟁사에서 비슷한 제품을 런칭하여 선점의 기회를 놓친 적도 있습니다. 마케터의 환상은 저만의 이야기가 아니며, 제가 컨설팅한 약 100명의 수강생 중 70% 이상이 마케터에 대한 환상을 품고 있다는 것을 알았습니다.

마케터는 내부에서 결정된 일을 외부로 최대한 많이 확산시키는 일입니다. 확산은 브랜드, 제품 또는 서비스를 많은 소비자에게 알릴 수 있도록 수단과 방법을 가리지 않는 것이지요. 이 과정에서 마케터가 단독으로 할 수 있는 일보다 협업을 통해 진행하는 일이 더 많습니다. 특히 규모가 큰 회사나 조직도가 촘촘하게 구성된 경우 협업의 중요성이 더욱 커집니다. 따라서 마케터는 개인의 역량뿐만 아니라 C(Communication)의 유전자라고 할 수 있는 소통 능력이 필요합니다.

C의 유전자 – Communication(소통)

마케터에게 소통은 여러 번 강조해도 지나치지 않을 정도로 중요합니다. 마케터가 수행하는 거의 모든 과정에서 협업이 이루어지기 때문입니다. 실행 단계에서는 유관 부서와의 협업이 필수이며, 분석 및 보고 단계에서도 의사결정권자, 유관 부서, 전사 공유 등 다양한 소통이 동반됩니다. 심지어 최근에는 아이디에이션 단계에서도 회의를 통해 의견을 취합하는 경우가 늘어나고 있습니다. 소통을 잘한다는 것은 비위를 잘 맞추거나 상대방의 기분을 좋게 하는 것만으로만 이해되지 않습니다. 비즈니스 세계에서 커뮤니케이션은 전문적인 접근과 프로페셔널한 태도를 요구합니다.

그렇다면 어떻게 좋은 소통을 할 수 있을까요? 상대방과 원활하게 대화하며 의견을 교환하고 이해하기 위해서는 몇 가지 요소가 필요합니다. 첫째, 적극적인 리스닝(듣기) 능력으로 상대방의 의견에 집중하고 이해하는 자세를 가져야 합니다. 둘째, 명확하고 간결한 표현력으로 복잡한 개념과 아이디어를 쉽게 전달할 수 있어야 합니다. 셋째, 문제 해결과 의사 결정에 참여하여 다양한 관점과 아이디어를 제시할 준비가 되어 있어야 합니다. 마케터로서 C의 유전자를 발견하고 발전시키기 위해서는 이러한 요소들을 염두에 두고 지속으로 연습하고 개선하는 것이 중요합니다.

소통의 기본은 배려, 상대방의 입장에서 생각하기

◆ 마케터가 아닌 사람과 소통할 때

마케터는 회사 대부분의 팀과 소통해야 합니다. 특히 디자인팀, 개발팀과의 협업은 중요한 일이 많습니다. 하지만 디자이너와 개발자는 마케팅 용어나 마케팅 채널에 대해 잘 알지 못하는 경우가 대부분이므로 업계용어보다 상세하게 설명하는 것이 더 좋습니다. 예를 들어, CPC*를 설명할 때 '클릭당 비용' 또는 '광고를 한 번 클릭할 때마다 발생하는 광고 비용'처럼 구체적으로 설명하는 것이 좋습니다. 더 나아가 CPC가 낮으면 낮을수록 광고 효율이 좋은 것처럼 추가적인 상식도 함께 설명하면 상호 간에 원활해 소통할 수 있습니다.

◆ 마케터 상사와 소통할 때

팀장, 셀장, 대표 등 의사를 결정하는 상사의 경우 회사의 전체 방향성과 주요 이벤트에 대해 알고 있지만, 세부 계획과 실행 방법 등은 자세히 알지 못할 수 있습니다. 그러므로 '당연히 상사니까 나보다 더 많이 알고 있겠지'라는 생각으로 간략하게 설명하거나 과정을 생략하는 것은 바람직하지 않습니다. 이를 고려하여 상사와 대화하거나 보고할 때도 배려해야 합니다.

★ CPC : Coast Per Click, 클릭당 비용으로써 광고 소재를 한 번 클릭할 때 마다 발생하는 비용. CPC가 낮으면 낮을수록 광고 효율이 좋은 것으로, CPC가 높을수록 광고 효율이 나쁜 것으로 간주 됨.

상사와 소통할 때 긴장하지 말고
주도적으로 대화에 참여하세요

마케터 상사는 마감과 기한에 쫓기는 일이 많습니다. 연차가 높아질수록 실무 업무뿐만 아니라 주간/월간 회의, 임원진 회의, 대외 미팅, 협력사 방문 등 다양한 업무와 협업으로 인해 시간이 부족합니다. 그래서 효율성에 대한 욕구가 다른 사람보다 큰 경향이 있습니다. 이런 상사와 소통하며 원하는 것을 얻기 위해서는 효율적인 접근 방식이 필요합니다. 진행 현황, 업데이트, 문제점 보고, 아이디어 제안 등 필요한 정보를 적극적으로 전달하고 주도적으로 소통하는 것이 좋습니다. 또한, 상사가 지적하거나 궁금해할 것 같은 내용을 미리 정리하여 대비하는 자세도 필요합니다. 상사는 조직의 이해관계자 중 하나일 뿐입니다. 상사가 대표가 아니라면 모든 결정을 임의로 내릴 수 없다는 점을 기억해야 합니다. 특히 유능하게 소통하는 직원들은 이를 잘 활용합니다. 다른 이해관계자들과의 목표와 관계를 고려하여 소통하는 경우가 많으며 일이 진행될 때 마케팅팀뿐만 아니라 다른 팀에도 영향을 주는 사항들을 세심하게 고려합니다. 지금까지 자신 혹은 팀만을 생각했다면 협업 부서와의 관계 및 이해관계자들의 위치나 상황 등을 파악하고 상사와 다른 팀원들과의 관계를 고려하여 의견을 전달해 보기 바랍니다. 상사는 가치 있는 대화로 여길 것이며 여러분의 의견에 지지할 가능성도 있습니다.

◆ 외부 협력사와 소통할 때

마케터는 내부 유관 부서와의 협업뿐만 아니라 대행사, 실행사, 인플루언서, 콜라보레이션 업체 등과의 외부 협업도 많이 진행합니다. 특히 최근에는 대행사 없이 다이렉트로 진행하거나 콜라보레이션 마케팅의 중요성이 커져서 마케터의 커뮤니케이션 스킬은 점점 더 중요해지고 있습니다. 또한, 외부 협력사 입장에서는 내부 직원들의 수준이 회사의 수준을 반영하기 때문에 마케터는 회사 이미지에 피해가 가지 않도록 언행에 조심해야 합니다. 이번에는 외부 협력사와 원활한 관계를 유지하고 소통하기 위한 방법을 설명하겠습니다.

명확하고 구체적인 요청사항

협력사는 '협력하여 계획한 일을 이루어 내는 데 참여하는 회사'라는 뜻입니다. 기업과 기업이 만나는 영역이므로 더욱 강한 책임감으로 소통해야 합니다. 특히 기업 차원에서의 움직임은 많은 리소스와 리스크를 동반하므로 협력사와 소통할 때 명확하고 구체적인 요청사항을 전달해야 합니다. 이를 위해서는 외부 협력사에 업무를 공유하기 전에 내부적으로 의견을 정리하는 것이 중요합니다. 프로젝트의 목표, 일정, 예산, 기대 효과, 예상되는 문제점 등을 상세하게 정리하여 협력사에 명확하고 구체적인 요구사항을 제시할 수 있어야 합니다. 또한, 필요한 정보와 자료를 정확하게 제공하여 오해의 소지를 방지해야 합니다. 협력사를 너무 믿은 나머지 요청사항을 전달하지 않거나 내부 상황을 자세히 설명하지 않는다면 결과에 대한 책임도 따질 수 없으며 투자에 대한 손실도 보상받기 어려울 것입니다. 따라서 계약서를 작성하여 대외적으로 안전 장치를 마련하는 것이 좋습니다. 계약서에 들어갈 내용은 회사나 산업마다 달라질 수 있지만, 아래와 같은 내용은 통상적으로 활용되므로 알아두는 것이 좋습니다.

▼ [협력사에 반드시 전달해야 할 사항]

▶ 협업 목표
▶ 업무 내용
▶ 협업 기간
▶ 예산
▶ 계약 조건 미 이행시, 손해배상 청구 범위 (비용 반환 및 환불 / 계약 조건 달성 시까지 AS 등)

협업 내용에 따라 세부 사항은 달라질 수 있으나, 협업 기간과 예산은 반드시 체크해 두어야 합니다.

정기적인 내부 상황 업데이트

협력사는 업무 특성상 내부 담당자의 의존성이 높아 변경되는 내용을 공유하지 않으면 회사 내부 사정을 자세히 알 수 없습니다. 따라서 정기적으로 내부 상황을 업데이트하여 공유해야 합니다. 예를 들어, 계약 기간을 1년 동안 진행하기로 한 협업 건에 대해 계약 기간을 연장하거나 단축해야 하는 상황이 생겼다면 해당 변경 사항을 결정하는 것만으로 멈추지 말고 즉각 협력사와 공유하여 대비할 수 있도록 해야 합니다. 그렇지 않으면 협력사의 사정에 따라 계약 이행이 불가능하거나 변경된 건에 대해 추가 비용이 발생할 수 있습니다. 특히 콜라보레이션과 같은 다른 브랜드와의 작업에서는 포스터 로고 위치 변경, 이벤트 상품 변경 등과 같은 작은 변동 사항도 정확하게 공유해야 합니다. 내부 변경 사항을 잊지 않고 협력사와 공유하기 위해서는 매일 소통하는 것이 가장 바람직하지만, 실제로는 어려운 일입니다.

◆ 소통 채널 다양화

협력사와의 소통은 주로 이메일을 통해 이루어지지만, 이메일은 형식적이고 냉소적으로 비춰질 수 있어 자칫 잘못하면 오해가 생길 수 있습니다. 따라서 협력사와의 원활한 관계 구축과 파트너 관계 유지를 위해서는 다양한 채널을 활용하는 것이 좋습니다.

▼ [협력사와 소통하기 좋은 협업 툴]

온라인 회의	ZOOM	가장 대표적인 화상 회의 플랫폼
	구글 미트	구글 계정을 소유한 사람이라면 누구나 화상회의를 만들 수 있음. 1:1 화상 미팅 기준, 무제한으로 참여 가능함.
프로젝트 툴	구글 드라이브	이미지, 동영상, 파일 등 공유 가능. 계정당 최대 15GB 무료 사용 가능함.
	구글 스프레드시트	엑셀 데이터를 수시로 가공할 수 있으며, 권한만 갖고 있다면 문서 히스토리를 확인하거나 동시에 수정할 수 있음. 댓글 기능을 활용하여 의견을 주고받을 수 있음.
	노션	올인원 워크스페이스로써 PPT나 엑셀, 워드 등을 따로 따로 설치할 필요 없이 노션 하나로 비즈니스와 관련한 모든 문서와 데이터를 관리할 수 있음. 이 또한 즉시 수정이 가능하므로 외부에 있는 협력사와 소통할 때 매우 편리함.
	피그마	클라우드 기반으로 웹 브라우저로 동작하는 UI 디자인 툴이나, UI 디자인 이외에도 일반 그래픽, 로고 디자인, 기획안 제작 등 제약 없이 제작 가능함.
업무 메신저	구글 채팅	구글에서 제공하는 채팅 프로그램. 비용이 부담스럽거나 채팅 참여 인원이 적을 때 일시적으로 사용하기에 적합함.
	네이버 웍스	네이버 메일, 메신저, 드라이브, 클로바, 파파고 AI 등 네이버가 만든 올인원 협업 툴. 다양한 업무 기능 제공.
	슬랙	인스턴트 메신저 및 프로젝트 관리 중심의 협업툴로서 기본 채팅은 물론이고 자료 공유, 히스토리 관리 등에 용이함.

이 외에도 전화 통화 등 다양한 수단으로 실시간 소통과 의견을 교환 할 수 있습니다. 필요에 따라 직접 만나서 의견 조율과 커뮤니케이션을 강화하는 것도 좋은 방법이 될 수 있습니다. 마케터와 외부 협력사와의 소통은 성공적인 프로젝트 수행에 중요한 역할을 합니다. 앞에서 제시한 3가지 방법을 활용하여 협력사와의 신뢰와 협력관계를 발전시켜 보기 바랍니다.

◆ 넘버링 활용하기

규모가 크거나 내용이 긴 업무는 각 항목에 숫자를 표기하는 넘버링을 활용하는 것이 좋습니다. 넘버링 없이 구구절절 나열하면 문서의 양이나 길이와 상관없이 어떤 것이 중요한 내용인지 확인하기 어렵고, 상대방이 읽기 부담스러울 수 있습니다. 특히 성과보고서나 제안서는 넘버링을 활용하면 매우 유리합니다. 상세 내용은 파일로 첨부하되 핵심 내용을 넘버링하여 요약본 형태로 보고하면 수신자는 쉽고 빠르게 내용을 이해할 수 있으며, 넘버링을 중심으로 문서를 확인할 수 있어 보다 신속하게 의사 결정 할 수 있습니다. 넘버링은 단순히 형식적인 문서 작성 방법뿐만 아니라 마케터로서 중요한 것과 강조해야 할 것이 무엇인지 인식하게 되고 주관성을 나타낼 수 있습니다. 넘버링을 활용하여 명확한 소통과 효율적인 업무 진행을 추구해 보세요.

문서 제목:문서 넘버링 표기 예시

1. AAA
  가. BBB
    1)CCC
    가)DDD
      (1)EEE
      (가)FFF
        ① GGG
         ㉮ HHH

2. AAA
  가. BBB
    1)CCC
    가)DDD
      (1)EEE
      (가)FFF
        ① GGG
         ㉮ HHH

〈넘버링 활용 Tip〉

▶ 각 넘버링은 일반 텍스트보다 숫자를 키우고 볼드(굵게)처리

▶ 매우 중요한 내용의 경우 숫자 키우기 + 볼드(굵게) + 빨간색 글자 처리

▶ 비교적 중요한 경우 숫자 키우기 + 볼드(굵게)

▶ 그 외 강조하고 싶은 내용이 있을 경우 밑줄 처리, 배경색 처리

▶ 배경색은 주로 노란색을 사용하는 것이 일반적임

▶ 숫자 기호 이외에도 -, * , #와 같은 특수문자를 활용하여 구분

상황에 맞는 소통 방식 사용하기

저는 개인적으로 배려는 지능이라고 믿습니다. 그래서 관계에도 단계가 있듯이 커뮤니케이션에도 단계가 있다고 생각합니다. 특히 제가 만난 일 잘하는 사람들은 본인의 상황이 아닌 상대방의 상황에 맞게 소통하는 공통점을 가지고 있습니다. 어떠한 비즈니스 소통이라도 결국은 사람과 사람 사이에서 일어나는 것입니다. 상대방의 상황을 고려하여 소통하면 원활하게 의사소통할 수 있을 것입니다.

◆ 처음 소통할 때

일면식도 없는 상대방과 처음 소통해야 할 때가 있습니다. 새로 입사한 경우, 거래처 담당자가 변경된 경우, 업무 담당자가 바뀐 경우, 휴가나 병가 등으로 전임자의 일을 하게 되는 경우 등이 해당합니다. 이러한 상황에서 처음 소통할 때 어떤 순서로 접근하면 좋을까요?

❶전화를 건다 → ❷문자 메시지를 보낸다 → ❸이메일을 보낸다

많은 분이 가장 먼저 전화를 선택합니다. 대한민국 문화에서는 첫 연락은 전화로 하는 것이 예의있는 것이라 여겨져 왔기 때문입니다. 하지만 커뮤니케이션 측면에서 바라보면 전화부터 거는 것은 오히려 무례할 수 있습니다. 상대방의 위치와 현재 업무 상황에 따라 전화를 받는 것이 어려울 수 있기 때문입니다. 게다가 모르는 번호로 오는 전화는 긴장감과 불안감을 야기할 수도 있습니다. 실제 최근에는 전화 통화를 기피하는 콜 포비아 현상이 많아지고 있습니다. 그러므로 어렵고 애매한 첫 연락은 다음과 같은 순서로 접근하는 것이 좋습니다.

❶이메일을 보낸다 → ❷문자 메시지를 보낸다 → ❸전화를 건다

업무에서 소통할 때 가장 자주 사용하는 것이 이메일입니다. 이메일 주소는 필수적인 연락 정보이므로 인사와 동시에 해당 주소를 알릴 수 있는 장점이 있습니다. 그러므로 첫 소통 시에는 가장 먼저 이메일을 사용하고, 이때 아래와 같은 내용을 포함하면 더욱 좋습니다.

▸ 이름 (도리몬)
▸ 소속 (마케팅팀)
▸ 직급 또는 직함 (마케팅 팀장)
▸ 역할 (프로젝트 리드 및 커뮤니케이션)

최근에는 이름 대신 닉네임을 사용하고, 직급이 사라진 회사도 많아 상황에 맞게 사용하면 됩니다.

◆ 리마인드 할 때

마케터는 디자이너, 개발자, 영업 사원, 운영팀장 등과 동시에 소통하는 경우가 많습니다. 대부분의 마케터는 기획자나 프로젝트 매니저와 유사한 역할을 하며 회의를 주도하고 의견을 조율합니다. 앞에 설명한 C의 유전자를 가진 마케터는 자신의 일정을 확인하는 것은 물론, 관련된 부서를 고려하여 적절한 시기에 리마인드하는 경향이 있습니다. 리마인드는 약속이나 할 일 등을 잊지 않도록 상기시키는 것입니다. 리마인드할 때는 주로 중요도, 신속성을 고려하여 어떻게 안내할지 결정해야 합니다. 다음 상황을 활용하여 연습해 보세요.

중요도

• 중요하지만 급하지 않은 일

예) 내년도 마케팅 계획

➡ 여유 기간이 많이 남아 있고
당장 의사결정을 해야하는 것은 아니므로
메일을 통한 안내로 진행

• 급하면서 중요한 일

예) 신사업 계획 발표, 사업 계획 브리핑 등

➡ 즉각적인 안내와 동시에 조치가 필요하므로
대면 안내를 통해 즉시 문제 해결

신속성

• 중요하지도, 급하지도 않은 일

예) 2주 뒤 있을 회식 장소 결정

➡ 중요한 사안이 아님과 동시에
기간 여유가 있으므로
메신저를 통해 간단히 안내

• 급하지만 중요하지 않은 일

예) 보고서 중 오타를 발견했을 때

➡ 빠르게 안내하면 좋으므로
전화 통화로 내용 전달

다만, 리마인드할 때는 오해의 소지가 없도록 두 가지를 염두하기 바랍니다. 첫 번째는 재촉하는 듯한 느낌을 주면 안 되며, 두 번째는 담당자를 믿지 못한다는 느낌을 주면 안 됩니다. 이를 명심하고 적절하게 활용하면 함께 일하고 싶은 마케터, 소통 잘하는 마케터라는 인식을 심어줄 수 있을 것입니다.

◆ 의견을 요청할 때

마케터는 고객은 물론 대내외의 다양한 기업들과 회사를 대표하여 소통해야 합니다. 효율적인 결과 도출을 위해서는 브랜드의 방향성, 경쟁사의 활동, 시장의 동향 등을 고려하여 가장 효율적인 방법을 결정해야 합니다. 이러한 과정에서 마케터는 직감이나 권한에 의존하여 임의로 결정하기도 하지만, 대부분 내부 직원들의 의견을 수렴하여 결정합니다. 마케팅팀 내에서 소통하는 것 외에 다른 팀에 의견이나 업무를 요청해야 할 때는 상대방의 시간과 노력을 할애해야 하는 만큼 보다 신중하게 접근해야 합니다. 의견을 요청할 때 가장 흔히 하는 실수가 '그냥' 요청하는 것입니다. 마케터는 이미 업무 배경이나 일의 히스토리를 잘 알고 있어 설명 없이 요청하는 경우가 많습니다. 하지만 의견을 받는 사람은 설명 없이 요청하면 당황할 수 있으므로 아래 내용을 꼭 포함시킵니다.

요청 이유

왜 이런 업무를 요청하게 되었는지에 대해 업무 배경, 히스토리, 관련 이슈 등과 함께 설명합니다. 그러면 상대방은 요청의 의도와 중요성을 더 잘 이해할 수 있습니다.

요청 자료의 활용 범위 및 목적

요청하여 받은 자료를 어디에 어떻게 활용할 것인지 명확히 설명하는 것이 필요합니다. 상대방은 가벼운 마음으로 요청에 응했는데 알고 보니 매우 중요한 의사 결정에 활용되면 당황스러울 수 있고, 반대 경우 또한 난감한 상황이 될 수 있습니다. 따라서 자료의 활용 범위와 목적을 분명하게 밝혀야 좀 더 유익한 자료를 제공 받을 수 있을 것입니다.

예시 혹은 참고자료

전문성이 부족하면 어떻게 의견을 전달해야 할지 모르는 경우도 있고, 현업이 바쁘면 별도의 시간을 할애하여 요청 자료를 만들기 어려울 수 있습니다. 이런 경우를 대비하여 답변 예시나 주요 이슈, 참고자료 등을 함께 제공하는 것도 좋은 방법입니다. 예시가 없다면 답변에 활용할 수 있는 주요 이슈나 참고자료를 전달해 보세요.

일의 해상도를
높이는 방법

마케팅 실력을 빠르게 키울 수 있는 3가지

그동안 많은 마케터 지망생과 주니어 마케터를 컨설팅하면서 어떻게 하면 일을 잘할 수 있는지에 대한 질문을 가장 많이 받았습니다. 일을 잘할 수 있는 방법은 회사와 상황에 따라 다르지만, 책에서는 일의 해상도를 높이고 마케팅 실력을 빠르게 키울 수 있는 세 가지 방법을 제시하고자 합니다.

비즈니스 맥락 읽기

일 잘하는 마케터가 되기 위해서는 반드시 비즈니스 맥락을 읽을 줄 알아야 합니다. 비즈니스는 일정한 목적과 계획을 세우고 짜임새 있게 지속으로 경영하는 것을 의미합니다. 따라서 마케터는 비즈니스의 전체적인 흐름을 이해하고 마케팅 전략을 수립해야 합니다. 하지만 대부분의 마케터는 눈앞에 있는 업무에만 집중합니다. 물리적으로 일이 많아 다음 단계로 넘어가지 못할 수도 있고, 필요성은 알지만 게으른 탓에 배움에 소홀할 때도 있습니다. 이러한 마케터의 업무 특성상 비즈니스 흐름을 조금이라도 읽을 줄 아는 마케터가 보다 더 빠르게 성장할 수 있다는 것은 분명한 사실입니다.

그렇다면, 마케터가 왜 비즈니스 맥락을 읽을 수 있어야 할까요? 마케터는 돈을 써서 돈을 벌어들이는 사람이기 때문입니다. 비즈니스 맥락을 읽지 못하는 마케터는 고객의 구매 행동을 유발할 수 없고, 이는 곧 매출, 브랜드 인지도, 앱 다운로드 수, 유입자 수 등 모든 성과에 영향을 미칩니다. 비즈니스 맥락을 이해하냐, 마느냐의 차이는 마케터의 평가이자 실력이 됩니다. 좀 더 자세히 설명하기 위해 시장 관점의 비즈니스로 나누어 설명하겠습니다.

◆ 시장 관점의 비즈니스 맥락을 읽어 보세요

앞서 마케터는 돈을 써서 돈을 벌어들이는 사람이라고 설명했습니다. 돈을 쓴다는 것은 마케팅 비용을 사용한다는 것을 뜻하고, 돈을 벌어들이는 것은 매출을 발생시키는 것을 말합니다. 매출은 회사 규모와 타깃 시장에 따라 달라지겠지만, 이 책에서는 B2C(Business to Customer, 기업이 고객에게 제공하는 가치)로 한정 짓겠습니다. 그러므로 매출은 곧 소비자라는 공식이 성립되며, 마케터는 고객의 지갑을 여는 기술을 가지고 있어야 합니다. 화장품 브랜드의 마케터라면 데이터 분석을 통해 다양한 비즈니스를 예측할 수 있습니다. 봄부터 겨울까지 어떤 컬러가 유행인지, 또 어떤 질감의 제품이 트렌드이고, 어떤 패키지에 담겼을 때 가장 잘 돋보이는지와 같이 고객이 어떤 흐름으로 소비하는지 알아야 합니다. 비즈니스라고 해서 어렵게 생각할 필요는 없습니다. 고객이 무엇을 좋아하고 어떤 것에 반응하는지를 알고 있는 것만으로도 충분히 좋은 인사이트를 가질 수 있습니다.

◆ 이것이 곧 비즈니스의 거의 모든 것입니다

그동안 기계적으로 실무만 해왔다면 작은 것에서부터 비즈니스 맥락 읽기를 실천해 보는 것은 어떨까요? 비즈니스를 쉽게 파악하기 위해서는 마케팅 원론에서 자주 활용되는 고전 이론, 7P를 통해 확인할 수 있습니다. 보통 4P를 활용하는 경우가 많으나 시장이 세분되고 고객 욕구가 다양해짐에 따라 7P로 확장하여 사용하기도 합니다.

4P	분석 예시
Product (제품)	스마트폰 회사에서 출시하는 최신 모델 스마트폰
Price (가격)	스마트폰의 가격을 경쟁사보다 약간 높게 책정하여 고급 브랜드 이미지를 유지
Place (장소)	전 세계적으로 유명한 전자제품 매장 및 온라인 유통채널 판매
Promotion (프로모션=판매촉진)	광고, 할인 행사, 소셜 미디어 마케팅 등을 통해 스마트폰을 홍보 및 판매 촉진

7P	분석 예시
Product (제품)	호텔에서 제공하는 고급 객실 및 편의 시설
Price (가격)	다양한 객실 유형에 따라 가격을 설정하여 다양한 고객층을 대상으로 유연한 가격 정책을 시행
Place (장소)	관광지 근처에 위치한 호텔로 편리한 접근성을 제공
Promotion (프로모션, 판매촉진)	호텔 예약 사이트 및 여행사와의 제휴를 통해 할인 및 특별 이벤트를 제공하여 고객을 유치

People (사람, 직원)	친절하고 전문적인 직원들이 고객을 맞이하여 편안한 서비스를 제공
Process (프로세스, 과정)	원활한 체크인/체크아웃 프로세스, 객실 서비스, 식당 예약 등의 고객 서비스 과정
Physical evidence (물리적 증거)	현대적이고 세련된 호텔 인테리어, 청결한 객실, 고객 후기 및 평점 등의 물리적 증거를 통해 신뢰성을 제시

4P, 7P가 어렵다면 다음과 같이 질문 트리를 활용해 보세요.

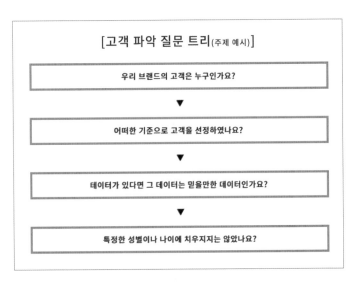

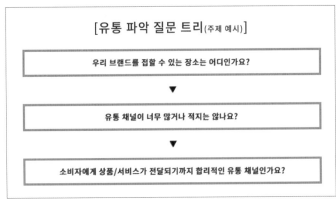

[가격 파악 질문 트리(주제 예시)]

우리브랜드의 제품, 서비스의 가격은 얼마인가요?

어떤 기준으로 가격을 설정하였나요?

다른 브랜드와 비교하였을 적당한 수준인가요?

가격에 대한 만족감을 주기 위해 어떤 노력을 했나요?

[사람 파악 질문 트리(주제 예시)]

목표를 달성하기 위해 반드시 필요한 인원인가요?

지나치게 많은 업무를 수행하거나 반대로 업무가 명확하지 않은 사람은 없는지 확인해보세요.

의사결정권자는 납득할 수 있는 최종 결정을 할 수 있는 사람인가요?

[프로세스 질문 트리(주제 예시)]

어떤 서비스와 제품을 어떤 프로세스로 전달할 것인지 생각해보셨나요?

최종 결과물이 고객에게 도달하기까지 불필요한 과정은 없나요?

만약 불필요한 과정이 있다면 없애거나 보완할 수 있는 방법에 대해 고민해보세요.

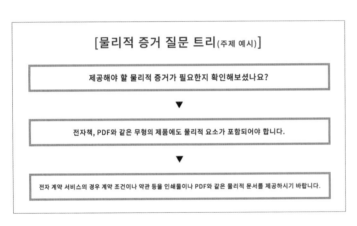

상사의 성향 이해하기

주니어 마케터가 회사 내에서 성장하고 발전하기 위해서는 단순히 전문적인 지식과 기술만으로는 부족합니다. 아이러니하게도 상사의 도움 없이는 빠르게 성장하기 힘든 것이 현실입니다. 상사와의 원활한 협업은 주니어 마케터가 조직 내에서 실력을 쌓고 성공을 이루는 데 있어서 핵심적인 역할을 하기 때문입니다. 저도 한때 자의식에 취해 '나는 스스로 성장했어'라며 큰소리쳤지만, 지금 생각하면 상사의 도움을 많이 받았습니다. 상사와의 원활한 협업을 통해 전문성을 향상하고 리더십을 배우고 발휘할 기회를 얻었기 때문입니다. 하지만 대부분 상사는 자발적으로 도움을 주지 않습니다. 저 또한 적극적인 태도 덕분에 좀 더 수월하게 성장할 수 있었다고 생각합니다. 따라서 주니어 마케터가 빠르게 성장하기 위해서는 상사의 성향을 이해하고 이에 맞게 대응하는 자세가 필요합니다. 여기서는 상사와의 관계를 통해 전문성을 향상하고 리더십을 배우고 발휘할 기회에 대해 알아보겠습니다.

 상사의 성향을 이해하는 것과 실력 향상에는 어떤 관계가 있을까?

• 효율적인 의사소통
상사의 성향을 이해하면 의사소통이 원활해집니다. 상사는 자신만의 의견, 스타일, 우선순위 등을 가지고 있습니다. 주니어 마케터가 이를 파악하면 상사와의 대화에서 오해나 혼동이 줄어들며, 명확한 지시와 피드백을 받게 됩니다.

• 개인 발전 기회
상사와의 관계를 이해하면 주니어 마케터는 개인적인 발전 기회를 얻게 됩니다. 상호작용과 피드백 공유를 통해 자신의 강점과 약점을 파악하고 개선할 수 있으며, 추가적인 교육 및 경력 발전 기회도 얻게 됩니다.

• 역량 보완
상사는 주로 경력과 전문성이 높은 경우가 많습니다. 그들은 과거 경험과 지식으로부터 많은 것을 배울 수 있는 소중한 자원입니다. 주니어 마케터가 상사의 성향을 이해하면 그들로부터 다양한 전략, 아이디어 및 실행 방법 등을 학습할 수 있습니다.

• 리더십 스타일 인식

상사마다 다른 리더십 스타일을 가지고 있습니다. 주니어 마케터가 이를 인식한다면 조직 내에서 어떤 리더십 스타일이 적용되고 있는지 파악할 수 있습니다. 따라서 자신의 역할과 임무에 대한 명확한 이해와 일관된 목표 달성에 동참할 수 있습니다.

• 조직 내에서 신뢰 구축

상사와 좋은 관계를 유지하는 것은 조직 내에서 신뢰 구축에 도움이 됩니다. 주니어 마케터가 상사에 대한 이해를 보여주고 존중하는 자세를 취한다면 상호간에 긍정적인 관계가 형성되며, 그 결과로서 업무 협업 및 프로젝트 진행 시 원활함과 효율성이 높아질 것입니다.

◆ 선호하는 의사소통 방법

상사가 선호하는 의사소통 방법을 알아두면 더욱 많은 기회를 얻을 것입니다. 상사도 사람이기에 소통이 원활하고 속도가 맞는 사람에게 관심을 가질 수밖에 없습니다. 상사의 의사소통과 같거나 유사한 방법으로 업무를 진행할 경우 업무 속도와 대화의 깊이가 개선될 기회를 얻을 수 있습니다. 의사소통의 방법은 다양하지만, 회사에서 이루어지는 방법은 대개 구두(말), 이메일, 메신저 3가지로 압축할 수 있습니다. 구두 위주로 소통한다면 업무의 완성도보다는 속도감, 즉시성을 중요하게 생각하는 경우가 많습니다. 이런 경우에는 보고서나 제안서 등 완벽한 문서를 제작하여 보고하는 것보다 그때마다 이슈를 즉각적으로 보고하는 것이 좋습니다. 이러한 구두 소통은 직접 대화하는 대면 미팅 이외에도 전화 혹은 화상 미팅도 포함됩니다.

상사가 이메일을 선호한다면 기록, 히스토리를 중요하게 생각하는 경우가 많습니다. 이에 따라 사소한 일이라도 이메일을 통해 자료를 남겨두는 것이 좋으며, 다른 소통 방법을 통해 결정된 내용이 있다면 이메일로 정리하여 기록하는 것이 좋습니다. 메신저를 주로 활용하는 상사는 효율성을 중시하는 사람입니다. 메신저는 실시간으로 소통할 수 있으며 빠른 결정과 효율적인 작업 처리가 가능합니다. 이를 바탕으로 긴 이메일이나 대화, 회의 등에 시간을 낭비하지 않고 직접적인 커뮤니케이션을 선호할 확률이 높다는 것을 유추해볼 수 있습니다.

이처럼 상사가 선호하는 소통 방식, 즉 보고 방식을 알고 있다면 업무의 전문성을 강조할 수 있으며 업무 처리 속도도 향상될 것입니다. 따라서 위에서 언급한 세 가지 의사소통 방식 중 어느 것이 가장 효율적인지 판단해보고 그에 맞춰 접근하기 바랍니다.

◆ 선호하는 디바이스

상사가 주로 사용하는 디바이스를 파악하는 것도 중요합니다. 여기서 말하는 디바이스는 PC, 모바일(iOS, Android) 등을 의미합니다. 마케터는 다른 부서에 비해 보고서, 기획안, 전략서 등 다양한 문서를 제출하게 됩니다. 파일 형식은 문서의 종류나 상황에 따라 달라지므로 상사의 디바이스에 최적화된 형태로 보고하면 더욱 원활한 의사소통이 가능합니다. 상사가 내부에서 주로 PC를 사용하여 업무를 처리한다면 이메일 작성이나 보고서 작성 시 PC 환경을 중심으로 결과물을 제작하는 것이 좋습니다. 반대로 외근이 잦거나 출장 및 워케이션 등으로 인해 외부에서 모바일로 확인하는 경우가 많다면 모바일 환경에 최적화된 내용으로 작성하는 것이 바람직합니다. 모바일 환경도 iOS와 Android에 따라 차이가 있으며, 기기의 버전과 크기에 따라 결과도 달라질 수 있으니 이 점을 고려해 보기 바랍니다.

◆ 선호하는 의사결정 방법

상사와 함께 회의나 프로젝트를 진행한다면 어떤 의견을 제시하고 어떤 요소에 주목하는지 관찰해 보세요.

- ▸ 과정을 중요시하나? 아니면 결과를 우선시하나?
- ▸ 이성적 판단을 중요하게 여기는가? 직관적인 판단에 의존하는 경향이 있는가?
- ▸ 가능성만 있으면 시도해보는 스타일인가? 논리적 근거 없이는 테스트조차 하지 않는 스타일인가?

이렇게 상사의 의사결정 기준을 파악한다면 비즈니스 목표 달성에 필요한 관점과 우선순위를 이해하는 데 도움이 됩니다. 그리고 상사가 중요하게 생각하는 가치나 우선순위, 목표 등에 따라 업무 방식이 달라질 수 있습니다. 예를 들어, 매출 극대화를 목표로 하는 상사에게 즉각적 매출 효과가 없는 브랜딩 전략이나 비용 부담이 큰 리브랜딩 프로젝트를 제안한다면 반려될 확률이 높습니다. 따라서 현재 상사가 중요하게 생각하는 업무와 기준을 정확하게 파악하여 기억해두면 소통 및 협업 능력 향상에 크게 도움될 것입니다.

업무 자료화 하기

연차에 맞는 혹은 그것을 뛰어넘는 실력을 키우기 위해서는 업무를 자료화, 시각화하는 것은 매우 중요합니다. 마케터에게 자료는 재산과 같습니다. 다양한 자료를 많이 확보할수록 다른 업무를 할 때 적절한 레퍼런스를 찾을 수 있으며, 커리어패스를 관리할 때 매우 용이합니다. 자료화 방법은 각자의 선호도와 조직 문화에 따라 다양할 수 있으며, 본인의 상황에 맞는 방법을 선택하면 됩니다. 중요한 점은 자료화된 정보는 쉽게 검색할 수 있고 다른 사람들과 공유하기 편해야 한다는 것입니다. 특히 마케터는 디자이너와 가장 많은 소통과 협업을 하므로 디자인 자료와 피드백이 용이한 프로그램을 사용하면 좋습니다. 저는 회사에 소속되어 있을 때는 구글 드라이브를 사용하여 디자이너와 소통했습니다. 회사에서는 내부에서 소통할 수 있어 큰 불편함을 느끼지 못했지만, 프리랜서로 활동한 이후부터는 피그마를 주로 사용하고 있습니다. 자료 아카이브가 가능하고 동시 접속과 즉시 반영이 업무의 질과 속도를 향상할 수 있기 때문입니다. 또한, 커멘트(댓글) 기능을 활용하여 각 담당자의 추가 의견을 남길 수 있어 추가적인 커뮤니케이션 비용과 피로도를 낮출 수 있다는 것이 큰 장점입니다.

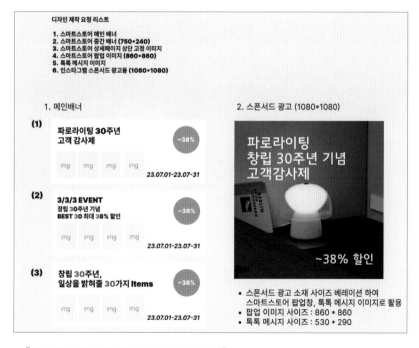

▲ [참고자료 : 피그마를 활용한 마케팅 카피 자료]

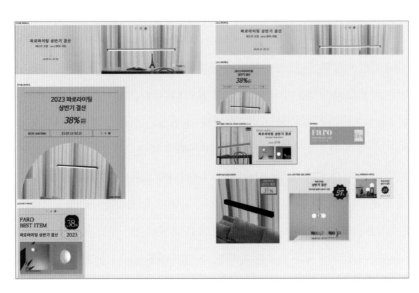

▲ [참고자료 : 마케팅 카피 자료를 참고한 디자인 완성물]

이 외에도 일일보고서, 주간보고서, 월간보고서, 분기별 보고서, 마케팅 전략 계획서, 마케팅 성과보고서, 경쟁사 분석 및 벤치마킹 자료, 마케팅 트렌드 리서치, 신규 매체 테스트 자료, 회의록 또는 회의자료 메모 등 마케터가 업무를 자료화할 수 있는 방법은 다양합니다. 이중에서 저는 기획안과 보고서는 직접 제작해보는 것을 추천합니다. 물론, 내가 프로젝트의 담당자가 아니라면 만들 수 없지만, 누군가에게 보고할 용도가 아닌 나의 마케팅 실력과 업무 확장을 위해 관리하는 차원으로 접근해볼 수 있습니다. 저도 이런 방법을 활용하여 기획력과 분석력을 높일 수 있었습니다.

프로젝트명	도리몬패션 S/S 프로모션 기획안
프로젝트 기간	00년 00월 - 00년 00월
담당자	도리몬
협업자	도리몬-1, 도리몬-2
프로젝트 내용	00년 S/S 시즌을 맞이하여 구매를 촉진시키고 시장 점유율을 늘리기 위한 인플루언서 마케팅 진행
예산	• 사전 티저 광고 : 100만 원 • 바이럴 광고 : 200만 원 • 인플루언서 섭외비 : 1,000만 원 • 총 1,300만 원
프로젝트 주요 성과	• #도리몬패션 해시태그 약 500건 생성 • #도리몬패션 검색 시, 인플루언서 콘텐츠 점유율 70% 이상 • 티저 광고 평균 CPC 200 원대
성과 요인 (1)	티저 광고를 통한 사전 기대 증폭 및 성별, 나이, 거주지 등 세밀한 타겟팅을 통한 광고 효율 증대
성과 요인 (2)	브랜드 톤앤매너가 잘 맞는 인플루언서의 파급력 활용
실패 요인 (1)	경쟁사의 공격적인 마케팅으로 인해 시장 점유율 확대 미비
실패 요인 (2)	인플루언서의 중복 활동으로 인한 파급력 분산
보완점 (1)	경쟁사 마케팅 예산 및 규모를 사전에 파악하여 대비할 수 있도록 함
보완점 (2)	도리몬패션 활동만 단독으로 할 수 있는 인플루언서 리스트 확보 필요
내가 착안할 수 있는 부분	• 프로젝트 예산과 규모에 따른 마케팅 MIX 채널 구축 필요 • 경쟁사의 마케팅 정도에 따른 대비책 마련 • 인플루언서 중복 활동에 대한 이슈
총평	패션 산업의 생태계와 사이클을 바탕으로 보다 속도감 있게 프로모션을 기획하는 것이 중요할 것 같음

영감이
떠오르는 순간

마케터가 아이디어를 발견하는 방법

"어떤 브랜드에서는 이런 것도 한다는데, 우리도 뭐 색다른 것 없을까?"

"요즘 MZ 빼면 시체잖아. 우리도 힙한 마케팅 좀 해야 하는 거 아니야?"

"트렌드 분석? 왜 우리도 해야 돼? 어차피 마케팅팀에서 할 거 아니야?"

이 외에도 트렌드, 유행, 밈, 챌린지… 마케터를 둘러싼 편견이 우리 주변에 도사리고 있습니다. 아무래도 마케터는 최전방에서 고객과 가장 가깝게 소통하는 사람이기 때문에 매 순간 새로운 아이디어를 제안할 필요는 없지만, 타 직군보다 다양한 의견을 낼 수 있어야 한다는 것은 사실입니다. 또한, 경쟁이 치열하고 고객 요구가 세분된 시점에서 기존의 방식과 아이디어만으로는 한계가 있습니다. 게다가 마케팅 예산과 리소스에도 제한이 있으므로 마케터는 창의적인 아이디어를 제안하여 기업을 독특하게 만들고 고객의 관심을 끌어내야 합니다. 특히 특별한 것 없이도 새로운 결과를 만들어내는 마케터는 2D의 일을 3D로 만드는 능력이 있습니다. 그들은 같은 일을 하더라도 2D처럼 예측할 수 있는 뻔한 마케팅을 하는 것이 아니라 3D처럼 입체적이고 다양한 아이디어를 제안합니다. 그들이 일하는 것을 살펴보면 공부를 하거나 책을 읽어서 생긴 센스가 아닙니다. 평상시 머릿속과 무의식 속에, 노트북 메모장에, 수첩 속 작은 단어 하나에 영감을 얻는 것입니다. 이처럼 마케터는 세상에 없던 혁신을 만드는 사람이 아니라, 기존에 존재하는 것을 새로운 시각과 관점으로 재해석하는 사람이 되어야 합니다. 이를 위해서는 평상시 자양분이 풍부해야 합니다. 여기서는 마케터가 영감을 얻는 방법, 색다른 방법으로 아이디어를 발견하는 방법을 알아보겠습니다. 평소에 핀터레스트만 활용하고 있다면 이번 기회에 일상 속에서 나만의 자양분을 쌓을 방법을 찾아보세요.

앱 다운로드 스크린샷 활용하기

구글 플레이 스토어나 애플 앱스토어에서 스크린샷을 활용하는 것을 추천합니다. 이를 통해 생각보다 많은 정보를 쉽고 빠르게 얻을 수 있기 때문입니다. 스크린샷은 사용자에게 앱 다운로드 전에 서비스 환경을 시각적으로 미리 보여주는 역할을 합니다. 서비스 설명, 기능, 혜택, 사용 후기 등 다양한 정보를 확인할 수 있으며, 이런 정보들이 실제로 사용자가 앱을 다운로드하거나 구매하는 데 도움이 됩니다. 스크린샷은 최대 10장까지 구성할 수 있는데, 페이지 제한이 있어 핵

심 정보만을 간결하게 전달해야 합니다. 그래서 저는 시간이 부족할 때 스크린샷을 통해 다양한 정보를 빠르게 파악하는 것을 선호합니다. 자주 사용되는 폰트, 톤 앤 매너, 리드카피 및 서브카피, 이벤트 내용 등의 압축된 정보를 확인하면서 시간을 절약할 수 있기 때문입니다. 이 외에도 앱스토어의 기능과 컨텐츠를 주기적으로 확인하는 것도 업무에 도움이 됩니다. 무료 앱 순위, 에디터가 추천하는 앱, 주목받고 있는 앱, 신규 출시된 앱, 현재 인기있는 앱 등 다양한 주제와 큐레이션을 통해 마케팅 트렌드와 고객 반응을 살펴볼 수 있습니다. 일상에서 새로운 정보를 찾고자 하는 욕구가 있지만, 시간적인 여유가 없거나 어떻게 조사해야 할지 모르겠다면 스크린샷을 활용하여 간편하고 빠르게 필요한 자료를 찾아보세요.

케이팝 활용하기

색다른 방법으로 아이디어를 찾고 싶다면 케이팝 시장에 주목해 보세요. 현재 아이돌 케이팝 시장은 전 세계 음악 시장을 이끌고 있다고 해도 과언이 아닙니다. 앨범 커버뿐만 아니라 노래 제목, 타이포그래피, 포토카드 등 다양한 디자인 요소를 확인할 수 있으며, 기획, 비주얼라이징, 카피라이팅, 프로모션 등 마케터가 참고할 수 있는 모든 정보가 담겨 있습니다. 이러한 정보들을 활용하면 다른 사람들과 차별화된 아이디어를 도출할 수 있을 것입니다. 마케터가 아이디어나 영감을 얻는 방법은 대체로 유사합니다. 핀터레스트나 구글링을 통해 디자인 자료를 검색하는 것은 가장 일반적인 방법입니다. 그러나 이러한 방식은 많은 사람에게 널리 알려져 있어 원하는 결과물을 얻기는 쉽지만 새로운 자료를 찾기는 어렵습니다. 이럴 때 아이돌의 아트 비주얼을 참고하면 좋은 레퍼런스를 발견할 수 있습니다. 저는 앨범 커버의 사진과 타이포그래피에서 디자인과 컨셉의 영감을 얻으며 소속사나 팬클럽에서 진행되는 이벤트 내용과 혜택에 대한 정보도 활용합니다. 또한, 많은 아이돌 그룹들이 시즌 그리팅* 상품을 출시하는데요. 이러한 상품들로부터 MD(상점 내 제작 상품)나 굿즈(공연 및 팬 기념용 제작 상품)에 대한 아이디어도 얻을 수 있습니다. 팬클럽에서 독자적으로 진행하는 광고도 있으며 지하철, 버스와 같은 전형적인 광고뿐만 아니라 인생 네컷 프레임 및 생일 카페와 같은 새로운 광고 상식과 고객 반응에 대해서도 연구할 수 있습니다.

유튜브 활용하기

더욱 색다른 방법으로 영감을 얻고 싶다면 유튜브 썸네일과 제목을 활용해 보세요. 경쟁이 치열한 유튜브에서 살아남은 썸네일은 다양한 마케팅 활동에 도움이 될 것입니다. 유튜브는 영상 콘텐츠 플랫폼이므로 썸네일과 제목은 사용자의 관심을 끌어 클릭률을 높이는 데 중요한 역할을 합니다. 이를 위해서는 주제를 명확하게 전달할 수 있는 이미지와 텍스트의 대비를 활용해 시각적으로 눈에 띄게 만들어야 합니다. 잘 기획된 썸네일은 마케터에게 좋은 이미지 자료가 될 수 있습니다.

이런 요소들이 잘 반영된 썸네일과 제목은 사용자의 호기심을 자극하고 클릭하게 만드는 역할을 합니다. 조회 수나 좋아요, 댓글 등으로 검증된 자료를 활용하면 아이디어 창출뿐만 아니라 고객 반응 예측에도 도움이 됩니다. 그동안 단순히 엔터테인먼트 소스로만 생각했던 유튜브를 마케팅 리서치 도구로 활용해 보세요.

★　시즌 그리팅: 연예인의 사진으로 구성된 달력, 다이어리, 포스터 등으로 구성된 세트 상품

서점 활용하기

과거에는 책 내용이 주를 이루었지만, 현재는 책 표지와 제목의 중요성이 커졌습니다. 아무리 좋은 내용의 책이라도 고객의 시선을 사로잡지 못한다면 구매로 이어질 수 없기 때문입니다. 이에 따라 책 표지 디자인 유행도 생겨나며 다양한 디자인들이 등장하고 있습니다. 일러스트레이션 중심의 디자인부터 강력한 타이포그래피를 강조하는 디자인까지 변화했으며, 최근에는 타이포그래피와 일러스트레이션 또는 아트워크가 결합된 디자인들도 자주 보게 됩니다. 다양한 트렌드를 반영하는 이런 서적 표지 디자인에서 많은 영감을 얻을 수 있습니다.

책 제목 역시 아이디어를 발견하는 데 도움이 됩니다. 책은 유튜브나 앨범 커버와는 달리 내용이 방대하고 다양한 주제를 다루므로, 이 모든 것을 요약할 수 있는 제목은 높은 수준의 카피라이팅 기술을 필요로 합니다. 창의적으로 작성된 책 제목은 간결하면서도 강력한 영감을 줍니다. 저는 보통 도서관에서 책을 빌려 읽는 편이지만, 아이디어와 영감을 얻기 위해 서점에도 자주 방문합니다. 서점에 가면 신간과 베스트셀러 등을 확인할 수 있으며, '어떤 요소가 고객의 사랑을 받게 만드는 걸까?'라는 생각으로 판매 포인트를 분석합니다. 마케터가 책 디자인과 제목을 활용하는 이유는 시각적 자료 제공, 주제 전달력 강화, 경쟁 우위 확보, 메시지 강조 및 목표 대상 공략 등 다양한 목적 때문입니다.

뾰족한 경험이 없는
올라운더 마케터,
이대로 괜찮을까요?

올라운더 마케터의 현실적인 커리어 관리 방법

저는 주니어 마케터분들을 상담할 때 항상 상담 노트를 적습니다. 이 책을 집필하면서 그동안의 상담 내용을 살펴보았더니 대부분 전문성에 대한 고민과 동시에 불안함을 느끼고 있었습니다. 자신의 위치를 설명할 때 퍼포먼스 마케터나 콘텐츠 마케터처럼 뾰족한 강점이 없다는 점, 여러 가지를 다 할 줄 알지만 올라운더 마케터라 경쟁력이 떨어지며 콕 집어 잘한다고 말할 수 있는 것이 없다는 점이었죠. 즉, 전문성에 대한 고민을 많이 나타내고 있었습니다.

전문성은 다양한 분야에 대한 지식과 경험을 바탕으로 문제를 해결하는 능력을 말합니다. 물론 퍼포먼스 마케터, 콘텐츠 마케터와 같이 특정 분야에 대한 전문성을 지니는 것도 중요하지만, 다양한 분야에 대한 지식과 경험을 쌓는 것도 중요합니다. 또한, 올라운더 마케터는 여러 분야에 대한 지식과 경험이 있어 다양한 프로젝트를 맡을 수 있고, 문제를 해결할 수 있습니다. 그러므로 지금 당장 전문 분야를 찾는 것에 집착하지 말고, 지금 당장 할 수 있는 것, 배울 수 있는 것에 집중하여 전문성을 키우기 바랍니다. 여기서는 전문성 부족으로 고민하는 분들에게 저만의 커리어 관리 방법을 공개합니다.

자신만만했던 올라운더 마케터의 첫 좌절

야놀자 비즈 근무 당시 체험단을 운영한 경험을 바탕으로 여기어때 바이럴 마케터로 합류할 수 있었습니다. 직무는 체험단과 유사한 형태의 서포터즈 운영이었고, 기수마다 ROAS 300%를 달성하는 등 입사 직후부터 꾸준한 성과를 냈습니다. 이러한 성과를 인정받아 다른 마케팅 업무도 해보지 않겠냐는 제안을 받게 되었고, 이 기회로 콘텐츠 마케팅뿐만 아니라 퍼포먼스 마케팅, 브랜드 마케팅, 브랜딩 등 다양한 마케팅 분야에서 경험을 쌓을 수 있었습니다.

처음에는 다양한 마케팅을 할 수 있는 것이 자신감의 원천이 되었습니다. 저 없이는 회사가 돌아가지 않을 것 같았고, 모든 프로젝트가 저로 인해 진행되는 듯한 착각의 늪에 빠지기도 했습니다. 이러한 착각 속에 여기어때에서 약 3년간 많은 경험을 쌓았지만, 새로운 경험에 대한 갈증이 생겼습니다. 결국 다양한 경험을 위해 퇴사를 결정하게 되었고, 퇴사 직후에는 헤드헌터의 제안과 여러 회사로부터 관심 등 좋은 신호들이 계속되었습니다. 아마도 유명 IT 스타트업의 초기 마케팅 팀원으로서 많은 경험이 있었기 때문일 것입니다. 덕분에 서류 전형은 원활하게 합격할 수 있었으나 문제는 면접 단계였습니다. 모든 면접관이 공통으로 물어봤던 질문 때문이었죠.

"여러 가지를 할 줄 아는 건 알겠지만, 그렇다면 정확하게 전문분야가 무엇인가요?"

저는 이 질문에 제대로 대답하지 못했습니다. 이유는 저도 저의 전문성에 대한 확신을 갖지 못하고 있었기 때문이었습니다.

평범한 마케터에서 브랜드 매니저로

시간이 지나 'N잡러'와 '퍼스널 브랜딩'이 주목받게 되었고, 이에 따라 채용 트렌드도 자연스럽게 변화하고 있습니다. 전문성을 갖춘 스페셜리스트가 주목받던 시대에서 벗어나, 다양한 일을 소화할 수 있는 제너럴리스트인 올라운더 지원자가 귀해진 것입니다. 현재 많은 기업이 마케터를 포함하여 올라운더 역량을 가진 인재를 선호하고 있습니다. 한 분야의 전문성도 중요하지만, 애자일하게 업무를 수행하는 기업이 증가하면서 빠르게 변화하는 트렌드에 대응할 수 있는 유연성도 요구되기 때문입니다. 이러한 변화 속에서 다방면으로 활동하는 올라운더 마케터의 시대가 도래한 것입니다.

저는 올라운더 마케터입니다. 바이럴 마케팅부터 콘텐츠 마케팅, 퍼포먼스 마케팅, 그리고 마케팅 기획까지 다양한 분야에서 경험을 쌓았고, 각 업무가 어떻게 진행되는지도 잘 알고 있습니다. 수년 동안 바이럴, 콘텐츠, 퍼포먼스, 기획 등의 레이어가 하나하나 쌓여가며 완성된 '올라운더 마케터'라는 결과물은 이제 저의 발목을 잡던 요소가 아니라 가치를 높여주는 도구가 되었습니다. 따라서 올라운더 마케터는 저의 정체성과 강점이 되었습니다. 이를 인식하게 된 후로 취업 준비 과정에서 다른 사람의 경력과 비교하여 스스로에게 상처를 주기보다는 나만의 강점을 활용하는 것에 집중했습니다. '올라운더 마케터'라는 정체성을 어떻게 활용할 수 있을지 고민한 결과 '브랜드 매니저'에 있음을 깨닫게 되었습니다.

브랜드 매니저의 사전적 정의는 다음과 같습니다. '브랜드 매니저는 제품의 생산부터 널리 알려지도록 하는 과정, 그리고 다른 브랜드와의 경쟁에서 우위를 점하기 위한 마케팅 전략을 세우는 등, 브랜드와 관련된 모든 과정을 관리하는 사람이며, 기획, 이벤트, 홍보, 광고, 마케팅 등 토털 마케팅 역할을 수행한다.' 이를 보며 제 모든 경험과 경력이 자연스럽게 통합되어 성과를 낼 수 있는 최적의 직무라고 확신하였습니다. 올라운더 마케터로서 다양한 분야에서 경험을 쌓아온 점은 브랜드 매니저로서 큰 장점이 되며, 대부분 올라운더 마케터들은 창업 멤버나 스타트업 혹은 소규모 회사에서 근무하면서 다양한 역량을 키웁니다. 디자인부터 개발, 재무, 운영 등 여러 부서와 협업하면서 비즈니스 전반에 대한 지식도 습득하게 되므로 경영 및 회사 운영에 대한 이해도가 높습니다.

이처럼 올라운더 마케터로 쌓아온 경험은 브랜드 매니저로서 새롭게 전략을 구상하거나 문제를 해결하는 데 있어 유용하며 유연한 상황 대처 및 신속한 실행력 확보에 도움이 됩니다. 브랜드 매니저는 아이디어를 바탕으로 업무를 기획하며, 의사 결정자와 협업 부서의 의견을 취합하여 일정과 예산 등을 결정합니다. 또한 프로젝트의 전반적인 과정을 관리하며, 성공적으로 완결될 수 있도록 책임지는 역할을 수행합니다. 이는 일종의 프로젝트 매니저(PM) 역할과도 유사합니다. 특히 브랜드 매니저는 시장 조사를 통해 상품 출시 및 시장 안착에 필요한 다양한 홍보 마케팅 전략을 기획하는 중요한 역할을 합니다. 이를 위해 마케팅 MIX 전략도 구축해야 하는데, 바이럴 마케팅부터 퍼포먼스 마케팅, 콘텐츠 마케팅 등 각 분야에서 어떤 역할을 담당하고 어떤 채널을 사용하며 어떻게 업무가 진행되는지 등의 전반적인 프로세스에 대한 이해가 필요합니다. 이러한 점에서 올라운더 마케터로서의 경험이 크게 활용됩니다.

마케팅 예산과 프로젝트 일정은 항상 한정적입니다. 이에 따라 각 마케팅 분야에 대한 경험이나 이해도가 부족한 브랜드 매니저는 업무 속도가 느려질 수 있고, 시행착오를 반복하는 리스크를 갖게 됩니다. 반면에 다양한 분야에서 경험을 쌓아온 올라운더 마케터는 효율적인 채널에 집중하여 광고를 집행하도록 요청할 수 있는 결단력을 가지고 있습니다. 또한, 업무 프로세스에 대한 배경 지식을 활용하여 업무를 보다 효과적으로 처리하는 방법을 지시할 수 있습니다.

커리어를 완성시킬 마지막 퍼즐을 찾다

저는 올라운더 마케터로서의 부정적인 인식을 극복하기 위해 성과와 강점을 앞세워 브랜드 매니저 지원용 포트폴리오를 제작하였습니다. 여러 번의 시도 끝에 디저트 브랜드 '망원동 티라미수'에서 브랜드 매니저로 첫 경력을 시작할 수 있었습니다. 브랜드 매니저로서의 명확한 비전이 그려진 후 업무에 대한 접근 방식도 변화하였습니다. 이전에는 다양한 업무를 동시에 수행하는 것이 전문성을 해치는 것으로 여겨져 불안함을 느꼈지만, 이후에는 SNS 룩앤필, 이벤트/프로모션 등 기본적인 마케팅 활동부터 제품 기획, 네이밍, 가격 정책, 신제품 출시 등까지 총괄하는 담당자의 입장에서 바라보게 되었습니다. 또한 슬로건 설정, 캐릭터 마케팅, 콜라보레이션 등 전체적인 브랜드 전략 구축과 실행까지 모든 과정을 직접 관리하였습니다.

브랜드 매니저로 활동하면서 가장 흥미로웠던 점은 마케터가 제품 기획과 영업 전략에도 참여한다는 사실이었습니다. 한 분야의 마케팅만 담당하면 그 분야에 대한 전문성은 쌓일 수 있지만 다른 영역에 대한 시야가 제한될 수 있다는 문제가 있습니다. 그러나 브랜드 매니저로서 업무 범위는 자연스럽게 넓어지고, 그만큼 다양한 관점에서 일을 바라볼 기회를 얻게 됩니다. 이것이 브랜드 매니저 직무의 큰 매력 중 하나였습니다. 특히 당시 회사에서 처음으로 마케터 포지션을 채용했던 상황이라 저 혼자서 모든 것을 진행해야 했습니다. 이 과정에서 올라운더 마케터로서의 경험과 업무 이해도가 없었다면 짧은 시간 안에 많은 것을 책임져야 하는 부담감 속에서 버티기 어려웠을 것입니다. 다양한 마케팅 활동 덕분에 브랜드 매니저 혹은 브랜드 마케팅에 대한 새로운 인식을 가질 수 있었고, 제 커리어를 완성하는 결정적인 조각을 찾아낼 수 있었다고 생각합니다.

올라운더 마케터는 다양한 분야에서 경험을 쌓아가며 브랜드 매니저로 성장할 수 있는 잠재력을 갖추고 있습니다. 그러나 스페셜리스트와 비교하게 되면서 자신의 강점을 오히려 걸림돌로 인식할 때도 있습니다. 실제로 올라운더 마케터는 다양한 분야의 경험을 쌓는 것에 중점을 두어 특정 전문분야가 없다 해도 큰 문제가 되지 않습니다. 그럼에도 전문성이 없다며 불안감을 느끼는 마케터들은 자신의 강점을 정확히 파악하지 못해 방향성이 모호해진 경우일 수 있습니다. 따라서 자신의 강점을 파악하고 이를 최대한 활용할 수 있는 방법을 찾는 것이 중요합니다. 아직 특정 분야에 대한 깊은 경험이 없어 걱정하는 올라운더 마케터들에게 장기적인 관점에서 브랜드 매니저 혹은 브랜드 마케터로서의 커리어를 구축해 보기를 제안합니다.

도리몬's Tip 한눈으로 보는
올라운더 마케터(제너럴리스트) VS 스페셜리스트

올라운더 마케터와 스페셜 리스트는 모두 마케팅 분야에서 일하는 전문가이지만, 역할과 전문성은 다를 수 있습니다. 올라운더 마케터는 마케팅 분야 전반에 걸친 지식과 경험을 지니고 있고 다양한 마케팅 업무를 수행할 수 있는 반면, 스페셜 리스트는 특정 마케팅 분야에 대한 전문성을 가지고 있으며 해당 분야에서만 업무를 수행합니다. 다음은 올라운더 마케터와 스페셜 리스트의 5가지 차이점입니다. 본인의 역할과 위치를 확인하여 커리어패스의 방향성과 목표에 대해 고민하는 시간을 가져보세요.

	올라운더 마케터	스페셜리스트
역할	• 마케팅 전반에 걸친 지식과 경험이 있음. • 하나의 마케팅 활동이나 기법을 사용하기보다 목적과 목표에 따라 다르게 전략을 세워 실행함.	• 특정 마케팅 분야에 대한 전문성을 가지고 있음. • 해당 분야에 대해서만 업무를 수행하기 때문에 능력만 있다면 원하는 일만 골라서 할 수 있음.
전문성	특정 분야에 대한 전문성이 부족하여 인사이트나 전문적 지식이 필요할 경우 불리함.	특정 분야에 대한 전문성이 있고 깊은 이해와 신뢰가 있으므로 전문적 지식이 필요한 곳에 실무를 지원하거나 자문을 해주는 경우가 많음.
경력	바이럴 마케팅, 퍼포먼스 마케팅, 콘텐츠 마케팅, SNS 마케팅 등 분야나 산업에 제한 없이 다양한 경험과 노하우를 쌓을 수 있음.	바이럴이면 바이럴, 퍼포먼스면 퍼포먼스 등 마케팅 기법과 분야 중 특정 분야에 대해서만 경력을 쌓는 경향이 있음.
직업 전망	다양한 마케팅 업무를 동시다발로 수행할 능력이 있으므로 최근 직업 트렌드 변화에 따라 직업 전망이 더욱 넓어지고 있음.	특정 마케팅 분야에 대해서만 전문성을 가지고 있어 해당 분야의 수요에 따라 직업 전망이 달라질 수 있는 불확실성을 내포함.

| 급여 | 올라운더 마케터를 선호하거나 필요로 하는 기업이 있다면 높은 급여를 받을 수 있는 반면, 전문성이 없다는 이유로 급여를 의도적으로 낮추려는 곳도 있으므로 마케터가 회사의 비전, 업무 강도, 역할 등을 파악하여 잘 거를 수 있어야 함. | 전문성을 인정하는 정도에 따라 급여가 달라질 수 있으며 직업 전망과 마찬가지로 해당 분야의 수요와 공급에 의해 상이함. |

이러한 차이점은 올라운더 마케터와 스페셜 리스트가 서로 다른 역할을 수행하고, 서로 다른 전문성을 가지고 있기 때문에 발생합니다. 올라운더 마케터와 스페셜 리스트는 모두 마케팅 분야에서 중요한 역할을 하고 있지만, 그들의 역할과 전문성이 다른 만큼 본인의 이력과 경험을 잘 활용할 수 있는 분야를 선택할 수 있어야 합니다.

마케터가 당하는
가스라이팅
극복하기

가스라이팅이 넘치는 마케팅 세상, 건강하게 이겨내는 방법

　　얼마 전 인스타그램을 통해 〈마케터가 당하는 가스라이팅〉이라는 주제로
설문 조사를 진행했습니다. 약 50명의 팔로워분들께서 응답해주셨고, 이를 통해
마케터들이 직면하는 현실에 대해 직접 경험하게 되었습니다. 설문은 가벼운 시
작이었지만, 상사의 갑질뿐만 아니라 광고주의 히스테리나 협력사의 개인적인 요
구 등 다양한 가스라이팅 상황에 대한 응답을 받았습니다. 실제로 마케터는 여러
이유로 인해 공격 받기 쉬운 위치에 있습니다. 마케팅 부서는 거의 유일하게 돈을
사용하는 부서로, 비용과 성과를 거의 매 순간 증명해야 합니다. 매출이 조금만 떨
어져도 마케팅에 대한 비난은 당연시되며, 다른 부서보다 조금이라도 비용을 많
이 사용하면 다른 팀들의 날카로운 시선을 받기도 합니다. 또한 마케터는 거의 모
든 팀과 동시다발로 협업해야 하는데 일 잘하는 것은 물론 의사소통, 업무 센스,
신속한 대응 등 모든 면에서 주의를 기울여야 합니다. 조금만 거슬리거나 방해되
면 쉽게 공격대상으로 지목될 수 있기 때문입니다. 겉으로는 화려해 보이지만 내
부에서는 매일 고군분투하며 일하는 마케터들은 일은 어렵고 성과가 보이지 않아

지칠 때도 있습니다. 이것이 바로 화려한 외모 뒤에 숨어 있는 마케터들의 현실입니다. 이처럼 마케터는 공격받기 쉬운 포지션인 만큼 무분별한 가스라이팅에 저항하기 어렵다는 것이 현실이지만, 가스라이팅의 종류와 극복하는 방법에 대해 잘 알고 있다면 주체적인 업무 태도와 자신감을 되찾을 수 있을 것입니다.

마케팅팀은 돈만 쓰고 하는 게 없다

마케터는 조직 내에서 중요한 역할을 맡고 있지만, 그만큼 비난과 가스라이팅의 대상이 되기도 합니다. 특히, '마케팅팀은 돈만 쓰고 하는 게 없다.'는 말은 종종 마케터에게 향하는 대표적인 비난 중 하나입니다. 이러한 주장은 오해와 부정적인 시선을 불러일으킬 수 있으며, 마케터들에게 큰 압박과 스트레스를 안겨줄 수 있습니다. 또한, 마케터들은 이런 가스라이팅과는 달리 마케팅 비용을 쓰는 것 외에도 다양한 역할을 수행하며 여러 성과를 창출하고 있습니다. 제품이나 서비스의 기획과 전략 수립부터 고객 분석, 시장 조사, 광고 및 프로모션 계획, 온라인 및 오프라인 홍보 등 다양한 작업을 처리합니다. 이 모든 과정에서 데이터 분석, 창의적인 아이디어 개발, 팀 간 협업 등 다양한 능력과 전문성을 요구하는 만큼 다른 직무에 비해 많은 기술이 필요한 직무입니다. 뿐만 아니라 마케팅팀은 기업의 성공에 핵심적인 역할을 담당하고 있습니다. 제대로 실행된 마케팅 전략은 제품/서비스 판매 증대와 고객 유치에 직결되며, 이는 기업 성과와 지속 가능성에 큰 영향을 미칩니다. 마케터의 역할이나 필요성과 달리 '마케팅팀은 돈만 쓰고 하는 게 없다.'와 같은 가스라이팅이 퍼지면서 실제로 열심히 일하고 있는 마케터들의 자신감과 의욕은 상실하고 있습니다. 이러한 상황에서 중요한 것은 자신의 역량과 성과를 인식하며 비난에 대처하여 본인을 지키는 것입니다.

◆ 마스라이팅 대처법:

업적과 성과를 명확하게 보여 주세요.

가스라이팅에 휘말리지 않기 위해 평상시 마케팅팀의 성과와 수치, 사례, 작업물 등을 자세히 기록하세요. 팔로워 증가, 매출 증가, 고객 만족도 개선 등 실제로 확인 가능한 성과를 강조해야 하고 이런 자료를 취합하여 데이터, 보고서, PPT 등의 형태로 유관 부서에 공유하여 역량을 입증하는 것도 방법입니다.

마케터의 역할과 목표를 공유해 보세요.

마케팅팀에 대한 부정적인 시선을 개선하기 위해 타 부서와 적극적으로 소통하는 자세가 필요합니다. 다른 부서에 마케팅팀의 역할과 목표를 공유하여 정확한 평가를 받아야 하기 때문입니다. 그동안 마케팅팀의 역량과 능력을 인정받지 못했다면 다른 부서에 마케팅의 목표와 전략을 이해시키고 작업 내용을 설명해 보기 바랍니다.

데이터로 소통해 보세요.

마케팅 활동 결과 분석은 반드시 데이터를 기반으로 진행해야 합니다. 데이터를 기반으로 의사를 결정하고 이를 공유한다면 대부분의 의문이 풀릴 것입니다. 마케터만 활용할 수 있는 정량적인 데이터를 수집하고 분석하여 효율성, ROI(투자수익률), 고객 인사이트 등 데이터로부터 나온 인사이트를 활용하면 의사결정 프로세스를 설명할 수 있을 뿐만 아니라 비난에 대비할 수 있습니다.

잘되면 영업팀 덕, 안되면 마케팅 탓

마케터들은 조직 내에서 중요한 역할을 맡고 있지만, 성공적인 결과를 얻을 때는 종종 영업팀과의 협력이 강조됩니다. 반면, 부진할 때는 마케팅팀에게 돌아오는 비난과 가스라이팅이 발생합니다. 이러한 현상은 '잘 되면 영업팀 덕, 안 되면 마케팅 탓'이라는 주장으로 표현될 때가 많습니다. 그럼, 가스라이팅은 왜 시작되었을까요? 영업팀은 직접적인 성과로 보여질 수 있는 부서인 반면, 마케팅 활동은 다양한 절차가 동반되고 온라인 트래킹이 가능한 채널 이외에는 성과를 유추할 수밖에 없는 상황이 많기 때문입니다.

	영업팀	마케팅팀
직접성	제품이나 서비스를 판매하며 즉각적인 매출을 창출하기 때문에 성과에 직접적인 영향을 미친다고 생각할 수 있다.	다양한 마케팅 활동을 통해 제품이나 서비스를 알리며 영업 활동을 지원하지만, 직접적인 성과로 보여지기 어렵다.
적극성	성과에 따라 보너스, 인센티브를 받는 경우가 많으므로 이를 동기부여 삼아 적극적으로 업무를 진행하는 경우가 많다.	대부분 연봉제로 계약되며 성과가 높아도 보상과 직결되지 않으므로 적극성이 떨어져 보일 수 있다.
가시성	영업 활동은 외부에서 주로 이루어지기 때문에 보여줄 수 있는 장치가 많으며 판매량, 매출, 계약 건수 등 성과를 즉각적으로 확인할 수 있다.	브랜드 인지도, 고객 충성도, 시장 점유율 확대 등 장기적인 목표로 진행되는 마케팅 활동은 단기간 내에 평가하기 어려우며 복잡한 분석 단계를 필요로 한다.
중요성	영업 활동은 즉각적인 매출 효과를 동반하기 때문에 가장 중요한 역할이라는 인식이 있다.	마케팅 활동은 광고 효과를 보기까지 시간과 비용을 투자해야 하기 때문에 역할의 중요성이 비교적 낮다.

위와 같은 이유로 '잘 되면 영업팀 덕, 안 되면 마케팅 탓'이라는 가스라이팅을 받게 됩니다. 하지만 실제로 마케터의 영업 지원이 없는 채로 영업 활동으로만 높은 성과를 유지할 수 있을지에 대해서는 의문이 들 때가 많습니다. 각자의 역할과 책임에 맞는 성과를 기여하고, 역할을 인정하면 더욱 의미 있는 비즈니스 활동이 되지 않을까 생각합니다.

◆ 마스라이팅 대처법:

영업팀과의 비교를 바로잡고 가스라이팅에 대처하기 위해서는 각 팀의 역할과 공정성에 대해 정리해야 합니다. 영업팀, 마케팅팀은 각 팀의 역할과 업무 범위를 명확하게 정립하고 더 나아가 평가 및 기여도의 기준을 개선하여 공정한 평가와 보상이 이뤄져야 할 것입니다. 또한, 과거 프로젝트 중 영업팀의 단독 성과로 평가되었던 것이 있다면 마케팅팀의 영업 지원, 마케팅 성과, 마케팅 성과와 영업 성과의 상관관계를 면밀하게 분석해 볼 용기도 필요합니다. 이와 반대로 실패 사례가 있다면 단순히 마케팅 성과가 미비했다는 것으로 단정 지을 것이 아니라, 외부 요인이나 조직 문화 등 통제할 수 없는 요인에 대해서도 고려해야 합니다. 회사의 공통 목표는 한 부서에서만 잘한다고 달성할 수 있는 것이 아닙니다. 유관부서의 협력이 있어야만 가능합니다. 따라서 마케팅팀과 영업팀은 서로의 역할을 이해해야만 협력하여 더 나은 결과를 창출할 수 있을 것입니다.

다른 브랜드는 돈 없이도 잘만 하는데, 우리는 왜?

마케터는 종종 다른 브랜드와의 비교로 인해 자신의 능력에 대한 의문을 품게 하는 가스라이팅을 경험합니다. '다른 브랜드는 예산이 적어도 잘 해내는데, 왜 우리 브랜드는 성과를 내지 못하는지'라는 이야기를 듣게 되면 마케팅 예산이 부족해서 생긴 문제가 마치 마케터의 개인적인 역량 부족처럼 비춰질 수 있습니다. 실제로 효율적인 마케팅 활동과 목표한 성과를 이루기 위해서는 적절한 규모의 마케팅 예산이 필수입니다. 그러나 조직의 규모가 작거나 매출 규모가 크지 않다면 할당된 마케팅 비용은 제한적이거나 거의 없을 수 있습니다. 비록 예산이 부족한 상황에서도 많은 마케터들은 가능한 최선의 결과를 만들기 위해 다양한 채널과 방법을 탐색하며 자신의 시간과 에너지를 아끼지 않습니다. 이런 노력에도 불구하고 성과가 기대만큼 나오지 않을 때가 많을 것입니다. 성공적인 결과를 바로 보여주기 어려운 상황에서 마케터들은 종종 예산 부재로 인해 낮아진 성과 때문에 비난받게 됩니다. 게다가 다른 브랜드와의 비교까지 겹치면서 심리적 스트레스는 한껏 커집니다. 마침내 이런 압박 속에서 일하는 것이 가치 있는 일인지, 아니면 다른 일을 선택했다면 더 좋았을 것 같다는 회의감마저 듭니다.

◆ 마스라이팅 대처법:

이러한 상황에서 가장 중요한 것은 문제가 발생한 원인을 객관적으로 분석하는 것입니다. 부족한 예산뿐만 아니라 시장 상황, 고객 활동, 경쟁사의 공격적인 마케팅 활동 등 외부 요인과 내부 요인을 모두 고려해야 합니다. 그래야만 마케터 역량 부족에 대한 오해를 개선하고 실질적인 원인에 대응할 수 있습니다. 또한, 비교 대상과 목표를 명확하게 설정해야 합니다. 모든 브랜드나 경쟁사를 벤치마킹 대상으로 삼는 것이 아니라, 자신의 브랜드와 유사한 기업을 선정하거나 특정 브랜드만 선정하는 것이 좋습니다. 이를 통해 무분별한 비교는 피하고, 마케팅 활동에 집중할 수 있게 됩니다. 다른 브랜드의 성공 사례는 참고하기 위한 것일 뿐, 부담감을 가지거나 스트레스 받아서는 안 됩니다. 그럼에도 불구하고 지속적인 가스라이팅이 이루어진다면 그 배경과 문제점에 대해 솔직하게 말하는 것도 중요합니다. 마케팅 전문가로서 본인만이 알 수 있는 전문 지식과 전문성을 바탕으로 소신있게 주장하고 의견을 제시해 보세요.

돈이 안 되는 브랜딩, 왜 자꾸 하려고 하나

마케팅 활동 중 브랜딩은 종종 '돈이 안 되는 일'로 치부할 수 있습니다. 브랜딩 활동은 직접 매출을 증가시키거나 즉각적인 수익을 창출하기 어렵고 브랜딩의 성과를 단독으로 측정하는 것도 쉽지 않습니다. 또한, 브랜딩은 마케팅, 디자인, CS, 패키지 등 모든 분야에 대해 비용 투자가 필수이기 때문에 정량적 수치가 우선시 되는 비즈니스의 경우 브랜딩은 돈이 되지 않는다는 인식이 강할 수 있습니다. 그러나 마케터 입장에서 이런 비난이나 가스라이팅을 당하면 브랜딩의 중요성을 간과한 것뿐만 아니라 마케터의 역할과 비전에 대해서도 부정당한다는 느낌을 받습니다. 사실 이런 의견에 대처하는 방법은 명확합니다. 브랜딩의 중요성과 필요성을 설득하면 됩니다. 물론 그 과정이 쉽지 않겠지만, 원하는 브랜딩 업무를 지속하기 위해서는 때로 용기가 필요합니다. 저 또한 의사 결정권자를 수없이 설득한 끝에 브랜딩 업무를 지속할 수 있었는데요. 설득력을 높일 방법을 알려드리겠습니다.

◆ 마스라이팅 대처법:

브랜딩은 돈이 안 된다는 편견을 극복하기 위해서는 브랜딩의 중요성을 명확히 설명해야 합니다. 그러나 최종 의사 결정권자의 경우 대부분 나이가 많은 분들로 구성되어 있으며, 특히 실무자 출신이라면 과거의 업무 방식을 중심으로 생각할 가능성이 큽니다. 이로 인해 브랜딩의 필요성을 인지하지 못할 수 있습니다. 따라서 부정적인 피드백을 감정적으로만 받아들이는 것이 아니라 브랜딩의 중요성을 설명하여 업무를 진행할 수 있도록 해야 합니다.

브랜딩의 중요성을 설명하는 방법(1) : 성공 사례를 제시해 보세요.

브랜딩의 중요성을 설명할 때 브랜딩의 성공 사례를 제시하는 것이 효과적입니다. 특히, 같은 산업에 위치한 브랜드나 경쟁사의 사례를 언급하면 더욱 설득력을 갖출 수 있습니다. 다만, 브랜딩의 성공 사례를 제시할 때는 로고 및 BI·CI의 변경, 슬로건 제작, 브랜드 컬러 변경 등의 디자인적 요소에만 치우치지 않고, 수치로 증명할 수 있는 자료를 확보하는 것이 중요합니다. 이는 의사 결정권자들이 비주얼적인 요소보다 매출, 시장 점유율, 순위, 브랜드 언급량(버즈량) 등과 같은 수치적인 지표에 더욱 관심을 갖기 때문입니다. 따라서, 브랜딩 전과 후를 비교하여 극명한 차이를 보여주는 성과 지표를 제시하는 것이 설득력을 높일 수 있습니다.

브랜딩의 중요성을 설명하는 방법(2) : 테스트를 통한 브랜딩의 가치를 증명해 보세요.

브랜딩은 돈이 안 된다는 편견은 대부분 브랜딩의 가치를 정량적으로 측정하기 어렵다는 인식에서 시작됩니다. 그래서 테스트를 통해 브랜딩의 가치를 확인하는 것은 이러한 편견을 없애는 데 매우 중요한 역할을 합니다. 실제로 기준이나 목적 없이 브랜딩을 진행할 경우 성과 측정이 어려울 수 있습니다. 이를 방지하기 위해서는 브랜딩 테스트를 시작하기 전에 명확한 목표와 기준을 설정해야 합니다. 예를 들어 매출 증가, 시장 점유율 상승, 소비자 인식도 향상 등의 목표를 설정하고, 이를 측정할 수 있는 지표를 선정해야 합니다. 또한, 테스트 성과 분석을 위해 비교군을 설정해야 합니다. 정확한 비교를 위해 브랜딩 적용 여부를 제외한 모든 조건은 같은 조건에서 비교해야 합니다. 다만, 브랜딩은 즉각적인 결과가 나오기 힘든 영역이므로 유의미한 데이터를 산출하기 위해서는 기간을 여유롭게 설정하는 것이 좋습니다. 모든 테스트가 종료된 이후에는 설정한 기준과 목적을 기반으로 데이터를 해석하고 결론을 도출해야 합니다. 그룹 간의 차이를 분석하여 브랜딩의 가치가 있는지를 확인하고, 이를 바탕으로 브랜딩의 가치와 실행유무를 결정할 수 있습니다.

위와 같은 방법으로 브랜딩의 중요성을 설득하여 마케터에 대한 편견을 지움과 동시에 본인의 업무를 지킬 수 있기를 바랍니다.

이 외에도 마케터가 마주하게 되는 편견, 가스라이팅, 비난의 종류는 셀 수 없이 많습니다. 저 또한 수많은 공격 속에서 외로운 싸움을 해야만 했습니다. 그 과정에서 이유 없이 마케팅 업무가 무서워져서 갑자기 퇴사한 적도 있었고, '마케터님'이라고 부르기만 해도 심장이 철컥 내려앉을 때도 많았습니다. 하지만 급히 퇴사한 이후 다시 하게 된 일도 마케팅이었고, '마케터'라는 수식어 없이는 저의 2~30대를 설명할 길이 없습니다. 연차가 꽤 쌓인 지금도 여전히 배워야 하고 때로는 무서운 것이 바로 마케팅의 세계이지만 여전히 재미있고 제가 살아있음을 느낍니다. 여러분도 수많은 가스라이팅과 공격 속에서도 본인만의 의지와 논리로 맞서 싸우기 바랍니다.

마케터의
이직은
달라야 합니다

더욱 행복한 곳에서 나답게 일할 수 있도록

N년마다 퇴사병을 겪고 있나요?

'3년마다 퇴사병이 생긴다.'는 말이 있습니다. 이 주장은 과학적인 근거나 통계적 데이터로 뒷받침되지는 않지만, 그만큼 일정 기간이 지나면 새로운 업무나 환경에 대한 욕구가 생긴다는 의미입니다. 실제로 3년보다 더 짧을 수도, 더 길 수도 있습니다. 그러나 일반적으로 채용 시장에서는 한 회사에서 근무해야 할 최소 재직기간을 3년으로 보고 있으며, 3년 미만의 경력은 부정적으로 평가되는 경우가 많습니다. 따라서 3년이 일종의 통상적인 기준으로 여겨집니다. 이러한 현상을 '3년 차 신드롬'이라고도 부릅니다. 3년차 신드롬은 개인의 성향이나 조직의 상황에 따라 다르게 나타날 수 있는 경향성에 불과하지만, 마케터의 주된 퇴사 사유는 직무 불만, 인정의 부족, 권한 및 기회의 부족 등 대체로 비슷합니다.

퇴사병을 극복하는 방법

마케터는 다양한 이유로 퇴사병을 경험하게 되는데요. 대부분 업무와 조직문화의 불만으로 인한 번아웃이나 지루함 때문이었습니다. 그러나 현실적으로 연봉, 업무 내용, 회사 위치, 복지 수준 등 많은 조건을 고려하면 퇴사 결정은 쉽지 않습니다. 그러므로 퇴사를 고려하는 경우에는 신중한 준비와 계획이 필요합니다.

저도 처음 퇴사할 때는 딱 한 달만 쉬고 바로 재취업하겠다고 생각했지만, 실제로는 이직까지 6개월이 걸렸습니다. 그동안 발생하는 금전적인 문제나 공백기에 대한 리스크를 최소화하기 위해서는 우발적인 퇴사보다는 준비된 퇴사를 선택하는 것이 현명한 방법입니다. 따라서 현명하게 퇴사하기 위해서는 퇴사병을 극복하고 계획을 세울 수 있어야 합니다. 계획은 없는데 퇴사 욕구로 괴롭다면 한번 따라해 보세요.

◆ 포트폴리오를 봐주세요

퇴사병은 번아웃을 동반합니다. 번아웃 상태에서는 업무에 대한 흥미와 동기가 저하되는 경향이 있는데, 이때 포트폴리오를 보면 과거의 성과와 업적을 상기시켜 자신의 능력과 열정을 다시 평가하고 동기를 부여할 수 있습니다. 또한, 포트폴리오는 자신의 전문성과 업무 경험을 보여주는 중요한 자료입니다. 특히 포트폴리오는 과거에 담당했던 업무 중 성과가 높았던 업무나 임팩트가 큰 업무를 중심으로 구성하기 때문에 자신의 업무 성과와 역량을 객관적으로 확인할 수 있고, 업무에 대한 자신감을 되찾을 수 있습니다. 더불어 번아웃 상태에서는 현재 업무에 대한 집착과 제한된 시야에 갇혀 있을 수 있는데요. 포트폴리오를 보며 다른 분야나 업무에서의 새로운 기회를 발견하고 도전할 수 있습니다. 이처럼 번아웃 상태에서 포트폴리오를 보는 것은 자신의 역량을 인식하고 자기 성장의 증거를 찾

기 위한 중요한 과정입니다. 여러분도 열심히 만든 포트폴리오를 입사 지원할 때
만 사용하지 말고, 나를 지키는 방패로도 활용해 보세요. 만약, 포트폴리오가 없다
면 제작할 것을 추천합니다.

◆ 네트워킹에 참여해 보세요

퇴사병을 극복하고 싶다면 네트워킹에 참여해 보세요. 번아웃 상태에서는 업
무에만 집중하고 휴식을 소홀히 하는 경향이 있는데, 네트워킹은 업무 외의 활동
으로 스트레스를 해소하고 재충전할 수 있는 기회를 제공합니다. 또한, 네트워킹
은 새로운 공간에 방문하고 새로운 사람을 만나는 것만으로도 색다른 자극을 줍
니다. 이러한 경험은 회사에 함몰되었던 생각으로부터 벗어나게 해주고, 회사에
대한 부정적인 감정도 잘 다스릴 수 있는 자양분이 되어줄 것입니다.

최근에는 느슨한 연대감을 지향하는 모임이 많아지고 있습니다. 개인이 운영
하는 소모임부터 몇십, 몇백 명이 그룹을 이뤄 조직적으로 활동하는 모임까지 다
양한 형태의 네트워킹이 발달하고 있으며, 오프라인 모임에 참여하지 않더라도
메신저로 소통할 때도 있습니다. 나의 취향과 성향에 맞는 모임을 찾아보면서 다
양한 만남을 통해 새로운 자극을 느껴 보세요.

그럼에도 치유되지 않는 퇴사병 극약처방

마케터는 다른 직무에 비해 강도가 높은 업무와 다양한 범위로 인해 번아웃
에 노출될 가능성이 있습니다. 스스로 스트레스 통제가 어려워 앞에서 설명한 퇴
사병 해결 방법으로도 해결이 되지 않는 경우가 있죠. 이럴 때는 단순히 퇴사병이
라고 인식하는 것을 넘어 본인의 현재 상태를 올바르게 파악해야 합니다. 퇴사병

이 지속되는 상태에서 오랜 시간 방치하면 일상생활에도 영향을 받을 수 있습니다. 여러 가지 시도를 해봤음에도 불구하고 번아웃이나 퇴사병이 지속된다면 산업의 이동, 직무의 변경, 창업 등 근본적인 문제를 해결하기 위해 다양한 시도를 해야 할 때입니다.

◆ 산업의 이동

산업의 이동이 필요한 마케터는 일 자체를 싫어하지 않습니다. 오히려 일이 재밌는 쪽에 가깝습니다. 다만, 매번 똑같은 업무에 지루함을 느끼고 특별한 성취감을 느끼지 못해 다른 브랜드나 다른 마케터와 비교하며 아쉬움을 느낄 때가 많습니다. '나도 저 브랜드에서 마케팅하면 잘할 수 있을텐데…'라는 생각이 들기도 합니다. 이처럼 마케터는 계속 마케팅 업무를 하고 싶지만, 재미를 느끼지 못해서 고민할 때가 있습니다. 그렇다면 현재 다니고 있는 회사와는 다른 산업으로 이동해보는 것도 하나의 해답이 될 수 있습니다. 같은 마케팅이라도 어떤 산업에서 어떤 제품과 서비스를 다루는지에 따라 매우 다르게 느껴질 수 있기 때문입니다.

◆ 직무의 변경

마케팅 업무에 대한 흥미를 잃고 지루함을 넘어 불만이 생길 때는 직무 전환을 고려할 필요가 있습니다. 회사, 산업, 제품 및 서비스를 변경하더라도 더 큰 불만과 불안감이 생길 수 있기 때문입니다. 주로 마케터로서 성과를 낸 경험이 부족하거나 성장할 기회를 찾지 못할 때 이러한 상황이 발생합니다. 이럴 때는 다른 직무에서 경험을 쌓아 본인의 잠재력과 실력을 인정받는 것이 더 나을 수 있습니다.

◆ 창업 선택

산업이나 직무의 변경을 고려하더라도 희망을 발견하지 못할 수 있습니다.

이럴 때는 회사의 구조와 업무 시스템에 대해 납득이 되지 않는 경우입니다. 이유는 다양한데 회사에 오랫동안 다녀서 회의감을 느낄 수도 있고, 일을 열심히 한 것 대비 승진이나 연봉 인상과 같은 기회를 찾기 어려울 수도 있습니다. 혹은 애초부터 성향이나 라이프 스타일이 회사와 맞지 않을 수도 있습니다. 이러한 경우에는 창업이나 독립 등 회사를 떠날 준비를 해야 할 때입니다. 회사에서 답을 찾지 못하는 상황에서 회사나 산업, 직무를 변경한다고 해서 본질적으로 큰 변화가 일어나지는 않습니다. 오히려 괜한 반항심과 불평만 생길 수 있습니다.

다양한 이유로 회사가 맞지 않는 사람들이 있습니다. 특히 마케터는 다른 직무보다 비즈니스 관점에서의 통찰력이 뛰어나기 때문에 창업, 사이드잡, 투잡 등 회사 밖에서의 기회를 발견할 수 있는 경우가 더욱 많습니다. 그래서 회사 안에서 일의 의미를 느끼지 못하거나 회사 밖에서 더 큰 기회를 발견할 수 있다면 탈 회사라는 과감한 선택을 할 수도 있습니다. 법인을 설립하거나 가게를 여는 것만이 창업이 아닙니다. 저처럼 회사에서의 경험을 활용하여 누군가를 코칭하는 것도 사업이 될 수도 있고, 평상시에 관심 있던 기술을 배워 온라인으로 작게 판매하는 것도 사업의 시작일 수 있습니다. 그밖에도 좋아하는 음식을 만드는 식당을 운영하거나 부모님이 하시던 일을 이어받아서 할 수도 있습니다. 이처럼 회사 밖에서 할 수 있는 일, 창업의 모양과 종류는 매우 다양합니다. 그러므로 처음부터 너무 큰 목표를 세워 지레 겁먹지 않아도 됩니다. 하지만 모든 선택에는 책임이 따르기 때문에 아무런 대책 없이 회사가 안 맞는다는 이유로 퇴사하기보다 본인의 성향, 금전적 상황, 경제 위기 등을 고려하여 알맞은 선택을 하는 것이 중요합니다.

뉴스레터
몇 개나
구독하고 있나요?

트렌드의 덫에서 벗어나기

몇 년 전부터 뉴스레터가 인기를 끌며 이제는 하나의 문화로 자리 잡고 있습니다. 브랜드에서 체계적으로 관리하는 기업형 뉴스레터부터 아이돌 정보만 모아서 보내주는 아이돌 뉴스레터, 전 세계의 다양한 술을 큐레이션 해주는 술 관련 뉴스레터, 그리고 개인의 일기까지 보내주는 뉴스레터까지 정말 다양한 종류의 뉴스레터가 있습니다. 다른 직업에 비해 마케터는 트렌드에 민감해야 하고, 다양한 정보를 놓치지 않아야 한다는 강박 때문에 많은 뉴스레터를 구독하는 경향이 있습니다. 다양한 정보를 쉽고 빠르게 얻고 싶어서 구독했던 뉴스레터는 어느새 메일함 용량을 차지하는 골칫덩어리로 전락하기도 합니다. 개인정보를 입력하고 구독한 뉴스레터를 이렇게까지 방치하고, 굳이 어렵게 신청한 뉴스레터를 내 손으로 취소하고 있는지 의문이 들 때가 많습니다.

개인적으로 약 몇 년간 다양한 뉴스레터를 받아보면서 느낀 점은 트렌디한 정보를 모아 보내주는 뉴스레터가 오히려 마케터에게 독이 될 수 있다는 것입니다. 그 이유는 마케터는 편견을 갖지 않고 세상을 다양한 시각으로 바라볼 수 있는 능력을 갖춰야 하는데, 뉴스레터를 보다 보면 그들이 정해준 답을 외우고 있는 것 같은 느낌을 받았기 때문입니다. 물론 마케터는 여타 직군보다 트렌드에 민감하고 고객의 반응에 안테나를 세우는 것은 필요합니다. 하지만 뉴스레터의 정보를 의심 없이 받아들이고 나의 것으로 승화시키는 작업을 거치지 않는다면 그 정보는 소용이 없습니다.

그렇다면 뉴스레터의 좋은 정보를 나의 것으로 만드는 방법은 어떤 것들이 있을까요? 첫째, 뉴스레터에서 제공하는 정보에 대해 비판적인 시각을 갖고 접근합니다. 단순히 주어진 내용을 받아들이지 않고, 다른 시각과 의견을 탐색하고 자신만의 해석을 추가합니다. 둘째, 다양한 출처의 정보를 수집하고 비교 분석합니다. 한 뉴스레터에만 의존하지 않고 다양한 매체를 통해 정보를 습득하고, 이를 비교하여 다각도로 판단합니다. 셋째, 자신만의 고유한 관점과 아이디어를 가지고 정보를 재해석합니다. 뉴스레터에서 얻은 정보를 바탕으로 자신의 경험과 지식을 토대로 새로운 아이디어를 발전시키고 창의적인 마케팅 전략을 구상합니다. 이러한 방법을 통해 뉴스레터의 정보를 단순히 받아들이는 것이 아니라, 자기만의 사고와 의견을 통해 그 정보를 활용할 수 있습니다. 저는 저만의 방법으로 〈나만의 의견 첨언하기〉, 〈나만의 뉴스레터 만들기〉, 〈나만의 찾깅 해보기〉 세 가지로 나누어 시도해보았고 마케팅 업무에도 큰 도움을 받았습니다.

나만의 의견 첨언하기

뉴스레터를 분석적인 시각으로 바라보기 위해서는 뉴스레터의 정보를 받아들이는 것뿐만 아니라 나의 의견을 추가해보는 것이 중요합니다. 뉴스레터 제작자의 콘텐츠를 활용하여 나만의 시각으로 만들어 보는 것이죠. 예를 들어 [성수동의 새로운 신흥강자 A카페]라는 콘텐츠를 받았을 때, 고객들이 이곳을 방문하는 이유나 힙한 포인트, 다른 카페와의 차별성 등을 분석하여 적어보는 것입니다. 이렇게 하면 뉴스레터 제작자의 생각과 함께 나의 인사이트도 반영되어 정보를 습득하는 밀도가 높아질 수 있습니다. 이후 실제로 방문했을 때 내가 분석했던 부분과 실제 경험을 비교해보는 것도 재미있을 것입니다.

▼ [참고자료 : 나만의 인사이트 정리하기]

	뉴스레터에서 제공한 정보	나만의 인사이트
외관	블루&핑크 건물색이 귀여움. 포토존이 잘 구축되어 있음.	- 성수동에는 감각적인 매장이 많은데 굳이 이 매장을 가야 하는 이유가 건물색이라고? - 오히려 빈티지한 컨셉으로 기획했으면 어땠을까? 하는 아쉬움이 있음.
메뉴	꿀 아메리카노 (시그니처) 7,500원 홍시 티라미수 8,000원	- 성수동 물가를 감안하더라도 아메리카노가 7,500원이라 매우 비싸다는 느낌을 지울 수가 없음. - 디저트 가격을 낮추거나, 메뉴 라인업을 더욱 강화할 필요가 있어 보임.
인테리어 포인트	블루&핑크 건물색 키치한 폰트의 네온사인 간판	- 성수동에서 자주 볼 수 있는 인테리어라 아쉬웠음. - 신상 카페라는 이유로 오픈발이 있기는 하지만 얼마나 오래갈지는 조금 더 지켜봐야 할 듯함.
방문 포인트	어딜 가나 포토존이라서 인스타그램 감성을 느끼기 좋았음.	- 성수동의 흔한 카페 중 하나인 듯함. - 2030 여심을 공략한 포토존이 한몫하기는 하지만 이 카페만의 USP를 제대로 이해하기 어려웠음.

나만의 뉴스레터 만들기

저는 인풋보다는 아웃풋이 더 중요하다고 생각합니다. 특히 마케터는 정보를 습득하는 것만큼 결과물을 만드는 것이 중요하기 때문에 뉴스레터를 구독하는 것을 넘어 나만의 뉴스레터를 만드는 것을 제안합니다. 뉴스레터 제작을 통해 정보를 엄선하는 능력을 키워보는 것이죠. 하지만 뉴스레터를 기획하고 발송하기 위해서는 많은 시간과 노력이 필요합니다. 그래서 일반 직장을 다니는 사람이 당장 시도하기는 어렵습니다. 구독자가 생긴 이후부터는 어느 정도 수준의 퀄리티를 유지해야 하기 때문입니다. 그래서 저는 회사 동료를 상대로 뉴스레터를 만들어 배포하는 것부터 시작했습니다. 회사 동료는 같은 조직에서 근무하는 사람이기 때문에 내가 정리한 정보가 필요할 확률이 높고, 피드백도 쉽게 요청할 수 있습니다. 또한, 실제 구독자가 아니므로 부담 없이 보낼 수 있는 장점이 있습니다. 그러니 내부 직원을 위한 뉴스레터부터 만들어 보세요.

▼ [참고자료 : 나만의 뉴스레터 만들기 기획안]

뉴스레터 이름	랜랜이의 랜선투어
뉴스레터 주제	가오픈 카페 랜선투어
세부 주제	1) 성수동 브런치 카페 2) 압구정 구움과자 카페 3) 연남동 에스프레소 바
세부 내용	1) 기본적인 정보: 위치, 운영시간, 메뉴 및 가격 2) 나만의 인사이트: 힙한 포인트, 재방문 의사, 총평 등
발송 주기	1주일에 1번, 매주 수요일

뉴스레터를 효과적으로 활용하면 많은 양의 정보를 빠르게 습득할 수 있는 장점이 있습니다. 하지만 뉴스레터에서 제공하는 정보를 있는 그대로 받아들이면 타인이 만든 정보에 의존하게 됩니다. 따라서 나만의 생각을 바탕으로 뉴스레터의 정보를 걸러내는 기준을 만들고, 나만의 뉴스레터를 기획하는 과정을 통해 기

획력과 실행력을 키워보는 것이 중요합니다. 이때 비로소 뉴스레터를 의미있게 활용할 수 있게 됩니다.

나만의 트렌드 분석하기 : 찾킹

현재 뉴스레터, 인플루언서, 유튜브 등에서는 특정 주제와 아이템에 대해 지나치게 중복된 노출이 이루어지고 있습니다. 이로 인해 고객들은 그저 '아, 이게 트렌드인가'라고 생각하며 아무런 고민이나 의견 없이 수용하고 있는 것은 아닐까 생각합니다. 또한, 특정 브랜드가 새로운 캠페인을 진행할 때 인스타그램 광고부터 인플루언서 광고, TV 광고 등 중복된 내용의 콘텐츠가 도배되곤 합니다. 이로 인해 고객들은 트렌드를 받아들이는 데 이것이 진정한 트렌드인지, 일시적인 유행인지를 알 수 없는 상황입니다.

위와 같은 문제가 발생하는 이유는 정보의 과잉과 중복으로 인한 혼란으로 고객들이 진정한 트렌드를 판별하기 어렵다는 점입니다. 이러한 상황에서 마케터는 스스로 판단하고 의견을 내는 것이 중요합니다. 트렌드에 대해 의심하고, 다양한 시각과 의견을 수용하며, 자기의 생각과 판단을 바탕으로 트렌드를 분석해야 합니다. 또한, 신뢰할 수 있는 소스와 다양한 정보를 참고하고, 자기의 관심사와 취향을 고려하여 판단할 필요가 있습니다. 마케터들은 단순히 트렌드를 받아들이는 것이 아니라, 자기의 의견과 생각을 가지고 트렌드를 평가해야 하고 이를 통해 진정한 트렌드와 일시적인 유행을 구분하며 자기만의 독특한 시선과 콘텐츠를 제공할 수 있어야 합니다.

저는 이를 위해 뉴스레터 첨언하기, 뉴스레터 발송하기와 더불어 트렌드를 분석하는 프로젝트를 운영하였습니다. 말 그대로 일상 속에서 트렌드를 찾아 '저 것이 왜 트렌드인지'를 분석하는 스터디 모임입니다.

▸ 1주차: 최근에 발견한 힙한 애플리케이션 (공통 주제)

▸ 2주차: 트렌드하다고 생각하는 브랜드 (자율 주제)

▸ 3주차: 트렌드 하다고 생각하는 친환경 브랜드 (공통 주제)

▸ 4주차: 트렌드 하다고 생각하는 브랜드 (자율 주제)

이처럼 매주 다른 주제에 맞춰 브랜드를 찾고, 왜 트렌드로 간주하는지를 분석하고 발표하는 것이 목표입니다. 처음에는 이 미션에 대해 큰 어려움을 인지하지 못했습니다. 평소에 트렌드에 대한 관심이 많았고, 그냥 분석만 하면 된다고 생각했기 때문입니다. 하지만 발표 날이 다가올수록 부담감이 커지고, 특히 〈최근에 발견한 힙한 애플리케이션〉 주제 자체가 어려움을 느끼게 되었습니다. 그냥 힙하다고 생각한 앱을 어떤 부분에서 힙하다고 생각했는지에 대해 설명하는 것이 어려웠기 때문입니다. 이 문제는 저만의 문제가 아니었습니다. 많은 크루원 분들께서 시작하는 방법을 모르겠다는 연락을 주셨고, 이를 반영하여 트렌드 분석을 위한 템플릿을 만들어 공유하였습니다. 이 템플릿은 서비스 소개, 찾아낸 트렌드 요소, 아쉬운 점, 만약 내가 마케터라면?, 그외 참고자료 항목으로 구성되었고, 각 주차별 미션에 맞게 분석하여 기입하는 형식으로 진행되었습니다.

특히 마케터는 자신의 관점을 명확히 하고자 노력해야 합니다. 남이 알려주는 정보에 의존하지 말고, 트렌드에 잠식되지 마세요. 자신만의 이유를 찾아보세요. 마케팅할 때는 자신이 왜 그것을 트렌드로 여기는지, 왜 힙하다고 생각하는지에 대한 근거와 이유를 갖추는 것이 중요합니다. 자신의 관점과 분석을 바탕으로

3주차 챠깅

↙ 백링크 1개

1. 서비스 소개

- 서비스 명 : 마켓노드 (market nod)
- 유형 : 주류 서비스
- 주요 기능 : 논알콜 무알콜 큐레이션 편집숍
- 논알콜 시장을 선택한 배경

국내 무알콜 맥주 시장 성장세

(단위: 억원)

올 1~10월
편의점 매출
470% ↑

2,000

200

2021년   2025년

※전년 동기간 대비, 업계 예상치

자료 : CU

깜짝 퀴즈 : 무알콜과 논알콜의 차이점은?

1) 논알콜 시장 capa의 지속적인 성장

- 연평균 23%의 성장세를 기록할 전망으로, 2025년에는 2천억 원 규모까지 성장할 것으로 기대
- 일반 맥주 시장보다 **약 7배 높은 성장율**을 보임
- 대기업의 '논알콜 시장' 대거 투입
  - 하이트 제로 (8.3%) , 클라우드 클리어제로 (13.4%) , 클라우스탈러 (115%) , 제주맥주 논알콜

2) 변화하는 음주 트렌드

- 헬시플레져 : Healthy(건강한)와 Pleasure(기쁨)의 합성어
- 술을 잘 마시는 것 보다 절제하는 것이 멋있다는 인식
- 절제도 개인의 능력으로 인정되는 사회적 분위기

2. 찾킹 포인트

- 논알콜 전문 큐레이션, 편집숍 자체에 대한 신선함

- 기존 논알콜 큐레이션이 없었던 것은 아니지만 대체로 알콜이 주를 이루고 논알콜은 서브인 경우가 많음
- **맥주**, **와인**, **콤부차**, **rtd** 등 다양한 논알콜에 대한 접근성이 좋음
- 논알콜하면 하이트/카스/칭타오/하이네켄 논알콜이 대부분인데 그 외에 선택의 폭을 넓혀줌
- 특히 논알콜 스타터라고 해서 논알콜 맥주를 패키지로 판매하고 있으며 주력 아이템으로 떠오름
- 이 외에도 큐레이션 서비스 답게 주류 상품에 대한 다양한 정보를 제공함

- 일반 쇼핑몰과 비슷하게 **묶음 배송 가능 상품**을 통해 객단가 업셀링 시도

진정한 트렌드를 발견하고, 독자적인 콘텐츠를 제공할 수 있을 것입니다. 자기 자신을 믿고, 다양한 시각과 의견을 수용하며, 나만의 이유를 찾아가세요. 그것이 진정한 마케팅의 힘과 창의성을 발휘하는 방법입니다.

책에서도
안 알려주는
진짜 브랜딩

비전공자/신입/주니어 마케터를 위한 브랜딩 속성 과외

마케터를 포함한 많은 사람이 브랜딩에 관심을 갖고 있습니다. 특히 요즘은 브랜딩 없이는 비즈니스 활동이 아예 불가할 만큼 브랜딩의 역할이 중요해지고 있습니다. 하지만 마케팅과 브랜딩은 서로 다른 개념임에도 불구하고 종종 헷갈리는 경우가 있으며, 마케팅과 브랜딩의 차이점에 대해서도 제대로 설명하지 못하는 사람도 많습니다. 이는 마케팅 지식이 부족해서라기보다 둘 사이의 관련성과 유사성 때문에 발생합니다. 마케팅은 제품 또는 서비스를 판매하고 홍보하기 위해 다양한 전략과 기술을 사용하는 활동입니다. 마케팅은 소비자의 니즈를 파악하고, 그에 맞는 제품 또는 서비스를 개발하여 가격을 결정하고, 홍보 및 판매를 진행하는 등 다양한 활동을 포함합니다. 그래서 마케팅은 매출, 판매량, DAU/MAU, 가입자 수, 시장 점유율 등 이익을 창출하는 것에 초점을 둡니다. 반면, 브랜딩은 제품이나 서비스에 대한 고객의 인식과 경험을 형성하고 유지하는 일련의 과정을 뜻합니다. 기업이나 제품, 서비스의 고유한 아이덴티티를 구축하고 그에 대한 가치를 하나의 이미지로 떠올릴 수 있도록 하는 것을 목표로 합니다. 예를 들어, 애플을 생각하면 혁신적인 이미지가 떠오르는 것이 이런 작업에 해당합니다. 그러므로 브랜딩은 할인 전략이나 1+1와 같은 실리적인 접근보다 감정적인 연결 고리를 형성하고 브랜드만의 고유한 차별점을 강조하여 소비자에게 브랜드로 인식될 수 있도록 하는 작업을 주로 합니다.

 마케팅과 브랜딩의 차이를 잘 모를 때는 'ing'만 기억하세요

'Marketing'이라는 단어는 'Market'과 'ing'으로 나눌 수 있습니다. 이는 시장을 만들어 가는 과정을 의미하며, 브랜드의 제품이나 서비스가 더 넓은 시장과 많은 고객에게 도달하는 것을 목표로 합니다. 이를 위해서는 시장 점유율, 매출액, 유입자 수, 앱 다운로드 수, 쿠폰 사용량 등과 같은 수치적 성과를 중요하게 여깁니다. 마케터는 이러한 수치에 근거하여 다양한 방법과 전략을 활용하는데 바이럴 마케팅, 퍼포먼스 마케팅, 콘텐츠 마케팅, 인플루언서 마케팅 등 다양한 수단을 선택할 수 있습니다. 가장 중요한 것은 마케팅 활동이 시장에 얼마나 큰 영향력을 미쳤는가입니다.

'Branding'이라는 단어 역시 'brand'와 'ing'으로 나눌 수 있습니다. 브랜딩은 브랜드를 구축하는 과정을 의미하며, 브랜드의 탄생부터 관리까지 모든 과정에 관여합니다. 브랜드를 만들기 위해서는 이름을 정의하는 네이밍 활동이 필요하며, 판매를 위해 웹사이트를 구축하는 과정에서는 브랜드 슬로건, BI·CI, 심볼, 로고 등을 디자인하여 소비자가 해당 브랜드를 인식할 수 있도록 합니다. 이러한 디자인 작업은 브랜딩의 일환에 속합니다. 또한, 경쟁사 분석, 경영 철학 정의, 미션 및 비전 설계 등을 통해 브랜드의 안정성과 경쟁력을 유지하는 작업도 브랜딩에 속합니다. 따라서 브랜딩은 디자인에 국한되지 않고, 시각적인 측면뿐 아니라 고객의 선호도, 팬덤 구축, 의미 전달력, 식별 가능성 등 다양한 측면에서 평가되는 것입니다.

그러나 브랜딩은 주로 디자인 작업에 초점을 맞추는 경향이 있어서 예쁘게 만들어야 한다거나, 감성적이라는 오해가 생길 수 있습니다. 하지만 브랜딩은 디자인에 국한되지 않으며, 모든 브랜딩 활동에서 디자인이 필요한 것은 아닙니다. 마케팅 활동은 수치적 자료와 근거를 통해 평가되는 반면, 브랜딩은 고객의 선호도, 팬덤 구축, 의미 전달력, 식별 가능성 등 눈에 보이지 않고 감성적으로 평가하기 어려운 요소들을 중요시합니다.

브랜딩에도 종류가 있다고요?

브랜딩에도 종류가 있다는 것을 알고 있나요? 많은 사람이 브랜딩을 디자인에 초점을 맞춘 예쁘고 감성적인 것으로 오해하는 경향이 있지만, 실제로는 지역 브랜딩, 소셜 브랜딩, 개인 브랜딩 등 다양한 형태의 브랜딩이 존재합니다. 마케터들은 특히 기업에 소속되어 기업 브랜딩, 제품 브랜딩, 서비스 브랜딩과 같은 업무를 주로 담당하게 됩니다. 편의를 위해 다음 표로 간략히 설명하겠습니다.

브랜딩 종류	기업 브랜딩	제품 브랜딩	서비스 브랜딩	개인 브랜딩
브랜딩 대상	1인 기업, 개인사업자, 주식회사, 유한회사 등의 상업 기업부터 비영리적 기업, 공기업, 스타트업, 다국적 기업 등	화장품, 키보드, 렌즈 등 물리적으로 보고 만질 수 있는 제품	애플리케이션, 통신사, 솔루션 등 무형의 서비스	한의사, 의사, 뷰티 크리에이터, 마케터, 디자이너 등 본인 혹은 회사의 대표 인물

브랜딩 특징	• 기업의 가치, 비전 및 미션을 중요하게 생각함. • 일반 소비자를 위한 브랜드 활동 보다는 투자 기업, 하청 업체, 파트너 등 기업을 대상으로 하는 경우가 많음.	• 제품 원료 및 속성, 패키지, 로고, 이름 등에 집중하는 경향이 있음. • 소비자 반응이나 트렌드에 민감하게 반응하며 주기적으로 리뉴얼됨.	• 눈에 보이지 않는 서비스이므로 고객에게 친근하게 다가가기 위한 노력을 많이 함. • 모델이나 캐릭터 등을 활용하거나 체험관 운영이나 굿즈 판매 등을 통해 관계를 형성함.	• 개인의 특성이나 매력 등을 앞세움. • 개인의 노하우, 경험, 경력 등을 활용한 정보성 컨텐츠를 주로 다룸. • 개인이 곧 브랜드가 될 수 있는 가능성이 가장 높음.
브랜딩 주기	• 브랜드를 생성할 때 거의 모든 브랜딩 방향이 구축됨. • 시기나 이슈에 따라서 바꾸기도 하지만 거의 바꿀 일이 없음.	• 브랜딩 주기가 가장 빠름. • 최근에는 광고 모델이 변경되거나 신제품이 출시함에 따라 빠르게 바뀌는 특징이 있음.	• 앱 업데이트 주기, 통신사 모델 변경 및 신규 요금제 출시 등 빅이슈에 따라 진행됨. • 제품 브랜딩보다는 느리고, 기업 브랜딩보다는 빠른 편.	• 개인이 활동함으로 브랜딩 주기가 매우 상이하고 단기적임. • 단, 개인의 매력도와 영향력에 대한 의존도가 높음. • 개인적인 문제가 비즈니스 리스크로 연결될 수 있으므로 개인의 언행도 매우 중요함.

브랜딩을 잘 하기 위한 방법

마케터의 꽃은 브랜딩이라는 이야기가 있습니다. 그만큼 브랜딩은 마케팅 활동의 핵심 전략이며, 모든 마케팅 활동에 기여함으로써 기업의 성공과 비즈니스 운영에 관여하는 중요한 요소이기 때문입니다. 그러므로 어느 정도의 경력과 뒷받침되는 실력을 갖춘 마케터는 단순한 마케팅 실무를 넘어 브랜딩, 사업 기획, 전략 기획 등 보다 고차원적인 영역으로 진출해야 합니다. 그렇지 않으면 경력이 낮은 후배들에게 대체될 가능성이 큽니다. 특히 저는 AI 시대가 도래함에 따라 브랜딩 능력을 갖춘 마케터가 더욱 각광받을 것이라고 생각합니다. 인공지능이 대체

할 수 없는 특별한 감각과 감도가 귀중하기 때문입니다. 그러나 감각과 감도는 미적 감각이 동반되어야 하며 이러한 능력은 단기간에 형성되지 않습니다. 또한, 진정한 브랜딩은 겉으로 보이는 비주얼적인 부분뿐만 아니라 기업과 제품 및 서비스의 본질을 이해하고 이를 마케터만의 언어로 고객에게 전달하는 것이라고 생각합니다. 따라서, 마케터가 브랜딩을 잘하기 위해서는 미적 감각보다도 더 중요한 것이 필요합니다. 이 글을 통해 제가 생각하는 브랜딩을 잘 하기 위한 방법을 설명하겠습니다. 브랜딩을 잘하고 싶지만 어떻게 접근해야 할지 모르는 분들, 브랜딩에 대해 잘 모르지만 막연히 브랜딩을 하고 싶은 분들에게 도움이 되기를 바랍니다.

◆ 첫째, 버릴 것과 가져갈 것 정하기

브랜딩을 시작할 때 대부분의 마케터는 핀터레스트나 다른 플랫폼을 통해 브랜딩 무드보드, 리브랜딩, 톤 앤 매너 등을 검색하여 참고자료를 찾습니다. 물론 디자인은 브랜딩에서 가장 중요하고 시간을 많이 할애하는 작업입니다. 하지만 성공적인 브랜딩을 위해서는 비주얼라이징 이전에 본질적인 요소를 명확히 정의하는 것이 필요합니다. 모든 브랜드는 자체적으로 가지고 있는 고유한 특성이 있습니다. 브랜딩의 시작은 이러한 고유한 특성 중에서 어떤 것을 가져갈 것이고, 어떤 것을 버릴 것인지를 결정하는 과정으로 시작되어야 합니다. 이는 브랜드의 정체성을 명확히 하고 고객에게 설득력 있는 메시지 전달을 위해 필요한 단계이기 때문입니다.

저는 최근 한의원 리브랜딩 프로젝트를 수행하면서 한 가지 사례를 경험했습니다. 의뢰인은 타 성형외과와 유사한 디자인을 요구했지만, 작업을 진행하면서 해당 한의원과 그와는 본질적으로 다른 차별화된 특성이 있어 브랜딩 작업을 계속 진행할 수 없는 상황에 처했습니다. 이에 따라 저는 한의원의 웹사이트를 분석하고 대표적인 제품과 시술, 한의사의 경영 철학, 시술 건수, 부작용 사례 등을 파악하기 위해 노력했습니다. 이를 통해 벤치마킹 병원과는 확연히 다른 비즈니스 모델을 가지고 있다는 사실을 알게 되었습니다. 한의원과 성형외과는 제품과 서비스의 본질적인 차이가 있으며, 해당 한의원은 성형외과보다 우수한 제품력과 시술 경험, 소비자 반응이 있었습니다. 또한, 해당 한의원은 한방 뷰티와 한방 성형이 주요 서비스로 제공되는 곳이었습니다. 이를 중심으로 저는 가져갈 것과 버릴 것을 결정하였습니다.

가져갈 것	버릴 것
• 한방 뷰티 • 한방 성형 • 낮은 부작용 • 전통적인 이미지	• 자극적인 카피 • 무분별한 체험단 • 약 20개의 시술 종류

이렇게 간략하게 가져갈 것과 버릴 것을 정리한 후에는 다음 작업이 훨씬 수월해졌습니다. 해당 한의원의 브랜딩은 한방 뷰티 및 한방 성형을 중심으로 한의원만의 전통적인 이미지를 살리면서도 기존 한의원에서 시도하지 않았던 세련되고 모던한 느낌을 전달하고자 했습니다. 또한, 전통적인 한의학 기술을 활용하여 부작용을 최소화하고 인체에 무해한 한방 용품으로 자연스러운 아름다움을 선사하는 것을 콘텐츠의 중심으로 삼았습니다. 이와 더불어 기존에는 20개가 넘는 다양한 시술이 있었는데, 이는 소비자에게 피로감을 줄 뿐만 아니라 어떤 시술을 선택해야 할지 결정에 어려움을 준다고 판단하였습니다. 그래서 20개 시술 중에서 시술 건수가 가장 많은 1개의 시술을 선택하여 시그니처 상품으로 기획하였고, 한의원만의 전통적인 이미지를 살리기 위해 영어로 된 시술 이름을 한자로 변경하여 네이밍을 진행하였습니다. 이러한 방법으로 브랜딩의 디테일을 채워나갔고, 홈페이지와 SNS 채널을 개편하여 본격적인 리브랜딩을 진행했습니다. 기존에는

자극적인 카피와 그래픽 디자인이 주를 이루었던 것과는 달리, 한방 뷰티 매거진을 보는 듯한 세련되고 감각적인 톤 앤 매너로 구축하여 20대부터 50대 이상까지 누구나 믿고 찾을 수 있는 한의원으로 재 포지셔닝 할 수 있었습니다.

저는 이 경험을 통해 브랜딩이 단순히 웹사이트를 예쁘게 만들고 시각적인 요소만 강조하는 것이 아니라는 것을 깨달았습니다. 클라이언트의 요청에 따라 특정 병원을 벤치마킹하여 결과물을 만들어냈다면 제가 한 업무는 브랜딩이 아니라 단순한 카피를 진행한 것에 불과하다고 생각합니다. 모든 브랜드에는 그 브랜드만의 고유한 스토리와 특징이 존재합니다. 마케터로서 우리의 역할은 이러한 특징들 중에서 어떤 것을 버리고 어떤 것을 가져갈지를 잘 결정하는 것입니다. 이것은 브랜딩을 성공적으로 이끄는 첫 단계라고 생각합니다. 브랜딩을 시작할 때 디자인 자료나 무드보드를 기획하고 있었다면 잠시 그 화면을 끄고 우리 브랜드만의 고유한 가치가 무엇인지, 그 중에서 무엇을 가져가고 무엇을 버릴 것인지에 대해 심도 있게 고민해 보기 바랍니다. 이러한 고민을 잘 정리하는 것만으로도 브랜딩을 풀어나가는 데 큰 도움이 될 것입니다.

◆ 둘째, 디자인에 의존하지 않기

브랜딩은 종종 디자인과 같은 것으로 오해되기도 합니다. 로고, 심볼, 브랜드 컬러 등 시각적인 요소들이 많이 사용되기 때문입니다. 그러나 브랜딩은 디자인에만 의존하는 것이 아니라는 점을 명확히 해야 합니다. 올바른 방향으로 브랜드를 이끌기 위해서 마케터는 디자인에 지나치게 의존하는 것을 경계하고 본질에 집중할 수 있어야 합니다. 디자인에만 의존하는 브랜드는 매우 위험합니다. 디자인은 비교적 쉽게 모방될 수 있어 다른 브랜드에서 따라할 가능성이 크며, 그렇게 되면 해당 디자인은 우리 브랜드만의 고유한 디자인이 아니게 됩니다. 게다가, 디자인 담당자의 퇴사나 디자인 소스의 유출과 같은 상황에서는 모든 업무가 중단될 수도 있습니다. 디자인은 브랜딩에 있어서 매우 중요한 영역이지만, 너무 디자인에만 의존할 경우 위와 같은 문제에 직면할 수 있음을 명심해야 합니다. 내용물이 좋아야 하는 것이지, 포장지만 예쁘다고 해서 썩어가는 내용물까지 좋을 수는 없습니다.

디자인이 브랜딩에 중요한 역할을 하는 것은 사실이지만, 지나치게 디자인에 의존해서는 본질적인 개선을 이룰 수 없습니다. 디자인도 본질과 함께 조화를 이룰 때 그 가치를 발휘할 수 있는 것입니다.

◆ 셋째, 내부 직원부터 설득하기

브랜딩은 브랜드를 형성하는 전 과정을 말합니다. 따라서, 내부 직원들을 설득하지 못하면 고객들을 설득하기도 어렵습니다. 제대로 된 브랜딩을 하고 싶다면 내부 직원들을 먼저 설득해 보세요.

브랜딩은 브랜드의 핵심 가치를 전달하고 고객들과의 긴밀한 연결을 형성하는 과정입니다. 그리고 이 과정에서 내부 직원들의 역할은 결코 무시할 수 없습니다. 내부 직원들이 브랜딩에 참여하고 설득되어야만 진정한 브랜드의 가치를 전달할 수 있기 때문입니다. 저희는 마케터로서 브랜딩의 주도적인 역할을 맡지만, 내부 직원들과의 협업과 의견 수렴은 필수입니다. 운영팀, 영업팀, 디자인팀 등 조직 내 각 부서의 다양한 관점과 아이디어를 반영하면서 직원들의 참여와 소속감을 높일 수 있습니다. 이는 브랜드의 목표를 공유하고 함께 성장하는 기반이 됩니다. 내부 직원들을 설득하기 위해서는 비전과 가치를 공유하는 것이 중요합니다. 브랜딩 프로세스의 목표와 직원들의 역할을 명확히 전달하고 그들이 브랜드의 중요성과 가치를 이해할 수 있도록 해야 합니다. 또한, 진행 상황과 결과를 투명하게 공유하여 직원들이 브랜딩의 성과에 대한 자신의 기여도를 파악할 수 있도록 해야 합니다. 내부 직원들의 지지와 참여는 브랜딩의 성공을 위한 핵심 요소입니다. 그들의 다양한 아이디어와 관점을 수용하면서 브랜드의 컨셉과 가치를 공유하는 캠페인을 진행할 수 있습니다. 이를 통해 조직 전체가 하나로 엮여 브랜드 가치를 향상시킬 수 있습니다. 브랜딩은 단순히 디자인과 마케팅에만 의존하는 것이 아닙니다. 내부 직원들의 참여와 설득을 통해 진정한 브랜드의 가치를 전달할 수 있으며, 이는 곧 고객과의 강한 연결과 성공적인 브랜딩을 이끌어 낼 것입니다.

ㄱ - ㅁ

간트 차트	241
개인 브랜딩	321
검색 광고	148
검색 광고 마케터	159
게시물 관리	136
경쟁사 분석	246
고객 관리	136
광고 채널 특성	155
기업 브랜딩	321
기획안 구성	179
내부 고객 관점	016
대행사 마케터	059
데이터 분석 능력	155
디지털광고대행사	052
리사우드소싱	040
리타깃팅 광고	151
마케팅 전략 수립	054
메타 광고	160
메타 블루프린트	158

ㅂ - ㅅ

바이럴 마케터	127
바이럴대행사	053
방문형 체험단	124
배포형 체험단	124
베리에이션	046

브랜드 마케터	162
블로그 운영	132
비보상형 광고	150
서드파티	155
서비스 브랜딩	321
성과 분석	137
소비자 조사	165
스타트업 마케터	250
시즌 그리팅	287

ㅇ - ㅊ

액션플랜	171
올라운더 마케터	295
외부 고객 관점	016
인하우스	050
정량적 성과	070
정성적 성과	069
종합광고대행사	051
체험단 관리	124

ㅋ - ㅎ

카피라이팅	140
커리어 로드맵	223
콘텐츠 마케터	135
토이 프로젝트	227
트래픽 관리	126
퍼스널 브랜딩	026

퍼포먼스 마케터	148
포트폴리오	077
프로모션 기획	055

그외

CPC	062, 190
CPM	190
DA	149
Education	015
Effort	015
Evidence	017
Experience	016
FGI	167
GA	152
GAIQ	089
KPI	055
MVP	251
nCPI	150
PM	231
R&R	045
ROAS	070
SA	148
SEO	139
SWOT 분석	245
VMD	032